甘肃省一流学科建设项目资助成果

教育部人文社会科学重点研究基地西北师范大学西北少数民族教育发展研究中心资助成果

西师教育论丛
主编 万明钢

20世纪三四十年代西北开发中的高等教育问题

胡君 著

中国社会科学出版社

图书在版编目(CIP)数据

20世纪三四十年代西北开发中的高等教育问题 / 胡君著 . —北京：中国社会科学出版社，2020.6
ISBN 978 - 7 - 5203 - 6145 - 3

Ⅰ.①2… Ⅱ.①胡… Ⅲ.①高等教育—研究—西北地区—民国 Ⅳ.①G649.295

中国版本图书馆CIP数据核字(2020)第045952号

出 版 人	赵剑英
责任编辑	周晓慧
责任校对	无 介
责任印制	戴 宽

出　　版	中国社会科学出版社
社　　址	北京鼓楼西大街甲158号
邮　　编	100720
网　　址	http://www.csspw.cn
发 行 部	010 - 84083685
门 市 部	010 - 84029450
经　　销	新华书店及其他书店

印　　刷	北京明恒达印务有限公司
装　　订	廊坊市广阳区广增装订厂
版　　次	2020年6月第1版
印　　次	2020年6月第1次印刷

开　　本	710×1000　1/16
印　　张	19
插　　页	2
字　　数	275千字
定　　价	96.00元

凡购买中国社会科学出版社图书，如有质量问题请与本社营销中心联系调换
电话：010 - 84083683
版权所有　侵权必究

总　序

　　正如学校的发展一样，办学历史越久，文化底蕴越厚重。同样，一门学科的发展水平，离不开对优良学术传统的坚守、继承与发展。西北师范大学教育学的发展，也正经历着这样的一条发展之路。回溯历史，西北师范大学前身为国立北平师范大学，发端于1902年建立的京师大学堂师范馆，1912年改为"国立北京高等师范学校"，1923年改为"国立北平师范大学"。1937年"七七"事变后，国立北平师范大学与同时西迁的国立北平大学、北洋工学院共同组成西北联合大学，国立北平师范大学整体改组为西北联合大学下设的教育学院，后改为师范学院。1939年西北联合大学师范学院独立设置，改称国立西北师范学院，1941年迁往兰州。从此，西北师范大学的教育学人扎根于陇原大地，躬耕默拓，薪火相传，为国家培育英才。

　　教育学科是西北师范大学教育学院的传统优势学科，具有悠久的历史和较强的实力。1960年就开始招收研究生，这为20年后的1981年获批国家第一批博士点打下了坚实的基础。当时，西北师范学院教育系的师资来自五湖四海，综合实力很强，有在全国师范教育界影响很大的著名八大教授：胡国钰、刘问岫、李秉德、南国农、萧树滋、王文新、王明昭、杨少松，他们中很多人曾留学海外，很多人迁居兰州，宁把他乡做故乡，扎根于西北这片贫瘠的黄土高原，甘于清贫、淡泊名利、默默奉献，把事业至上、自强不息、爱岗敬业的精神，熔铸在西北师范大学教育学科发展的文化传统之中，对西部教育事业的发展作出了重要贡献。"随风潜入夜，润物细无声。"先生之风，山高水长。为西北师范大学早期教育学科的卓越发展作出重大贡献的先生们，他们身体力行、典型示范，对后辈学者们潜心学术，继承学问产生了重要的、潜移默化的影响，体现了西北师范大学的教育学人扎根本土、潜心学术、面向全国、放眼世界，站在学科发展前沿，培养培训优秀师资，服务地方经济社会发展的教育胸怀与本色。

西北师范大学教育学科历经历史沧桑的洗礼发展走到今天，已形成了相对稳定而有特色的研究领域。尤其是在国家统筹推进世界一流大学和一流学科建设的大背景下，西北师范大学的教育学作为甘肃省《统筹推进高水平大学和一流学科建设实施方案》规划的一流学科建设项目，迎来了学科再繁荣与大发展的历史良机。为此，作为甘肃省一流学科建设项目成果、西北师范大学课程与教学论国家重点（培育）学科建设成果、教育部人文社会科学重点研究基地西北师范大学西北少数民族教育发展研究中心科研成果，我们编撰了"西师教育论丛"，汇聚近年来教育学院教师在课程与教学论、民族教育、农村教育、高等教育以及学前教育等方面的学术成果。这些成果大多数是在中青年学者的博士学位论文，科研项目以及扎根教学实践的基础上进一步凝练的结晶。他们深入民族地区和农村地区的村落、学校，深入大学与中小学的课堂实践，通过详查细看，对语文、数学、英语、物理、化学、研究性学习等学科课程教育教学的问题研究，对教育基本理论问题的思考，对教育发展前沿问题的探索……这些成果是不断构建和完善高水平的现代教育科学理论体系，大力提高教育科学理论研究水平和教育科学实践创新能力，进一步发挥教育理论研究高地、教育人才培养重镇、教育政策咨询智库作用的一定体现，更是教育学学科继承与发展的重要过程。

筚路蓝缕，以启山林。目前付梓出版的这些著作不仅是教师自我专业成长的一个集中体现，也是西北师范大学教育学院教育学科发展与建设的新起点。当然，需要澄明的是，"西师教育论丛"仅仅是西北师范大学教育学研究者们在某一领域的阶段性成果，是研究者个人对教育问题的见解与思考，其必然存在一定的不足，还期待同行多提宝贵意见，以促进我们的学科建设和发展。

万明钢

2017 年 9 月

目　录

一　引言：边疆危机、西北开发与教育应对 ……………………（1）
　（一）西北边疆危机的形成与延续 ……………………………（2）
　（二）社会各界对西北开发的关注 ……………………………（4）
　（三）教育如何回应西北社会需求 …………………………（10）

二　20世纪三四十年代西北高等教育的发展 …………………（16）
　（一）薄弱与贫乏：抗战全面爆发（1937年）前的西北高等教育 …………………………………………………………（17）
　（二）机遇与成长：全面抗战时期（1937—1945年）的西北高等教育 ……………………………………………………（22）
　（三）留续与调整：抗日战争结束至新中国成立前（1945—1948年）的西北高等教育 …………………………………（37）

三　20世纪三四十年代西北高等教育与西北开发人才的培养 …………………………………………………………（48）
　（一）厘定西北高等教育培养目标 ……………………………（48）
　（二）完善院系设置与学科架构 ………………………………（70）
　（三）关注区域建设与西北各高校课程设置 …………………（81）
　（四）保障西北开发人才培养的制度与措施 …………………（100）

四　20世纪三四十年代西北高等教育中的边疆学术研究 ……（127）
　（一）创办各类学术研究期刊 …………………………………（130）
　（二）深入开展边疆学术调研 …………………………………（137）

（三）鼓励教师边疆研究成果发表……………………（153）
　　（四）各种科研机构的成立………………………………（165）
　　（五）开展边疆学术讲座…………………………………（173）

五　20世纪三四十年代西北高等教育面向地方社会服务活动的开展……………………………………………（178）
　　（一）西安临时大学面向西北地区的社会服务 …………（178）
　　（二）国立西北联合大学面向西北地区的社会服务 ………（186）
　　（三）国立西北农学院面向西北地区的社会服务 …………（198）
　　（四）国立西北师范学院面向西北地区的社会服务 ………（201）
　　（五）西北其他高校社会服务活动的开展 …………………（217）

六　西北高等教育在西北开发中的效果及其局限性分析……（225）
　　（一）西北高等教育对西北开发的贡献与价值 ……………（225）
　　（二）西北高等教育对西北开发作用的局限性 ……………（252）

七　结语……………………………………………………（258）

参考文献……………………………………………………（270）

附　录………………………………………………………（277）

一 引言：边疆危机、西北开发与教育应对

西北边疆危机始于清朝统治末期。清政权建立后，分布于中国西北地区的蒙古族、藏族、回族、维吾尔族等少数民族与中原地区的联系日益密切，康熙曾言："本朝不设边防，以蒙古部落为之屏藩。"在中央政府层面，清王朝设立理藩院作为治理边疆少数民族的中央机构，"它及时地沟通了中央与边疆的联系，协调了各方面的关系，促进了清代前期统一的多民族国家的巩固和发展，还在一定程度上加速了西北边疆少数民族地区与中原内地的经济文化交流。"① 对于西北各地的地方管理机构建设则是根据不同的情况加以区别对待，例如，在陕西甘肃地区设立行省制度，并于康熙五年（1666）将陕甘分治，设甘肃行省，治所设于兰州。乾隆十四年（1749），在陕西设立陕甘总督，甘肃设巡抚，受总督节制。乾隆二十九年（1764）陕甘总督移驻兰州，由布政使主管当地民政。这样的机构设立，一是由于陕甘大部分地区各民族杂处，汉化程度比较高，采用与中原地区相同的管理模式易于中央政府加强对此地的控制力度。二是清政府与准噶尔部的战争使得清朝统治者对陕甘地区的重视程度日益加深。对于少数民族聚居区域，清政府的地方治理方式则是采取盟旗制度、伯克制度及千百户制度。

盟旗制度是清王朝在蒙古地区的基本统治策略。旗是清廷设在蒙古地区的行政、军事单位，也是清朝皇帝赐给旗内各级封建主的世袭领地。旗是经过编制佐领，安置属民，分给牧地，划定旗界，任命札萨克而形成的。在任命札萨克时，不但要考虑其在部内的影响及地

---

① 郭胜利：《民国政府西北民族政策研究》，学位论文，兰州大学，2010年。

位，而且要考虑对清廷是否忠顺有功。盟并非一级行政机构，盟长的主要任务是充当三年一次的会盟召集人，履行比丁、练兵、清查钱谷、审理重大刑名案件等职责，但无发兵权，不能直接干涉各旗内部事务，也无权向各旗发布命令，只是对盟内各旗札萨克实行监督，有责任随时告发札萨克的不法或叛逆行为。至乾隆三十六年（1771），土尔扈特部蒙古返归中国后，全蒙古部众悉数被纳入盟旗体制。此制自初置至完备，历时140多年。

"伯克"一词来源于突厥语的音译，其意思接近于"首领"。清乾隆二十四年（1759）平定大小和卓之乱后，清廷保留了回部原有的伯克官职，并加以改革，将其纳入清朝藩属中。同治年间，新疆各地民变和阿古柏之乱后，伯克制度趋于瓦解。光绪十年（1884），新疆改建行省，清朝政府废止了维吾尔地区的伯克制度，废除了伯克制，代之以州县制，仅保留级别较高的阿奇木伯克、伊沙噶伯克头衔。被裁撤的伯克充当了汉地"乡绅"的角色，有人仍在州、县衙门做书吏等差事。

千百户制度，是一种以千户、百户等官吏为主体的藏族基层管理制度。清雍正十年（1732）夏，应西宁办事大臣达鼐奏请，西宁、四川、西藏派员勘定界址，三方交界之地的藏民七十九族之中近西宁者归西宁管辖，近西藏者暂隶西藏。在归西宁管辖的四十族之内，依据族人多寡，从本族豪酋之中委任土官，令其治理地方，管辖属民。千户、百户和管束部落的百长是千百户中的主要人物。中央王朝通过千百户对藏族地区实施有效的统治。

1912年1月，中华民国成立。2月，清隆裕皇太后在清帝退位诏书中称"合满、汉、蒙、回、藏五组完全领土为一大中华民国"，但中国西北边疆的危机并没有随着中华民国政府的建立而消解，反而有愈演愈烈的趋势。

（一）西北边疆危机的形成与延续

"民国时期与晚清边疆危机的一个不同之处在于，辛亥革命之后出现了民族分裂主义，这是国家转型过程中一个现代性伴随物。"①其根源在于辛亥革命者提出的"驱逐鞑虏，恢复中华"的口号，"将革命对象指向满族统治者，宣称恢复汉人统治，这对清王朝多元构造无疑是彻底的否定，直接切断了满与蒙、藏、回之间存在的联盟关系"②。由此，清王朝的最终被推翻不可避免地导致蒙古、西藏和新疆地区分裂思想的产生和发展。梁启超在其《新中国建设之问题》一书中也尖锐地指出：彼时蒙、新、藏、回等地区对中国内地的依附是源于对清政权统治的认同，"今兹仍训于本朝之名公，皇统既易，是否尚能维系，若其不能，中国有无危险？"③随后，蒙古库伦地区三多再接哲布尊丹巴呼图克的独立闹剧也印证了这个观点。当然，民国政府领导层也很快认识到了这一问题，"五族共和"的口号随即被提出，西北地区民族分裂情况有所缓解。

但此时，帝国主义的干涉及其对民族分裂情绪的煽动、支持与利用，加之天灾与战乱所导致的人民生活的穷困最终造成了民国时期日益严重的西北边疆危机。

1927年，南京国民政府成立，中国完成了形式上的统一。但此时边疆危机却不断加深。帝国主义虎视眈眈，对中国东北、东南、西南、西北边疆地区垂涎欲滴，加紧蚕食。"九一八"之后，东北尽入敌手。惨痛的教训，使国人将西北之开发建设与国家的前途与命运关联起来，"未来之祸正在西北，倘不急谋充实以固民力而安民心，则沦胥之患尚忍言耶？"④"时值沦亡之际，谁又敢断言西北边疆，不至于爆发与九一八同样之惨变。惩过去之失，为亡羊补牢之计。"⑤

此时，中国的西北地区亦是积弊重重，"西北的事业，无出建设，

---

① 朱金春：《现代国家构建视野下的边疆治理研究》，学位论文，中央民族大学，2012年。
② 朱金春：《现代国家构建视野下的边疆治理研究》，学位论文，中央民族大学，2012年。
③ 梁启超：《新中国建设问题》，《梁启超全集》，北京出版社1999年版，第2443页。
④ 刘守中、张继：《开发西北提案》，《抗战时期西北开发档案史料选编》（近代史资料专刊），中国社会科学出版社2009年版，第12页。
⑤ 《研究西北—开发西北》，《申报》1932年7月22日。

西北的繁荣，不能恢复，西北边境的土地更迭遭丧失。鸦片战后，我国计前后失地，约二千二百余万里，数量惊人，失地之中，最严苛，最繁杂，最广大者，尤莫如西北边境。"① 英、苏等国将西北边疆视为其传统势力范围，加紧各种形式的渗透，"俄人既近窥伊犁，襟带新疆，囊括西北；英人亦占据西藏，驻兵开矿，觊觎青海，野心勃勃，将有他族逼处之忧。"② 而日本侵占东北之后，亦有进占西北的野心，"以游历青海为名，终年络绎不绝，率皆测绘地图，调查物产，其处心积虑，狡焉思启。"③ 另外，由于宗教与民族问题的存在，当时国人担心，若西北步东北的后尘，一旦失去，则极不易恢复。种种危机显示，开发西北已成中华民族存续的关键。

应该说，西北地区的开发有着极重要的政治、经济、军事及社会意义，尤其在华北地区与东南地区财政已不堪重负，"苟能开发西北与河套所属，正今后之粮库所在，未容忽视"④。更重要的是，开发西北并不是简简单单的经济扶植与交通建设，"以已往言，西北为中华民族的发源之地，以将来言，西北为中华民族最后之奋斗场所。"⑤ 对外寻求中国之独立，对内寻求各民族之统一才是其最终目的，为达到这一目的，南京国民政府做了一定的努力与建设，使得西北地区在其统治时期获得了一定程度的发展。

（二）社会各界对西北开发的关注

1. 学术界、文化界对于西北开发问题的关注与讨论

西北边疆问题的研究一直是中国学术界关注的热点，尤以20世纪三四十年代为甚。其原因主要是民族存亡危机的逐渐加深，西北地

---

① 刘桂：《西北边疆的危机及其救策》，《国家与社会》1933年第29期。
② 马成：《马保成致林森函》，《抗战时期西北开发档案史料选编》（近代史资料专刊），中国社会科学出版社2009年版，第1页。
③ 马成：《马保成致林森函》，《抗战时期西北开发档案史料选编》（近代史资料专刊），第1页。
④ 周宪文：《东北与西北》，《新中华》1933年第11期。
⑤ 马鹤天：《开发西北与中国之前途》，《西北问题》1935年第3期。

区的重要性日益显现，但其贫穷落后，乃至愚昧的局面使得中国学人开始寻找发展西北地区之路径，并展开了积极的调研与实践。

1927年6月，瑞典人斯文·赫定牵头的中瑞西北科学考察团正式成立，由赫定本人与时任北京大学教务长的徐炳昶分别担任中瑞双方的团长。对于中国学人在考察团中的作用，赫定表示："他们的合作使得我一月一月地愈是觉得，怎样地不可少与怎样地贵重。"① 考察团从北京出发，经包头、百灵庙至额尔济纳河流域，于1928年2月到达乌鲁木齐。在长达六年的考察里，中瑞西北科学考察团对中国西北地区进行了包括地质学、气象学、考古学、植物学、人类学等诸多方面的考察，从1937年起，以"斯文·赫定博士领导的中国—瑞典考察团在中国西北各省科学考察的报告"为总标题，在斯德哥尔摩陆续出版，现已达50种。黄文弼负责部分，被撰写为《罗布淖尔考古记》《吐鲁番考古记》《塔里木盆地考古记》，在中国出版。另外，1930年中国与法国也组织过类似的西北问题考察团，计划在西北地区进行地理、经济、人文等一系列考察研究，但后来因为种种原因，考察草草结束。

1929年，担任过甘肃学院（兰州大学前身）院长的马鹤天鉴于中国边疆问题突出，遂与一批有志于边疆研究的学人一起成立了西北研究社，并相继刊行了《西北》与《新亚细亚》两种西北问题研究杂志，并向政府及社会呼吁开发、建设西北。② 值得一提的是，马鹤天高度重视当时西北地区教育水平落后的问题，并提出了"多请内省特殊人才到西北去，多送西北学生留学内地……创办大规模并由特殊设备之农林学校……以学田补助教育经费……谋各民族之教育普及……设立汉语学校……利用寺院设民众教育馆"③ 等一系列西北教

---

① 斯文·赫定：《长征记》，李述礼译，西北科学考察团印行1931年版，第1页。
② 事实上，马鹤天早在1923年就发起并创建了"中华西北协会"，关注中国西北边疆地区的一系列问题，并于1927年9月由兰州出发徒步前往青海湖，其间在青海考察50余天，对甘青地区地理环境与经济基础有较深刻的认识。
③ 马鹤天：《西北开发必先解决西北人民的生活饥荒与知识饥荒》，《新亚细亚》1932年第5期。

育建设设想，这些设想之后大多数都成为现实。

毕业于美国威斯康星大学的陕西籍学者刘文海①于1928年11月借回乡探望其父的机会②，沿途考察了西北各省的实际状况，并于1930年出版了《西行见闻记》一书。刘文海在其书中感叹道："此次见闻所及，尤惊心触目。内地政治既未尽清明，西北积弊亦日深一日，二者尤似形影声响，关系密切。"③ 呼吁国民政府从政治上、经济上、军事上和教育上重视西北边疆地区的建设。

"九一八事变"爆发后，东三省及热河地区被日本关东军占领，南京国民政府的退让换来的是日本侵略者的步步紧逼，"一·二八事变"与"华北事变"后，东南地区与华北地区岌岌可危，此时西北地区的战略价值日益凸显，"危险程度已达极点，国人如不速自奋起，以谋挽救，则西北疆土，即将为东北四省之继矣"④。学术界亦越来越意识到西北对于中国存亡之重要性，开始了西北研究的又一次高潮。

毕业于美国哥伦比亚大学商学院，后又入伦敦大学学习航空技术的华侨女飞行家林鹏侠女士"鉴于西北文化闭塞，宝藏丰富，恐其为东北之续，故愿牺牲一切，决心赴陕甘宁青四省考察文化政治，沿途并为宣传航空建设……女士此行，抱有三不怕主义，即不怕冷，不怕苦，不怕险"⑤。林鹏侠女士在考察过程中目睹了西北地区军阀统治的腐败，人民生活的贫困。联想到国势衰微，列强虎视眈眈，对西北垂涎欲滴，而国民政府尚视若无睹，她在给友人的信中愤然说道："观今日之国势，危在旦夕，而诸多不良之分子，仍花天酒地，争权夺利，诚可痛心！然又非灰心之时，创痛之秋，凡稍有血气者，总宜负一份国民之责任，继续往前，努力奋斗，作最后之努力，以期于极

---

① 刘文海留学归国后受聘于国立东南大学，是该校最年轻的教授。
② 刘文海的父亲刘永生堪称"秦商"的优秀代表，他素怀爱国救民之心，常年在丝绸之路上的甘肃酒泉等地经商，因其任侠好义，注重信誉，其经营范围远达今天的蒙古国首都乌兰巴托、新疆乌鲁木齐、北京、河北、山西一带。
③ 刘文海：《西行见闻记》，南京书店1930年版，第2页。
④ 洪涤尘：《新疆史地大纲》，正中书局1935年版，第241页。
⑤ 黄警顽：《女飞行家林鹏侠女士抱三不怕主义》，《女声》1933年第8期。

短时间内得收回失地。报国仇,雪国耻,将来之成败,在所不计。"①考察结束后,林鹏侠利用其华侨身份向海外侨胞介绍西北幅员广阔,物产丰富,投资实业潜力巨大,"此鹏侠亲身考察所得,特以贡献我海外侨胞。并望速组织团体,前往调查,便知西北之优点,尚非笔墨所能罄书者矣。我侨胞苟能戮力同心,前往开发,则今日荆莽荒僻之区,将来或为巴黎纽约,亦未可知"②。

《申报》记者陈赓雅于1934年至1935年考察西北数省,并将沿途的所见所闻所想连载于《申报》上,备受读者欢迎。1936年,陈赓雅所著《西北视察记》③出版,《申报》评论此书为"近今不可多得之巨著,凡有志从事建设研究西北者均当人手一册"。此书与范长江于1936年所著《中国的西北角》④一书被并称为"南陈北范"⑤。

1932年7月,西北问题研究会在上海由胡庶华、郭维屏等人发起成立,该研究会旨在研究西北问题与促进西北开发,并致力于给国民政府提供西北开发的政策性建议,其创办的《西北问题季刊》《西北问题研究会会刊》以及《国防知识丛书》都是当时西北问题研究领域影响力较大的刊物。该研究会成员还积极组织赴西北地区的实地考察与西北物产与出土文物的展览,在当时有着很深的社会意义。开发西北协会于1932年6月成立于南京,该协会设理事会总理一切会务,以傅作义、邵力子等人为名誉理事,首任理事长为陈立夫,萧铮、戴弘等为理事。下设总务、业务两部,并聘有西北通讯员和调查员。陕西、甘肃等地设有分会。其会员均为有专门学识或技术之人员及有志于西北事业者。该协会以"协赞政府开发西北,达到国家社会之繁荣"为宗旨。由于有南京国民政府在职官员的加入与支持,该协会"渐渐成为一个半官方的组织,在全国影响也逐渐扩大"⑥。在开发西

---

① 林鹏侠:《西北考察得一封信》,《女子月刊》1933年第5期。
② 林鹏侠:《为开发西北敬告海外侨胞》,《美术生活》1934年第5期。
③ 陈赓雅:《西北视察记》,上海申报馆1936年版。
④ 范长江:《中国的西北角》,天津大公报馆1936年版。
⑤ 尹韵公:《尹韵公自选集》,学习出版社2009年版,第326页。
⑥ 王一丁:《抗战前国民政府西北开发研究》,学位论文,华中师范大学,2003年。

北协会主办的期刊《开发西北》创刊号上，蒋介石、林森、于右任、汪精卫、戴季陶、蔡元培、何应钦、居正、宋子文、黄绍竑、罗文干、褚民谊、王世杰、杨虎城等国民党军政要人都为该刊题词，并对开发西北协会以"开发西北"为宗旨给予高度评价。"西北问题研究会和开发西北协会团结了一大批研究西北的专家学者和开发西北的热心人，当时关于开发西北较有影响的文章与专著大多出自两会会员。"[①] 其中影响力较大的著作见表1-1所示。

表1-1　　　西北问题研究会与开发西北协会会员主要著作

作者	书（篇）名	出版单位或期刊名称
米志中	《举世注视之西北》	《拓荒》1934（2）：23—31
马鹤天	《开发西北与中国之前途》	《西北问题》1935（3）：17—23
郭维屏	《挽救国难与开发边疆》	《西北问题》1936（1）：11—13
郭步陶	《西北游行日记》	大东书局
今秋	《西北远征日记》	北新书局
吴绍璘	《新疆概观》	钟山书局
许崇灏	《新疆志略》	正中书局
张之毅	《新疆之经济》	中华书局
刘虎如	《青海西康两省》	民智书局
王金绂	《西北之地文与人文》	商务印书馆
杨钟奇	《西北的剖面》	作者书局
杨希	《青海风土记》	新亚会书局
王正旺	《中国西北部之经济状况》	商务印书馆

资料来源：北京图书馆编《民国时期中总数目》，书目文献出版社1994年版。

在众多学者对西北地区的考察中，不得不提的还有顾颉刚先生的西北之行。1935年，管理中英庚款董事会拟设补助西北教育的专款，并委派时任燕京大学教授的戴乐仁等人赴西北地区视察。次年4月，管理中英庚款董事会总干事杭立武到北平，与戴乐仁赴北平研究院访顾颉刚先生，拟集合北平方面关心西北之人士共同讨论如何开展西北

---

① 王一丁：《抗战前国民政府西北开发研究》，学位论文，华中师范大学，2003年。

教育事业。4月13日，顾先生陪同杭立武、戴乐仁二人参观成达师范、西北公学，据顾颉刚先生《西北考察日记》，此次北平研究院会议，"出席者立武与戴先生外，有李润章（书华）、查勉仲（良钊）、袁希渊（复礼）、杨克强（钟健）、崔敬伯、白寿彝诸君及予。交换意见之结果，主于因地制宜，俾边疆各教各族之未成年人俱有接受现代教育之机会"。次日杭立武返回南京。这是顾颉刚先生与中英庚款董事会接触之开始，他尚无亲赴西北考察之计划。1937年9月1日，顾颉刚先生至南京，赴管理中英庚款董事会，与总干事杭立武商谈，并做西行计划。时南京遭受日机猛烈轰炸，满目断垣残壁，"各机关职员离去大半，真有沧桑突变之感"。管理中英庚款董事会定顾颉刚、陶孟和、戴乐仁、王渭珍四人赴西北考察。日期为3个月，定支旅费5000元。

顾颉刚对西北的考察将教育问题摆在了最重要的位置上，并撰写了长达5万余字的《补助西北教育设计报告》，论述了西北地区建设职业教育、社会教育、师范教育、女子教育及民族教育的重要性。

顾颉刚在河、湟、洮、岷民族地区的教育考察，是民国时期一次重要的教育考察。这次考察活动中上报的《补助西北教育设计报告》，是他呕心沥血，花了近一个月的时间完成的，但最终没能为管理中英庚款董事会所采用。然而，即使今天我们阅读其中的一些设计建议，仍然有不少是切实可行的。从这个意义上说，顾颉刚对发展甘肃民族教育有着前瞻性的认识。

2. 国内高校对西北开发问题的探究

在民族危机日益加深的情况下，高校学生作为当时中国精英阶层的群体，也积极参与到了西北建设考察与西北问题的研究中，成为当时高校社会实践的一股热潮。1936年《竞乐画报》展开了"征求大学生赴西北考察论文比赛""亟受学生之欢迎，而且教育当局也很赞成"[①]。广州大学学生组织了西北考察团，并制定了《参加广州大学

---

① 《大学生飞赴西北考察论文比赛》，《竞乐画报》1936年第49期。

西北考察团出发考察条例》《广州大学西北考察团章程》《广州大学西北考察团出版委员会组织简章》《考查科目大纲》等具体规定和计划。河南大学农学院也组成乐农艺、森林及农村社会调查三组，对西北地区进行考察活动，并对西北地区的农业发展提出了中肯的建议。国立浙江大学于1932年组织了西北考察团以研究西北的农业问题，并在其校刊上发表了考察报告及西北农业建设意见。东北大学、铁路学院、朝阳大学、燕京大学、铁路专科学校都组织过类似的边疆问题调查团，并发表了相关的调查成果。国立暨南大学于1935年成立了西北教育考察团，并撰写了《西北教育考察报告书》。值得一提的是，该报告书详细描写了考察团对西北地区初等教育、中等教育、师范教育、职业教育、社会教育、女子教育、童子军教育、民族教育及义务教育的实施情况，却单单没有涉及当时西北的高等教育。由此观之，20世纪30年代西北足可以被称为中国高等教育的荒漠地区。

当时国内高校主要集中于西北地区的农业考察、社会基层考察与教育考察以及西北地区学术考察等几方面，在国家危亡之际，"辽阔的西北正需要高等学府院校，特别是与西北边疆人文地理和自然资源紧密相关的高等院校教育群体的结合。民国时期高校的西北考察活动，使得西北的开发更具科学性，也为西北边疆的开发提供了智力支持和人才保证"[①]。

（三）教育如何回应西北社会需求

1930年4月，南京国民政府第二次全国教育会议通过《蒙藏教育实施计划》，其中"实施高等教育办法"篇即提出当年秋季分别在中央大学与北平大学成立蒙藏班，根据教育部蒙藏教育司所制定的招生办法，"由会通行蒙古各蒙旗西藏各宗及等于宗的地方，令其如期

---

① 尹斯洋：《民国时期知识精英西北边疆考察及思想研究（1931—1945）》，学位论文，天津师范大学，2017年。

保送蒙藏学生前来入学"①。蒙藏班相当于大学的预科，学习年限为两年，毕业后即可升入大学本科。同时，选派蒙藏地区具有高级中学以上学校毕业证书或有同等学力者公费出国留学，具体人员指标为内蒙古十名，外蒙古八名，青海两名，西藏八名，西康四名。留学年限三到七年不等，若从事医学或工程类专业学习还可适当延长留学期限。与此同时，中央政治学校也附设了华侨蒙藏班，后又改为专门的蒙藏学校进行授课，并在边疆少数民族聚居地区设立中政分校，在西北境内的主要有包头（后迁移到甘肃岷县）、肃州、西宁等地区。应该说，大学蒙藏班的设立在客观上为西北边疆地区建设人才培养提供了支持，也使得这一地区高等教育普及程度有所提高，但由于初办无经验及经费设备欠缺等原因，所招收的边疆地区学生很难达到学校毕业标准。更有甚者，一些学生"视官费入学为当然权利，鲜有念及国家扶植边人之苦心者。入校之后相聚一堂，自成风气，只知夸耀其民族精神之伟大，转相仿效……以内地号称文明区之学校尚如此冥顽不化，似此趋重狭义民族思想，拥护地域部落观念，实与国民教育，国族教育之政策，根本冲突，流弊所及，贻患颇大"②。

1934年，南京国民政府教育部为促进边疆地区教育的发展，拨专款50万元用作边疆各级教育机构创办。这笔专款的拨发被看作中央政府对于边疆地区教育开发的第一步，"是近数十年为边民造福的第一声，也是治边的根本办法"③。这笔专款中的一部分被用于西北边疆师范教育的开办。边疆教育经费的拨付，使得南京政府边疆教育政策的实施有了最基本的物质保障，在一定程度上调动了边疆地区地方政府与个人兴办教育的积极性，促进了边疆教育的发展。

与此同时，南京国民政府也颁布了相关的蒙藏教育法规。1930年4月，第二次全国教育会议议决《蒙藏教育实施计划》法案，进一步明确了边疆教育的具体推行要求。1931年3月，教育部正式颁布

---

① 《蒙藏教育实施计划》，《湖北教育厅公报》1930年第1卷第6期。
② 曾紫绶：《边疆教育问题之研究》，《教育杂志》1936年第26卷第3期。
③ 刘曼卿：《边疆教育》，商务印书馆1937年版，第166页。

的《蒙藏教育实施计划》，成为南京国民政府发展边疆教育事业的总体规划，也成为中央政府制定边疆教育法律、法规的总原则，具有教育法政策中的总则性质，被称为"实施蒙藏教育计划之鼻祖"①。以后再议决有关边疆教育的实施计划时，多以此计划为蓝本。《蒙藏教育实施计划》共45条，分为实施教育行政办法、实施普通教育办法、实施高等教育办法、编印教育图书杂志报章办法、经费预算等方面的内容。该计划是教育部与蒙藏委员会共同编订并推出的一项政策法案，目的是促进边疆教育的发展。从这个计划看，普通教育依然是依托边疆地区办理，而高等教育则以边疆学生到内地求学为主。特别要指出的是，《蒙藏教育实施计划》还规定了新疆学生适用于蒙藏学生的相关待遇，扩大了边疆教育的范围。从其内容上看，在地方教育行政方面，边疆当地教育行政委员会的设立，为当地教育的推行提供了机构保障；普通中小学校及乡村师范学校的设立，为当地普及基础教育及师资的培养奠定了基础；高等教育招生对边疆学生的倾斜，有利于吸引边疆当地优秀青年入学接受更好的教育；图书杂志报章的编印，可宣传政府的政策、法令；社会教育的开展，为失学的儿童、青年及成人提供了受教育的机会，可以提高边疆民众的文化素质；教育经费由中央政府补助与地方承担相结合，可共同推进边疆教育的发展。由此可见，该实施计划的颁布，使边疆教育的具体开展有了明确的实施措施。

南京国民政府教育部于1931年订定《边疆教育实施原则》。此实施原则体现了《三民主义教育实施原则》对边疆教育宗旨的规定，主张发展边疆教育，促进"语言意志之统一"，并以此培养边疆民众的民族意识，促进民族团结，共同抵抗日本帝国主义的侵略，最后完成现代民族国家（大民族主义国家）构建的任务。激发边疆民众的爱国主义精神，增强民族意识，共同抵御敌人的入侵，即向边疆学生"灌输科学知识，并间以政治材料，捍卫国家之历史人物，以启迪知

---

① 李国栋：《民国时期的民族问题与民国政府的民族政策研究》，民族出版社2009年版，第225页。

识，养成国家观念"①。

为有效发展边疆教育，吸引边疆学生入学，1927年7月，南京国民政府教育部颁布《待遇蒙藏学生章程》。这是南京国民政府成立以来所颁布的第一个有关边疆学生待遇的教育政策。在《待遇蒙藏学生章程》颁布后，南京国民政府教育部在1934年与1935年先后两次对《待遇蒙藏学生章程》进行了修订②，从该章程中我们可以看出，为逐步缓解和扭转边疆地区人才匮乏的状况，给予了蒙藏学生一系列的优惠待遇，除减免学费、分配工作外，还对冒充蒙藏学生者严格查处，以确保蒙藏学生的权益。为使蒙藏学生能有接受高等教育的机会，南京国民政府于1931年又颁布了《蒙藏学生就读国立中央、北平两大学蒙藏班办法》，规定对接受高等教育的蒙藏学生给予优待。

1927年5月，中央政治学校的前身中央党务学校在南京创办，它作为国民政府培养其党员干部的最高学府，直接隶属于国民党中央执行委员会，由蒋介石担任第一任校长；戴季陶、罗家伦、曾养甫、陈果夫等国民党要员分别担任教务处与训育处的工作。1928年10月，南京国民政府决定将中央党务学校改组为中央政治学校，由蒋介石担任校长，丁惟汾担任教育长，胡汉名、戴季陶、陈果夫、邵力子、罗家伦等人担任校务委员会委员，下设政治、财政、地方自治、社会经济四系。1934年2月8日，国民党第四届中央执行委员会第一零八次常务会通过《中央政治学校设立边疆分校初步计划纲要》，该纲要规定其边疆分校办学宗旨为"推广边疆教育，培养健全国民，以增进边疆福利，并为边疆青年研究高深学术及从事各种职业之预备"。为应对时局变化，进一步加强南京国民政府对边疆地区的控制力，1935年12月，中央政治学校成立了边疆教育研究委员会，以丁惟汾、戴季陶、陈果夫、叶楚伧、黄慕松、程潜、王世杰、罗家伦、吴挹峰、刘振东、何玉书等人为委员会委员。至1938年，中央政治学校针对

---

① 中国第二历史档案馆编：《中华民国档案资料汇编》（第5辑第1编教育2），凤凰出版社1997年版，第868页。
② 中国第二历史档案馆编：《中华民国档案资料汇编》（第5辑第1编政治2），第816—817页。

边疆地区人才培养与教育普及的目标,在南京建立了蒙藏特别班、蒙藏班、西康学生特别训练班和附属蒙藏学校,又在青海西宁、西康康定、绥远包头、甘肃肃州、云南大理分别建立了中央政治学校边疆分校。尽管这一些学校并非高等教育机构,但从普及教育、开发民智的角度来看,这些边疆学校的存在为之后南京国民政府在边疆地区高等教育的布局奠定了文化基础。

在1939年召开的第三次全国教育会议上,蒙藏委员会亦提交了《关于蒙藏教育权及其与教育部划分工作范围的问题》的议案,该议案指出,边疆教育管理机制必须得到整顿,中央各机构对办理边疆教育应划清权责,分工合作。

从1940年开始,中央组织部及中央政治学校所办的各学校相继移交教育部,1941年,蒙藏教育司专设司长,由张廷休专任,并扩充了人事,司内辖有两科室,工作人员增加为30人。其中第一科掌理蒙藏及其他边疆各种教育事业,地方教育行政及经费师资事项。第二科掌理蒙藏及其他边疆教育法案、图书、教材等的编译研究出版事项。

至此,民国政府教育部蒙藏教育司组织机构渐趋完善,各项规制亦渐完备。在此背景下,1941年底,南京国民政府行政院颁布《边地青年实施纲领》,明确规定边疆教育要依靠一般教育行政系统,仍由教育部主管。依据这一规定,国民党中央组织部决定:"党不能办职业学校,学校应交教育部直接领导,经费由教育部会计处拨发。"同时,其他有关部门也陆续将所办边疆学校交与教育部统一管理。随着蒙藏教育司职权的扩大,边疆教育中央行政权逐步得到统一,边疆教育也因此获得了快速发展。

1938年11月,民国政府教育部在汉口举行了边疆教育问题讨论会,商讨了多种边疆教育的方案,取得了不错的成果。为了使这种有益的讨论方式得以延续,1939年,边疆教育讨论会改组为边疆教育委员会,同时颁布了《边疆教育委员会章程》,规定了边疆教育委员会的设置、职权及任务。

1939年,以《三民主义教育实施原则》所制定的边疆教育方针为依据，第三次全国教育会议议决通过《推进边疆教育方案》。该方案的内容之一就是确定了边疆教育的方针，主要包括三个方面。第一，边疆教育要配合大中华民族各部分的文化。第二，边疆教育的展开，要遵循国家教育宗旨及其实施方针、抗战建国纲领的规定。第三，边疆教育应适应边疆当地的特殊环境及人民生活习惯。《推进边疆教育方案》基本沿袭了1931年所制定的《三民主义教育实施原则》的全部内容。但也有一些不同：一是名称上使用了"边疆教育"，表明了南京国民政府边疆观念的转变；二是对语言生活习惯相同的边民，在尊重其特殊性的基础上，边疆学校与内地普通学校一致。这是为防止民族隔阂与矛盾而采取的措施，具有一定的积极意义。

作为边疆教育政策决策者和组织者的南京国民政府，面对复杂的历史条件和艰难的战争环境，为推行边疆教育的确做了许多积极的努力，在南京国民政府边疆教育政策的倡导下，边疆地区的现代学校如雨后春笋般建立起来，不仅初等教育得到了较大的发展，中等职业教育、中等师范教育、高等教育、民众教育及寺院教育也发展迅速。教育的发展不仅在一定程度上激发和调动了边疆民众的爱国救亡热情，为抗战的胜利做出了贡献，而且为边疆地区未来社会的发展培养了大批有用人才，提高了边疆各民族的整体素质，进而促进了边疆地区政治、经济、文化等各项事业的发展，对边疆地区产生了深远影响。

但同时也应看到，南京国民政府的努力与特殊的时代背景密切相关，是在社会各界迫切呼声中做出的，必然存在被动应对成分。另外，南京国民政府的边疆教育政策与措施更多地隐含着政治因素，针对具体教育问题，只能勉强看作初步尝试。

二　20世纪三四十年代西北高等教育的发展

20世纪三四十年代，学术界对西北地区地理范围的划分意见不同，大致有狭义与广义、近与远、内与外、大与小之说。沈灌群在《论我国西北高等教育之建设》中说："顾国人所称西北，其范围言人人殊，此属本国地理学分内事，吾人不欲置喙，今姑假定其范围包有陕西甘肃绥远宁夏青海新疆六省。"① 霍宝树在《开发西北概论》中说道："西北区域，从广义言之，则西、北二部悉在其内，从狭义言之，则仅指西北一隅。兹所言西北者，以陕西、甘肃、绥远、宁夏、青海、新疆等省区为范围，乃指西北一隅而言也。"② 《西北研究》发刊词也主张："西北是中华民国的领土的一部分，它有一千一百十万三千一百方里的土地，有二千四百八十九万的人口，——这还仅就陕、甘、宁、青、绥、新所谓'近西北'的六省而计算的。"③ 本书也同意"近西北"之说，也就是狭义的西北定义，包括陕西、甘肃、青海、宁夏、新疆、绥远六省。

这一时期，西北高等教育发展经历了抗战全面爆发前、抗战中，以及抗战后三个历史阶段，大致呈现出由缓慢发展过渡到快速建设，再到恢复与调整的流变态势。在历史演变过程中，抗日战争的全面爆发作为一个拐点，西北地区战略地位凸显，南京国民政府开始调整建

---

① 沈灌群：《论我国西北高等教育之建设》，《高等教育季刊》1942年第2期。
② 霍宝树：《开发西北概论》，《建设》1931年第11期。
③ 西北研究编辑部：《发刊词》，《西北研究（北平）》1931年第1期。

设重心，倡导开发西北。正是在这样的背景下高校西迁，利用京津优质高等教育资源重启西北高等教育发展历程，一方面，战前全国高等教育的畸形布局得到了改善，另一方面，随着西北联大的不断分组与调整，西北五校的成立基本奠定了西北高等教育发展的格局。抗战结束后，西北各高校除国立西北师范学院少数师生回迁北平外，其余各校均留驻西北，为西北高等教育发展乃至社会的全面进步与转型作出了巨大贡献。

（一）薄弱与贫乏：抗战全面爆发（1937 年）前的西北高等教育

1. 全国高等教育布局不合理，西北高等学校数量稀少

1931 年，南京国民政府邀请国际联盟教育考察团来华考察，研究我国教育之现状，并对此作出评价与建议，辅助我国教育制度之改进。国联教育考察团通过实地考察，撰写报告书（分上下两册）。上册讨论了我国教育情形、国家教育与外来之影响、教学之精神、语言与文字、教育行政、财政及组织、教职员、全国学校之分布、学校之合理利用、学童与学生之社会选择、学制等问题；下册重点探讨我国小学教育、中等教育、大学教育，以及成人教育办学中所存在的问题，针砭时弊，给出积极建议。考察团认为，我国大学教育主要存在以下问题：大学地域分布不均衡且缺乏合作，课程设置存在问题，大学经费严重短缺，教师聘任不够规范，教学方法单一，高校招生缺乏统一标准等。关于我国高等教育布局问题，考察团报告书论述道："中国大学在地理上之分布杂乱无章，在同一区域内常有多数大学，其所推行之工作几全相同。"[①] "1930—1931 年中，十五国立大学，有十一校设于三个城市之中；省立大学十七校，有九校设于另外三个城市中；又有

[①] 沈云龙主编：《近代中国史料丛刊》3 编第 11 辑《国际联盟教育考察团报告书》，文海出版社 1986 年版，第 160 页。

三个城市,除国立大学外,复有二十七个立案私立大学中之十九校。"由此可见当时高等学校设立的集中程度。从国联考察团给出的统计图表中,可以明显看出京津沪地区为高校云集之地,对比之下,西北地区高等教育资源尤为短缺。①

抗战全面爆发前的西北社会,由于经济、政治、历史等方面的原因,高等教育发展极为缓慢,青海、宁夏、绥远三省没有高等学校,甘肃、新疆、陕西虽有高校设立,但数量稀少,仅有国立西北农林专科学校、省立甘肃大学、省立新疆学院三所,且这三所高校在办学规模、师资力量、学生培养等各个方面都无法与京津沪高等教育发达地区相比。

国民政府对国联教育考察团给出的报告重视非常,但苦于时局不稳、日军侵华、资源短缺等原因,迟迟没有出台发展西北高等教育的具体实施方案,仅于1936年颁布的《中华民国宪法草案》中提及高等学校设置应注重区域平衡,给予全国各地人民享有平等高等教育的机会。②

2. 西北高等学校发展缓慢

1927年前后,甘肃省政府主席刘郁芬请示冯玉祥,提出建立省属大学事宜。6月2日,冯玉祥回电,决定建立兰州中山大学,命令甘肃省政府遵照办理。甘肃省教育厅召集教育界人士商议,决定将甘肃公立法政专门学校与兰州中山学院合并,共同组建兰州中山大学。1928年2月29日,兰州中山大学正式成立,1929年初,南京国民政府教育部令兰州中山大学更名为甘肃大学,1932年3月又更名为省立甘肃学院。兰州中山大学时期仅设立了法律系、国文专修科、艺术专修科,以及政治专门部、教育行政人员训练班,1933年甘肃学院设立医学专修科,1935年甘肃学院又增设农学专修科,

---

① 沈云龙主编:《近代中国史料丛刊》3编第11辑《国际联盟教育考察团报告书》,文海出版社1986年版,第162—163页。

② 中国第二历史档案馆编:《中华民国档案资料汇编》(第5辑第1编政治1),凤凰出版社1994年版,第287页。

1936年农学专修科因国立西北技艺专科学校的设立而取消。据统计，1929年兰州中山大学教职员共52人，其中教员仅35人。在这35人中，有三位毕业于国外知名大学，其余多毕业于北京、上海各大高校。① 由于不连续招生，加上开设专业的限制，兰州中山大学及甘肃大学时期学生人数较少，1928年到1931年，在校学生总人数分别为145人、141人、102人、79人，四年中只有1930年招生90人。② 甘肃地处偏远，经济落后，教育经费常被拖欠、挪用，导致这一时期学校的办学经费常常入不敷出，与教育部公布的《大学规程》中所规定的经费标准相去甚远。③

辛亥革命之后，杨增新为了发展新疆经济，控制学生留学国外，于1924年创办新疆省立俄文法政专门学校，学制四年。据1927年决算，"学校全年经费36672两，折为法币52807.68元。俄文法政专门学校的经费，占全省教育经费的三分之一"④。1928年，"双七事件"发生，杨增新被杀，金树仁上台当政，将"新疆省立俄文法政专门学校"改称为"新疆省立俄文法政学院"。学校一切费用，仍然由地方开支，1931年1月1日，学校正式更名。"自1924年俄文法政专门学校建立到1933年金树仁下台，俄文法政专门学校（俄文法政学院）共招有学生4班（其中1924年第一班、1928年第二班、1931年第三班、1933年第四班），约150人；毕业学生3班，约100余人。"⑤ 至1934年秋季，全校在近十年间，藏书1143册。⑥ 1933年"四一二政变"以后，盛世才总揽新疆军政大权。1934年7月，何语竹来到新疆。同年8月，盛世才委派其

---

① 张克非主编：《兰州大学校史》（上编），兰州大学出版社2009年版，第61—63页。
② 张克非主编：《兰州大学校史》（上编），第65页。
③ 《兰州大学档案》1—2—96（甘肃学院）。
④ 管守新、罗忆主编："新疆大学建校80周年丛书"《新疆大学校史（1924—2004）》，新疆大学出版社2004年版，第9页。
⑤ 马文华：《民国时期的新疆学院》，《新疆大学学报》（哲学社会科学版）1991年第4期。
⑥ 管守新、罗忆主编："新疆大学建校80周年丛书"《新疆大学校史（1924—2004）》，新疆大学出版社2004年版，第24页。

担任新疆俄文法政学院院长。何语竹到任后，着手整顿学校，改教职员委任制为聘任制，实行财政公开。1935年1月1日，新疆俄文法政学院更名为新疆学院，新设法律系、政经系、税务专修科。"学院大专部的经费，每月14668元，包括薪俸、学生津贴和办公杂费等。"①

1924年3月，在军阀刘振华的支持下，国立西北大学正式成立，设有文学院、社会科学院、自然科学院、应用科学院。1927年1月18日，国民军联军驻陕总司令部发布"收束西北大学，筹建中山学院"的命令，将国立西北大学改建为西安中山学院，1928年又改称西安中山大学。② 西安中山大学存续时间较短，到1931年即宣告解体，校址用来改办陕西省立西安高级中学。

除了西北大学之外，1932年秋，中央政治会议通过筹备建设西北专门教育初期计划议案，成立筹备委员会。1933年选定陕西武功张家岗为建校校址，1936年教育部任命辛树帜为校长，成立国立西北农林专科学校，招收农艺、森林、园艺、畜牧、农业经济、水利等六组新生。③

根据《教育部报告民国十九年度高等教育概况》统计，到1931年1月止，"全国大学及专门学校总数计五十校，内大学三十四校，专门学校十六校"④。发展到1936年，全国共有高等学校106所，其中大学42所，独立学院36所，专科学校30所。⑤ 相比之下，1927年到1937年十年间，西北高等学校数量稀少，甘肃有一所，新疆有一所，陕西仅有两所。

---

① 管守新、罗忆主编："新疆大学建校80周年丛书"《新疆大学校史（1924—2004）》，新疆大学出版社2004年版，第28页。

② 姚远、董丁诚、熊晓芬等编：《图说西北大学110年历史》，西北大学出版社2012年版，第63、83页。

③ 《国立西北农林专科学校一览》，1936年，第1—20页。

④ 中国第二历史档案馆编：《中华民国档案资料汇编》（第5辑第1编教育1），凤凰出版社1994年版，第274页。

⑤ 中国第二历史档案馆编：《中华民国档案资料汇编》（第5辑第1编教育1），第296页。

二　20世纪三四十年代西北高等教育的发展

表2-1　全国各省独立学院概况（1931年）

校别	校址	经费 岁出（元）	经费 岁入（元）	编制 本科院	编制 系	编制 专科 科	编制 专科（人）组	教职员 教员（人）	教职员 职员（人）	教职员 互兼（人）	在校生 合计（人）	在校生 男（人）	在校生 女（人）	毕业生 合计（人）	毕业生 本科（人）	毕业生 专科（人）	设备价值（元）	图书册数（册）
1. 江苏教育学院	无锡	175992	175992	1	2	1	2	32	85	11	257	239	18	90	90	—	13656	13608
2. 河北工程学院	天津	148656	148656	1	3	—	—	29	44	8	96	96	—	—	—	—	26316	11759
3. 河北女子师范学院	天津	132000	132000	1	6	—	—	39	30	7	225	—	225	61	—	61	42816	4107
4. 河北法商学院	天津	115135	122272	1	4	—	—	29	29	2	191	178	13	83	88	—	4785	1143
5. 河北医学院	保定	108030	108000	1	2	—	—	16	43	1	102	97	5	38	38	—	—	17701
6. 山西教育学院	太原	105900	105900	1	3	—	—	42	17	9	170	157	13	41	41	—	2040	19063
7. 山西法学院	太原	95000	82581	1	2	1	2	36	12	4	350	299	6	78	78	—	2602	17484
8. 甘肃学院	兰州	90236	90236	1	3	2	2	43	23	7	79	79	—	15	15	—	8070	12810
9. 河北农学院	保定	76796	76796	1	1	—	—	18	20	2	28	28	—	3	3	—	21033	15254
10. 湖北教育学院	武昌	37952	105840	1	2	1	1	10	20	4	130	130	—	—	—	—	2469	4413
11. 新疆俄文法政学院	迪化	—	—	1	1	—	—	13	8	2	81	81	—	34	34	—	—	—

资料来源：中国第二历史档案馆编：《中华民国档案资料汇编》（第5辑第1编教育1），凤凰出版社1994年版，第260—267页。

21

表 2-1 是 1931 年全国各省独立学院概况，甘肃学院经费收入为 90236 元，与江苏教育学院、河北工程学院等相差甚远。对比之下，甘肃学院与新疆俄文法政学院在校生与毕业生数量也明显较少。这只是与全国其他几所省立学校的比较，实际情况是，河北、江苏、湖北等省高校众多，除了省立独立学院之外，还有国立大学、省立大学、私立大学、国立各学院、私立各学院，以及各类专科学校，但甘肃、新疆仅各有高校一所，倾全省之力，仍然不能跟发达省份其他省立学院相较，可见西北各省经济、社会之落后，也能映衬出国民政府对西北高等教育的忽视程度，这一时期，全国高等教育发展严重失衡的状况一目了然。

（二）机遇与成长：全面抗战时期（1937—1945 年）的西北高等教育

1. 抗日战争全面爆发与高等教育布局的战略调整

1937 年 7 月 7 日，日本帝国主义悍然制造了"卢沟桥事变"，标志着日本法西斯全面侵华战争的开始。此后日军长驱直入，杀我同胞，侵我河山，中华民族陷入了空前的灾难之中。在这场浩劫中，日军蓄谋对我国高等教育学府实施破坏，给我国高等教育事业造成了严重的损失。清华大学、北京大学首先遭受搜查，日军在校园里肆意横行。7 月 30 日，日军轰炸南开大学，图书馆被毁，秀山堂、思源堂以及教授宿舍均被日军焚毁，大批珍贵书籍也被劫掠一空。① 厦门大学损失图书及教学仪器合计 80907 元，合并其他损失共计 1443202 元。山东大学多处校舍被毁，图书损失计 181764 元。广州中山大学多名师生死伤、失踪，损失总计 20000 元。②

面对上述情况，国民政府行政院于 1937 年 8 月 11 日发布《总动员时督导教育工作办法纲领》，规定"比较安全区内之学校，尽可能

---

① 杨立德：《西南联大教育史》，成都出版社 1995 年版，第 1—2 页。
② 顾毓琇：《抗战以来我国教育文化之损失》，《时事月报》1938 年第 19 卷第 5 期。

范围内，设法扩充容量，收容战区学生"①。1937年8月19日，教育部检发《战区内学校处置办法》的密令，规定各省教育厅在其辖境内或辖境外择定比较安全之地区，选定若干原有学校，迅速扩充或布置简单临时校舍，以为必要时收容战区学生授课之用，不得延误。还规定战区内学校应尽量将学生成绩照片、重要账簿、册籍、学校贵重且易于移动之设备，预为移藏。② 以上规定与措施已经隐隐流露出国民政府意欲将战区高等学校内迁之意。1937年9月29日，战事发生前后教育部对各级学校之措置总说明中提及："平津专科以上学校教职员学生为数极众，势非借读办法所可完全救济。本部为使优良教授得以继续服务，并使学生完成学业，且隐为内地高等教育扩大规模起见，业经呈奉蒋院长核准，先在长沙、西安等处设立临时大学各一所，为平津沪高等学校西迁做好准备。"③ 至此，全国战区高校相继内迁，除少数几所高校按照国民政府教育部指定地点迁移外，多数高校都自行成立选址委员会，自行选择新建校址。这次史无前例的高校大迁移，是国民政府在抗日战争局势不断恶化情况之下的无奈之举，为保存中华文脉，使得弦歌不辍，这次大迁移几乎贯穿了八年全面抗战岁月，涉及华北、华南、华中、华东各省多数高校。在这次迁移中，部分高校迁入上海租界及港澳地区，部分迁移到原省区内相对安全区域，多数高校则长途跋涉，几经周折迁往西南、西北各省。

2. 高校数量与质量的双重提高：西北地区迁入及新设高校的发展

全面抗战时期，全国其他地区高校相继涌入西北避难，由于战争的摧残，许多高校迁移后无处立足、教学设备匮乏、师资队伍凌乱、课程开设困难。加上西北艰苦的自然条件与落后的经济状况，各高校

---

① 中国第二历史档案馆编：《中华民国档案资料汇编》（第5辑第2编教育1），凤凰出版社1994年版，第1页。
② 中国第二历史档案馆编：《中华民国档案资料汇编》（第5辑第2编教育1），第3页。
③ 中国第二历史档案馆编：《中华民国档案资料汇编》（第5辑第2编教育1），第7—8页。

处境维艰。在此种情形下，各迁入高校通过不断改组、合并，创造新的形势，开展联合办学等方式竟在西北贫瘠的土地上获得了新生，并取得了较大的发展，实为我国高等教育史上的奇迹。

这一时期迁入西北地区的高校共计9所，分别是国立北平大学、国立北平师范大学、国立北洋工学院、省立河北女子师范学院、省立山西大学、私立川至医学专科学校、私立焦作工学院，以及省立河南大学（具体迁变情况详见附表2）。其中，国立北平大学、国立北平师范大学、国立北洋工学院于1937年8月迁至陕西西安，9月组成西安临时大学，天津的河北省立女子师范学院大部并入其中，于1938年4月迁往陕西汉中后更名为西北联合大学（分文理学院、法商学院、教育学院、农学院、工学院、医学院六学院，共计23个系）。1938年7月开始，国民政府教育部先是将其工、农两个学院分出，另设国立西北工学院、国立西北农学院，1939年8月又将西北联大一分为三，设立国立西北大学（分文、理、法商三个学院）、国立西北医学院，以及国立西北师范学院。西北联大在改组分解过程中还不断吸收兼并其他高校力量，如国立西北农学院由联大农学院与国立西北农林专科学校合并而成；国立西北工学院，不仅包括联大工学院（原国立北洋工学院与国立北平大学工学院），还兼并了国立东北大学工学院及私立焦作工学院；而国立西北师范学院也同时涵盖了原国立北平师范大学与河北省立女子师范学院。1942年，除国立西北师范学院迁往甘肃兰州、国立西北医学院兰州部分后并入国立甘肃学院，成立国立兰州大学外，其余高校均留在陕西。省立山西大学1939年12月迁入陕西三原，1941年迁往宜川，1943年2月返迁山西，4月改为国立，7月再次迁入宜川。私立川至医学专科学校也曾迁入陕西宜川，最后并入国立山西大学。省立河南大学，于1942年改为国立，1945年春迁入陕西宝鸡。[①]

抗日战争的全面爆发，高等教育的大举西迁为西北高等教育的发

---

① 余子侠：《中国近代西部教育开发史——以抗日战争时期为重心》，人民教育出版社2007年版，第218—219页。

展提供了绝佳的机遇，迁入西北地区的各高校在比较平稳安定的环境下获得了较大程度的发展，以西安临大、西北联大与分解后西北的五校为例，西安临大在成立之初就拥有六大学院及23个学系，建制完整、实力雄厚。根据1937年12月10日的统计数据，全校共有学生1472人，教员223人，其中教授106人，接近总人数的1/2。①

国立西北联合大学成立之初的院系设置基本与西安临时大学时期相同，1938年12月1日，西北联大师范学院师范研究所正式成立，"以研究高深学术，训练教育学术专才，及协助师范学院所划区域内教育行政机关研究教育问题，并辅导改进其教育设施为目的"②，招收研究生，学习期限至少两年。

1938年7月，教育部命令将国立西北联合大学原有的北洋工学院、北平大学工学院，与东北大学工学院及私立焦作工学院合并改组为国立西北工学院，学校下设土木工程、机械工程、电机工程、化学工程、纺织工程、水利工程、航空工程等八系。1939年8月，学院举行第一届毕业生典礼，毕业学生共144人。1930年6月10日，教育部部长陈立夫参加学校第二届毕业典礼，毕业学生共计143人。③ 学校学生逐年增加，筹备期间共有学生600余人，1938年底共有学生773人，1939年有828人，1940年学生总数达到1000余人。在筹备阶段，聘请教师85人，其中教授62人，副教授4人。④ 至1939年6月，共有教职员159人。学校除设八系之外，还设有工程学术推广部及工科研究所。工程学术推广部协助推进西北一切生产事业。工科研究所于1939年秋奉教育部命令成立矿冶研究部，教育部每年补助其图书仪器设备约3000元。⑤ 1940年的统计结果是，学校共有图书15177册，其中国文书籍11370册，外文书籍共3807册。

---

① 《本校教职员录》，《西安临大校刊》1938年第4期。
② 《本大学师范学院师范研究所章程》，《西北联大校刊》1939年第13期。
③ 《国立西北工学院概要》，1929年，第2—3页。
④ 陶秉礼主编：《西北工业大学校史》，西北工业大学出版社1995年版，第15页。
⑤ 《国立西北工学院概要》，1929年，第5页。

1938年7月,教育部国立西北农林专科学校与国立西北联合大学农学院合并,设立国立西北农学院,下设农艺学、森林学、农业化学、植物病虫害学、畜牧兽医学、农田水利学等系。① 学校积极回应国家与社会需求,加强合作研究,开展各类实验。1939年10月,学校与军政部兵工署公营国防林;1940年4月与经济部中央农业试验所合作,进行田间肥料实验;5月,又与经济部水工试验所合设武功水工试验室;1942年,与陕西省防疫处合办血清制造厂。1940年8月,学校农艺、农业经济、植物病虫害三组改系,畜牧兽医系分畜牧、兽医两组。1941年9月,农科研究所、农田水利研究部成立,招收研究生,修业期限为两年。②

1939年9月,国立西北联合大学奉教育部命令改组为国立西北大学,同时师范学院、医学院也独立设置,成为国立西北师范学院以及国立西北医学院。"该校原分六院二十三系,自联大、西大时农、工、师、医四学院先后独立,仅留两院。嗣部令文理学院分为文学院,及理学院,合法商学院共为三学院。"③ 后又奉教育部令,改地理学系为地质地理学系,将政经系分为政治、经济两个学系,而国文系则更名为中国文学系。1943年8月,于法律学系内增设司法组,1944年起,又于文学院内增设边政学系,到1945年,复增设教育系。④ 1940年,教育部选定西安,作为国立西北大学永久校址。据统计,1944年11月,该校共有学生1089人,共有五届学生毕业,毕业生人数从1940年第一届的186人增加到1944年第五届的298人,增幅达60.2%。1945年抗战结束时,学校共有教员146人,其中教授67人,副教授25人,讲师24人,助教30人。⑤

1939年8月8日,西北联大医学院独立,成立国立西北医学院,

---

① 沈云龙主编:《第二次中国教育年鉴》(第5编),文海出版社1995年版,第211页。
② 中国第二历史档案馆编:《中华民国档案资料汇编》(第5辑第3编教育1),凤凰出版社1994年版,第262—263页。
③ 沈云龙主编:《第二次中国教育年鉴》(第5编),文海出版社1995年版,第114页。
④ 《国立西北大学概况》,1947年,第3页。
⑤ 《学校概况》,《西北联大校刊》1944年复刊第17期。

下设"解剖、生理、生物、化学、药理、病理、热带病、寄生虫、细菌、公共卫生、内科、外科、妇产科、小儿科、耳鼻喉科、眼科、皮花科、理疗教室等。"① 根据1942年1月学校训导处制作的"国立西北医学院三十年度学生省籍"的统计数据，全院共设八个班，学生总数206人。② 1939年学校成立之初，"图书所存无几，计有西文书籍九十八册，中文书籍三百二十九册，日文书籍五十五册，西文杂志四十种，及中文杂志数种，嗣即筹拨专款，从事采购。先后订购得西文书籍五百五十二册，中文书籍一千六百八十册，中西文杂志数十种及中文新开报章十数种。此外，各教师自制各学科挂图计一千五百六十幅，又通过各种途径订购图书，至三十一年度，所存中文书籍合计二千一百零九册，外文书籍七百五十三册"③。

1939年8月，西北联大再次改组，师范学院独立设置，称国立西北师范学院。城固时期的国立西北师院下设国文系、英语系、史地系、数学系、理化系、公民训育系、博物系、教育系、体育系、家政系十个系，以及劳作专修科和研究所。1940年，学校共有在校生521人④，发展到1944年在校学生总计1010人，增加近一倍。1944年，学校共有教职员225人，其中教员159人，教授51人，副教授26人，职员66人。⑤ 1940年4月，国立西北师范学院再次西迁，选择甘肃兰州作为校址，直到1944年底，西北师范学院全部迁至兰州。学校除原有设置的十系、劳作专修科以及研究所外，还增设了史地、国文、国语、理化、体育五个专修科和优良小学教师训练班，以及劳作师资训练班。据统计，1939年以来，学校师范研究所连续招收学生，到1944年为止，共录取33名研究生。1942年毕业研究生4名，

---

① 《本院组织大纲》，《国立西北医学院院刊》1940年第1期。
② 《国立西北医学院三十年度学生省籍统计表》，《国立西北医学院院刊》1942年第14、15期合刊。
③ 《图书概况》，《国立西北医学院院刊》（第14、15期合刊）1942年第1期。
④ 《国立西北师范学院院务概况》，1940年，第45页。
⑤ 刘基、王嘉毅、丁虎生主编：《西北师范大学校史》，教育科学出版社2012年版，第142页。

1943年毕业研究生3名。①

西北联大建立与西北五校分设，为西北高等教育奠定了基础，也在一定程度上平衡了全国高等教育布局。当时著名的教育学家姜琦认为，在很长一段时间内，我国的高等学校都是"点的大学"，政府未曾考虑到高等教育的全面设置。西安临时大学建立，从"临时"二字便可得知，此时的政府还没有真的要在西北设立大学。直到西北联大化为五校，并皆贯以西北某大学学院之名，方可证明国民政府确有发展西北高教之意，这五所高校也就成为西北自身所有，永久存于西北的高教机关。于是，我国的高等教育布局实现了由点到面的跨越。②

从1937年7月到1945年8月的八年内，除去上述国立西北工学院、国立西北农学院、国立西北大学、国立西北师范学院、国立西北医学院五所高校外，西北地区还有其他新设高校，分别是陕西省立医学专科学校、私立西北药学专科学校、陕西省立商业专科学校、陕西省立师范专科学校、私立知行农业专科学校、国立西北技艺专科学校、新疆省立女子学院、绥远省立绥蒙法政专科学校，上述新设高校在这一时期也获得了较大发展。以国立西北技艺专科学校为例。1939年该校正式成立，学校招收农业经济科50人，农学、森林、畜牧、兽医四科各40人，共计210人，并于6月，在临时校舍开课。③ 至1942年，该校下设三年制农业经济科一、二、三年级各一班，共三班。三年制农田水利科一、二年级各一班，共两班。三年制农业、森林、畜牧、兽医四科二年级各一班，共四班。五年制农艺、森林、畜牧、兽医四科一、三、四年级各一班，共12班。共有教授13人，副教授7人，讲师23人，助教15人。学生总数为408人，对比1941年第一学期学生人数259人④，增幅高达57.5%。⑤

---

① 刘基、王嘉毅、丁虎生主编：《西北师范大学校史》，教育科学出版社2012年版，第150页。
② 姜琦：《祝贺西北学会成立》，《西北学报》1941年第1期。
③ 《本校之过去与现在》，《国立西北技艺专科学校校刊》1942年第1期。
④ 《三十年度第一学期校务概况》，《国立西北技艺专科学校校刊》1942年第1期。
⑤ 《三年来之校务概况》，《国立西北技艺专科学校校刊》1942年第10期。

整体来看，这一时期迁入西北地区的高校共 8 所（国立北平大学、国立北平师范大学、国立北洋工学院、省立河北女子师范学院、省立山西大学、私立川至医学专科学校、私立焦作工学院，以及省立河南大学），新增高校共 13 所（国立西北工学院、国立西北农学院、国立西北大学、国立西北师范学院、国立西北医学院、陕西省立医学专科学校、私立西北药学专科学校、陕西省立商业专科学校、陕西省立师范专科学校、私立知行农业专科学校、国立西北技艺专科学校、新疆省立女子学院、绥远省立绥蒙法政专科学校）。虽然其中又有许多高校不断合并、重组、分解，但这一时期西北高等学校数量明显增加是不争的事实。同时，这一时期西北高校质量也取得了显著的提升，体现在办学规模、院系设置、课程安排、招生就业、教学管理等方面都有不同程度的改善与发展。

在 1937—1945 年八年全面抗战烽火中，我国高等教育依旧在逆境中发展。一方面，环境艰苦、生活艰辛，时常遭受敌机轰炸，并没有阻碍千万莘莘学子求学的热情。西北高等教育在这一特殊时期更是发展迅速，高等学校大举西迁在一定程度上平衡了全国高等教育布局，更重要的是为西北高等教育的发展注入了新的力量，奠定了西北高等教育发展的基础。另一方面，抗战全面爆发促使国民政府战略转移，着手实施西北开发，正是在这种政策、资源中心转移的形势下，西北各省高校如雨后春笋般破土而出。

3. 西北各高校发展不均衡：西北地区两所原有高校的差异

要全面分析这一时期西北高等教育发展的脉络，一方面应探究迁入西北地区及这一地区新增高校的发展状况，另一方面还须考察西北各省原有高校的发展状况。

在全面抗战时期，西北地区原有高校两所，分别是甘肃省立甘肃学院、新疆省立新疆学院。

1937 年至 1945 年，甘肃学院分别由朱铭心、王自治、宋恪任院长。1942 年，甘肃省政府向教育部提出申请，意将甘肃学院改办为国立甘肃大学。1943 年，再度向教育部提出申请，愿早日改办甘肃学院为国立。时任甘肃学院院长的宋恪也呈请教育部将甘肃学院由省立改为国立。"1944年3月20日，国民政府行政院批准自当年7月1日起，将省立甘肃学院改为国立。"① 至此，甘肃学院由国民政府教育部直接管理，院长由教育部任命，办学经费也改由国民政府下拨。在学院专业设置方面，"1939年8月，学院设立银行会计专修班，分别招收初级班、高级班学生。1940年7月，该专修班学生毕业后，改设银行会计专修科，学制两年。1943年3月22日，学院呈请教育部，要求将银行会计专修科改办为银行会计系本科专业。4月17日，教育部批复同意。7月，甘肃学院银行会计系正式招生，学制4年。1941年8月，学院又创办了政治经济系，学制4年。1942年，学院还创办了人事管理专修科，学制2年"②。1942年，教育部因培养医学专门人才的需要，选址兰州，建立国立西北医学专科学校，甘肃学院原设医学专修科师生、设备并入国立西北医学专科学校，原医学专修科被取消。截至1942年，甘肃学院自成立以来，前后所设科系，计有预科、国文专修科、艺术专修科、农学专修科、政治专修科、医学专修科、文史系、中文系、法律系、教育系、政治经济系、银行会

表2-2　　1937年至1945年甘肃学院教职员、学生数量统计

时间	教员数（括号内为兼职）（人）	职员数（人）	在校生数（人）
1937	21		92
1938	21（5）		53
1939	26（5）	21	35
1940	24（9）		54
1941	32（20）	17	79
1942	34（16）		160
1943	45		240
1944	42（8）		318
1945	38		331

资料来源：张克非主编《兰州大学校史》（上编），兰州大学出版社2009年版，第84页。

---

① 张克非主编：《兰州大学校史》（上编），兰州大学出版社2009年版，第78页。
② 张克非主编：《兰州大学校史》（上编），第84页。

计系（1941年4月，其中又加入1941年到1942年成立的政治经济系、银行会计系）。① 这一时期，甘肃学院教职工以及学生人数大致呈现出上升趋势，表2-2为1937年至1945年甘肃学院教职员、学生数量统计。

甘肃学院由省立改为国立后发展较快，但由于南京国民政府划拨经费不足，加上严重的通货膨胀，学院的发展不论是专业设置、招生数量，还是图书设备、教师聘任等方面都受到限制。据统计，1942年学院岁入332646元，相比之下，国立西北工学院的经费是其4倍，国立西北大学、国立西北农学院、国立西北师范学院岁入经费均为其三倍之多，而国立西北医学院全年经费也比国立甘肃学院多出138278元。②

再看这一时期新疆省立新疆学院的发展状况。省立新疆学院的发展与新疆政局变化关系异常密切。1937年"七七"事变发生后，盛世才与中国共产党建立了抗日民族统一战线，共产党员林基路担任省立新疆学院教务长，实际领导学院各项工作，到1938年初，学院有政治经济系学生，一班29人，教育系学生一班33人，语文系学生一班28人，另有税务科短训班，加上当年暑假第一届政经系学生毕业，学院招收第二届政经系新生一班47人，全院学生总数达到了108人。③ 学院藏书总量2675册，其中哲学类85册，社会科学类912册，宗教类5册，自然社会科学类160册，自然科学类144册，文艺类345册，语言学类154册，史地类362册，技术知识类288册。相比俄文法政学院时期，藏书量增加一倍以上。④ 但由于盛世才的多疑善变，林基路终被捕入狱，惨遭杀害。接下来的一任院长杜重远励精图治，远赴内地聘请著名翻译家张仲实、著名作家茅盾等来校任教。

---

① 宋恪：《甘肃学院之后顾与前瞻》，《甘肃学院月刊》1941年第1期。
② 张克非主编：《兰州大学校史》（上编），兰州大学出版社2009年版，第98页。
③ 管守新、罗忆主编："新疆大学建校80周年丛书"《新疆大学校史（1924—2004）》，新疆大学出版社2004年版，第44页。
④ 管守新、罗忆主编："新疆大学建校80周年丛书"《新疆大学校史（1924—2004）》，新疆大学出版社2004年版，第46页。

1939年，全院共有学生109人。到1940年，学院招收第三届政经系学生一班，理工系学生一班，维吾尔文教育系一班，加上第二届政经系学生一班，全校共五班，学生总数188人。1940年底，学院招收第一届农艺专修科、畜牧兽医专修科、水利组各一班，学生人数明显增多。① 正当新疆学院发展蒸蒸日上之时，1939年9月，盛世才炮制了"杜重远阴谋暴动案"，软禁了杜重远，看到法西斯势力疯狂侵略苏联，盛世才决定投靠国民党，在新疆学院中大肆搜捕、迫害亲共教师、学生。1941年，继任校长姜作周被捕入狱，李一鸥任院长，继续招收政经系第四班，及高中文理各一班。建设厅主办之农业学校合并于新疆学院，改设专科，分为农艺两班，学生50余名；畜牧一班，学生十余名；兽医两班，学生60名；水利一班，学生30余名。1942年，李一鸥被捕，院长由盛世才兼任。1943年，学院成立土木工程系、机械工程系及文史系三系。1945年暑期，学院第二届畜牧兽医两班毕业，招收语文专修科国语组一班。同年8月，新疆军事吃紧，省府将新疆学院土木三年级学生送至边疆学校；文史系两班学生一部分入中央边疆学校，一部分入中央测量学校附设之测量训练班肄业；国语二年级维、哈族学生被送往中央训练团本省分团受训；机械工程系大部分学生被送往中央政治学校。学院当时仅存土木工程系一年级及国语组一年级共两班学生。②

　　上述西北原有的两所高等学校——甘肃学院及省立新疆学院在这一时期虽然都有不同程度的发展，但两校情况却有很大差别。甘肃学院由省立改为国立，学院院系设置、课程体系、师资设备、招生规模等方面都得到了大幅度改善，但囿于经费拮据，学院发展也受到了一定局限。而省立新疆学院发展畸形，完全受制于新疆政治影响，加之这一时期新疆政局不稳，统治者盛世才阴诡多变，学院院长屡遭牢狱。虽然学院也出现过短暂的繁荣时期，但从整体情况看，这一时期

---

① 管守新、罗忆主编："新疆大学建校80周年丛书"《新疆大学校史（1924—2004）》，第62页。

② 释维摩：《新疆学院沿革史略》，《瀚海潮》1947年第1卷第2、3合期。

新疆学院发展仍显缓慢，且命运多舛。

4. 抓住机遇实现跨越式发展：全面抗战时期西北高等教育发展的整体分析

抗日战争全面爆发后，南京国民政府秉持"抗战"与"建国"同时并行的理念，坚持"战时须作平时看"的教育总方针动员高校大举迁移，在国民政府与教育界人士的共同努力之下，在全面抗战八年的艰难困苦之中，我国高等教育事业仍能坚忍奋发，逐渐前行。据统计，1937年7月抗日战争全面爆发之前，全国共有专科以上学校108所，其中，大学42所，独立学院34所，专科学校32所。截至1945年8月，全国共有专科以上学校141所，增幅达30.6%，其中，大学38所，独立学院51所，专科学校52所。1936年度，全国专科以上学校共有教员数7560人。1945年度，全国专科以上学校共有教员数10901人，增幅达44.2%。1936年度，全国专科以上学校共有学生41922人。1945年度，全国专科以上学校共有学生80646人，增幅达92.4%。1936年度，全国专科以上学校共有研究所22个，学院189个，学系619个，专科及专修科194个。1945年度，全国专科以上学校共有研究所49个，学院192个，学系741个，专科及专修科241个。[①] 从总体上讲，在全面抗战八年期间，我国高等教育不论在数量还是质量上都所提升。难能可贵的是，在敌机轰炸、条件异常艰苦、教学设备奇缺、经费紧张等多种不利因素的影响下，高等教育事业还取得了这样的进步与发展。

在全国高等教育发展的大趋势下，西北地区高等教育也呈现出快速发展的态势。1936年统计结果显示，全国当时共有高校108所，其中，西部地区有10所，而西北地区只有3所，即甘肃学院、省立新疆学院、国立西北农林专科学校。[②] 从学校层次上看，没有

---

① 中国第二历史档案馆编：《中华民国档案资料汇编》（第5辑第2编教育1），凤凰出版社1994年版，第790—795页。

② 《全国高教最近校数及其分布》，《申报》1937年7月25日。

大学，只有两所独立学院和一所专科学校。从地域分布上看，甘肃、新疆、陕西省各一所，宁夏、绥远、青海省均无高等学校。从所属性质上看，国立高校一所，其余两所均属省立。到1944年，全国专科以上学校共141所，其中西北地区有12所，分别是国立西北大学、国立西北师范学院、国立西北工学院、国立西北农学院、国立甘肃学院、新疆省立新疆学院、新疆省立女子学院、国立西北技艺专科学校、国立西北医学专科学校、陕西省立医学专科学校、私立西北药学专科学校、陕西省立商业专科学校。① 从办学层次看，此时西北地区共有大学1所，独立学院6所，专科学校5所。从地域分布情况看，陕西省有6所，其中，大学1所，独立学院2所，专科学校3所。甘肃省有4所，其中，独立学院2所，专科学校2所。新疆省有2所，均为独立学院。从所属性质看，西北地区有国立高校7所，省立高校4所，私立高校1所。② 对比战前情况，在全面抗战八年期间，西北高等教育获得了较大发展。在总体数量增加的情况下，西北地区拥有了1所综合性质的大学，拥有了7所国立高校，增设了工科类、农科类、师范类独立学院，还建立了医学、药学等专科学校，为西北高等教育的起步奠定了基础，从不同性质高校的分设、高等学校内部的系所设置、学科建设到课程规划，西北高等教育发展的基本格局初现端倪。不同类型高等教育人才的培养，也为西北地区建设以及抗战建国做出了巨大贡献。此

---

① 中国第二历史档案馆编：《中华民国档案资料汇编》（第5辑第2编教育1），凤凰出版社1994年版，第767—778页。

② 1941年《全国专科以上学校内迁及其分布统计表》后的说明中注："省立专科以上学校未将办理情形呈报者一校：绥远省立绥蒙法政专科学校。"（中国第二历史档案馆编：《中华民国档案资料汇编》（第5辑第2编教育1），凤凰出版社1994年版，第749页。）1939年10月《教育部为国民党六中全会撰写的教育报告书》中提及绥远省设立绥远省立绥蒙法政专科学校。（中国第二历史档案馆编：《中华民国档案资料汇编》（第5辑第2编教育1），凤凰出版社1994年版，第234页。）说明绥远省立绥蒙法政专科学校也是抗战时期西北地区新建学校之一。上述统计结果还应包括绥远省立绥蒙法政专科学校，当年，西北地区高校总数应为13所，且从地域分布上看，绥远省也有省立高校一所。1944年7月，陕西省成立陕西省立师范专科学校。1945年8月，陕西省成立私立知行农业专科学校。（余子侠：《中国近代西部教育开发史——以抗日战争时期为重心》，人民教育出版社2007年版，第231页。）这两所学校也应包括在抗战期间西北新设立的高校之列。

外，在地域分布上突破了原有陕西、甘肃、新疆三足鼎立的局限，绥远省建立了第一所高等学校，即绥远省立绥蒙法政专科学校①，实现了绥远地区高等教育零的突破。

在全面抗战时期，借助战时高校西迁的历史机遇，西北地区高等教育由小而大逐渐成长，学校数量明显增加，学校类型逐渐完备，学校分布渐趋合理，学校人才培养质量显著提升，可以说，这一时期的西北高等教育实现了跨越式的发展，但与此同时，我们也不得不承认西北高等教育发展与全国其他地区高等教育发展水平尚有差距，对比高等教育发达地区，西北高等教育发展仍然存在诸多问题。

根据1943年10月《国立各高等学校教职员工人数表》的统计，国立西北大学共有学生数1219人，在表中所列29所国立大学中排名第十一；教职员251人，排名第十五。国立西北师范学院、国立西北工学院、国立西北农学院、国立西北医学院及国立甘肃学院的学生分别为1127人、1110人、901人、266人、235人，在表中所列20所国立独立学院中排名为第二位、第三位、第五位、第十三位、第十五位；教职员分别为330人、258人、242人、102人、90人，在表中所列20所国立独立学院中排名为第一位、第三位、第五位、第十三位、第十七位。国立西北技艺专科学校与国立西北医学专科学校学生分别为328人、175人，在表中所列21所国立专科学校中排名为第四位、第十一位；教职员分别为108人、59人，在表中所列21所国立专科学校中排名为第六位、第十二位。② 以1943年10月国立各高校学生及教职员数衡量，西北地区仅有的一所综合性质的大学——国立西北大学，排名中间，虽然不能与中央大学、西南联大等相提并论，但水平基本与同济大学、四川大学、河南大学一致。国立西北师范学

---

① 这所学校存续时间应较短，1947年，教育部黄问歧赴绥远省视察，其教育视察报告中并没有列出这所学校，并认为绥远省尚未建立专科以上学校。（中国第二历史档案馆编：《中华民国档案资料汇编》（第5辑第3编教育1），凤凰出版社1994年版，第114—116页。）

② 中国第二历史档案馆编：《中华民国档案资料汇编》（第5辑第2编教育1），凤凰出版社1994年版，第761—766页。

院、国立西北工学院、国立西北农学院、国立西北医学院及国立甘肃学院这五所高校的办学水平参差不齐，呈现出两端态势。其中，国立西北师范学院、国立西北工学院、国立西北农学院三所高校排名靠前，而国立西北医学院与国立甘肃学院则排名靠后。西北地区的两所专科学校——国立西北技艺专科学校与国立西北医学专科学校，前一所排名靠前，后一所排名中间。可见，当时西北地区高等学校与全国其他同类高校相比，多数水平良好，但国立西北医学院及国立甘肃学院相对落后。虽然上述统计分析仅以教师、学生人数为例，无法展现出整体情况，但在一定程度上也反映了此时西北各国立高校与全国其他高校之间的比较状况。根据沈灌群1941年统计的结果："就专攻科别而论，西北各校之4271人中，工科学生最多，计897人，仅当全国工科学生总数百分之七；农科学生次之，计877人，当全国农科学生总数百分之十九；法科师范科学生又次之，各约630余人，前者当全国总数百分之五点四七，后者当全国总数百分之十八点七一；医药科又次之，计为497人，当全国医药科学生总数百分之十一零点九八；文理二科最少，各约230余人，当全国总数百分之四而弱。"[①]当时，西北六省区域面积约占全国总面积之1/3，虽在战时由于高校西迁，高等教育有所发展，但总体水平仍显落后，西北高等教育相对薄弱。

对比根据《西北地区国立高等学校学生、教职员、工人数统计简表》《西北地区专科以上学校教员人数统计表》《西北地区国立专科以上学校院系设置概况表》（详见附录表5、6、7）的统计数据分析，全面抗战时期的西北高等学校主要集中在陕西、甘肃两省。就两省高等教育状况比较而言，陕西省高等学校在学校院系设置、学校规模、教师人数、学生人数、师资力量等各方面都远远超过甘肃省高校，直到国立西北师范学院陆续迁至兰州、甘肃学院由省立改为国立后，甘肃省高等教育发展水平才有了新的提高。

从总体上说，在全面抗日战争期间，高等学校向西北的迁移，为

---

① 沈灌群：《论我国西北高等教育之建设》，《高等教育季刊》1942年第2卷第2期。

西北高等教育的发展带来了契机。因为此次迁移,在一定程度上平衡了全国高等教育布局,极大地刺激了西北地区高等教育的发展,也为西北高等教育的后续发展奠定了基础。西迁、新设的高等学校在西北地区蓬勃发展,加上西北原有高校也取得了一定程度的进步,这一时期西北高等教育发展呈现出上升态势。但是,这一阶段的西北高等教育发展仍存在许多问题,首先,西北高校数量太少,规模有限;其次,区域布局仍不均衡,青海、宁夏两省仍无一所高校,绥远省设立的唯一一所高校存续时间不长。最后,各高校质量参差不齐。就新疆、陕西、甘肃三省高等教育发展情况而言,陕西省高校发展快,甘肃、新疆较为滞后。而所有西北高校之中又有少数发展尤为缓慢,或发展畸形者。

(三) 留续与调整:抗日战争结束至新中国成立前 (1945—1948年) 的西北高等教育

1. 留驻西北高校的决心:西北高校战后复员问题

1945年8月15日,日本帝国主义宣告投降,长达十四年之久的抗日战争终于结束了。次日,教育部长朱家骅要求沦陷区各教育机关"暂维现状,听候接收",战后教育复员工作正式拉开帷幕。朱家骅认为:教育复员不是教育复原,故教育部对战后专科以上学校之布局及其院系设计,必先有全盘打算。教育善后会议做了如此之决定:"国立专科以上学校,一部分迁回收复区,一部分留设后方,另则有一部分因战事停顿者予以恢复。"[①] 国民政府对于战后高校复员工作的确有所考虑,不仅照顾到战时被迫内迁高校师生之情绪、社会各界舆论,还特别关注了高等教育公平问题,以及全国高等教育地理分布均衡问题。1945年9月20日,南京国民政府教育部在重庆召开了"全国教育善后复员会议",会议指出:"专科以上学校之分布,战前躲在沿江沿海各都市,因之内地文化水准不易提高,军兴以后,各院

---

① 朱家骅:《教育复员工作检讨》,《教育部公报》1947年第19卷第1期。

校除停顿或合并外,大都迁移内地,情形为之一变。胜利既临,各校院停顿合并者,因多谋归复,而已迁内地者亦纷纷准备迁回,势之所至,必将重返旧昔畸形之弊,善后复原会议有鉴于此,为谋全国教育文化相当平衡发展起见,特拟定九大原则。"其中,第二、三条原则规定:"全国专科以上学校及研究机关,应依据各地人口、经济、交通、文化等条件,一面注重全国教育文化重心之建立,一面顾及地理上之平衡发展,酌予调整,作合理之分布。""抗战期内公私立专科学校,凡已归并而其历史悠久成绩卓越有恢复设置之必要者,得予恢复。"蒋介石在此次会议上也强调西北地区建设之重要意义,认为首先应大力充实西北、西南之高等学校,提高西北、西南之文化建设。除确有历史关系应回迁高校外,实应留续宝贵之高教资源,作为发展西北、西南文化之基础。① 由此可见,南京国民政府对西北高等教育问题已有打算。

上述国民政府欲将各高校永驻西北,不予复员的打算,很快遭到了西北师范学院师生的强烈反对。1945年8月16日,《大公报》发表消息称:"教育复员为大学之迁回。据悉中央大学、武汉大学、浙江大学、复旦大学、金陵大学、大夏大学、光华大学、齐鲁大学、燕京大学、湘雅医学院、上海医学院均将迁回原址。西南联大仍将分清华大学、北京大学、南开大学分别迁回。"② 此消息一经公布,西北师院师生一片哗然。8月29日,师院全体学生发表《为拥护恢复国立北平师范大学敬告社会人士书》,在得知"北平师大撤销在案"之后,师院师生群情激愤。9月11日、12日,复校代表李建勋、易价两位教授先后乘飞机赴渝,商肯教育部予以复校,奔走数十日,结果虽未允复校,决定新建国立北平师范学院于石家庄。然教育部仍坚持此一新建与西北师院师生无关。得此消息,师

---

① 沈云龙主编:《第二次中国教育年鉴》(第一编),文海出版社1995年版,第13页。
② 刘基、王嘉毅、丁虎生主编:《西北师范大学校史》,教育科学出版社2012年版,第172页。

院师生异常愤怒，决定18日起开始罢课。① 1945年11月30日，教育部部长朱家骅召开记者招待会时谈及北平师大复校一事，表示："因该校院迁陕西，为西北联合大学之一院，后西北联大改制，师范学院迁兰州，改为西北师范学院。该院将留于西北，然为求保持北平师大之历史传统起见，将另改称国立师范学院，暂在北平原址复校，将来该校如增设为三院，也可改称大学，其永久校址将设于石家庄。"② 1945年12月17日，在西北师院中山堂举行学校43周年纪念会，易价先生发表演讲，提出"我们复校工作根据'原名称、原地址、原任校长复职及本院师生全体返平'"三原则进行，不达目的决不罢休③。经过师院师生不懈的努力，1946年，教育部准许在北平师大原址上设立北平师范学院，任命西北师院体育系教授袁敦礼先生为院长，西北师院学生，不分地域，可无条件转入北平师院。至此，复校运动结束，西北师院有部分教师以及300多名学生转入北平师院。④ 在此次复校运动中，教育部于各种场合多次表示西北师院须永久留驻西北，但迫于师院师生复校的决心，最终以折中的方式，保留了西北师院，最大限度地保留了师院力量，从中不难看出国民政府留驻西北各高校的决心。

由于国民政府对全国高等教育建设发展的整体考虑和对西北高等教育后续发展的特别关注，西北各高校除西北师范学院部分师生不顾阻拦回迁北平外，其余均留驻西北、扎根西北，作为西北高等教育建设之基础，继续为西北社会建设发展服务。

2. 稳步提升的大趋势：西北高等教育发展状况

抗战结束后，国民政府在高校复员工作中对西部地区格外关照，

---

① 刘基、王嘉毅、丁虎生主编：《西北师范大学校史》，教育科学出版社2012年版，第172—173页。
② 中央社：《西北师院永设兰州 北平师大将移石家庄》，《西北日报》1945年12月3日。
③ 刘基、王嘉毅、丁虎生主编：《西北师范大学校史》，第174页。
④ 刘基、王嘉毅、丁虎生主编：《西北师范大学校史》，第176—177页。

将大多数高等学校永留西北，在战后到1948年这段时间内①，西北高等教育继续向前发展，各省陆续有新的高校设立，各省原有高校也在一定程度上有所发展与提高。

首先来看战后陕西省（包括西安市）高等教育发展状况。据统计，1947年，陕西省包括西安市共有高校8所，其中大学1所，独立学院2所，专科学校5所。②这八所高等学校分别是国立西北大学、国立西北工学院、国立西北农学院、陕西省立商业专科学校、陕西省立师范专科学校、陕西省立医学专科学校、私立西北药学专科学校，以及知行农业专科学校。在八所高校中，国立3所，省立3所，私立2所，除国立西北农学院与私立知行农业专科学校以外，其余6所高校校址都在西安。这一时期，陕西省（包括西安市）高等学校不仅数量有所增加，各高校建设质量也有所提升。以国立西北大学及国立西北工学院为例。1947年国立西北大学下设文、理、法商、医四学院并附设先修班（1946年，国立西北医学院被并回国立西北大学，为西北大学医学院），与1944年统计结果比较，因原国立西北医学院被并入国立西北大学，学校增设医学院，除此之外，文学院增设教育学系，理学院原地质地理学系被分设为地质学系与地理学系、医学院在南郑时不分系，1947年，拟分为解剖学、生理学、病理学、内科学、产妇科等系科，并附设教学医院。如不计兼职人数，1947年，学校共有教员184人，其中教授87人，副教授32人，讲师28人，助教37人。对比1945年的统计结果，教员总数增加38人，教授人数增加20人，副教授增加7人，讲师增加4人，助教增加7人。从学生总数情况看，1947年比1944年增加447人。③根据《1939—

---

① 1948年以后，国民政府忙于内战，无暇顾及教育发展，加上政局混乱、经济崩溃，通货膨胀异常严重，货币贬值、物价飞涨，各大高校经费拮据，无法继续发展，只能艰难维持。据统计，"1948年8月20日到1949年3月31日，兰州的粮食价格上涨约3000倍，肉类价格上涨约4000倍，布匹价格上涨约5000倍，物价平均每月上涨400倍至700倍。"（刘基、王嘉毅、丁虎生主编：《西北师范大学校史》，教育科学出版社2012年版，第150页。）
② 中国第二历史档案馆编：《中华民国档案资料汇编》（第5辑第3编教育1），凤凰出版社1994年版，第624页。
③ 《国立西北大学概况》，1947年，第5—9页。

1946年度国立西北大学经常费预算决算比较表》（详见附表8）统计分析，1939年到1946年学校经费开支不断增长，一方面说明学校规模日益扩大，但另一方面反映了当时通货膨胀的严重程度。1939年，国立西北工学院下设土木工程、机械工程、电机工程、化学工程、纺织工程、水利工程、航空工程等八系，及工程学术推广部和工科研究所，到1947年，学院增设了工业管理学系。1938年，学院共有学生773人，1939年为828人，1940年学生总数达到1000余人，到1947年，学院共有学生1094人。1939年6月，学校共有教职员159人，到1947年发展到259人。1940年，据统计，学校共有图书15177册，1947年共有图书16700余册。

其次看战后甘肃省高等教育发展状况。根据1947年的统计结果，这一时期甘肃省共有高等学校4所，其中大学1所，独立学院2所，专科学校1所。[①] 四所高等学校分别是国立甘肃学院（后为国立兰州大学）、国立西北师范学院、国立兽医学院及国立西北农业专科学校。抗战结束后，甘肃省原有高校被进一步改组合并。1946年8月，国立西北医学院之兰州部分与国立甘肃学院合并，原国立甘肃学院升级为国立兰州大学。战后西北师范学院师生发动复校运动，1946年教育部于北平设立北平师范学院，任命原西北师范学院体育系教授袁敦礼为院长，西北师范学院部分教职员与300多名学生转入北平师范学院工作、学习，其余教师、学生继续留在西北师范学院。1945年8月，西北技艺专科学校更名为国立西北农业专科学校，1947年国立兽医学院成立后，西北农业专科学校兽医科奉命合并于该院，另改设牧草一科。除上述二所原有高校外，这一时期教育部于甘肃省又新设高校一所，即国立兽医学院，该院前身为国立兰州大学兽医学院。"该院系蒋主席因联合国善后救济总署兽医主任史亨利教授建议，于三十五年五月十七日手令教育、农林、军政三部会商创办……三十六

---

① 中国第二历史档案馆编：《中华民国档案资料汇编》（第5辑第3编教育1），凤凰出版社1994年版，第624页。

年二月筹备完竣，正式成立。"①

抗日战争结束后，西北高等教育整体呈现出稳步提升的趋势，但由于各省环境，特别是政治因素的影响不完全相同，其中省立新疆学院就是一个特例。据1947年的统计结果，新疆省当时仅有省立新疆学院一所高校。② 1945年11月21日《新疆日报》载："新疆学院与新疆女子学院现有八个系十个专修科，人数不满百，且因师资缺乏，设备简陋，质量数量双感不足。"③ 1945年，战时创办的新疆女子师范学院因新疆时局紧张，加之教学主楼失火，学院停办。中国文学系四年级学生2人，一年级学生5人，教育系四年级学生8人，共15名学生转入新疆学院。④ 新疆学院此时发展也是步履维艰，1946年全校学生（大学部和中学部）仅80余人。到1947年，"学院设文学、土木、教育三系，共五个年级，教育系二年级3人，文学系一、二年级5人，土木系一、二年级13人，均为汉族，殆为全国规模最小的高等教育机构。该校教授恐慌，教育系现无教授，数、理、化师资虚悬已久。校内无图书馆与实验室，该院校址原在迪化南梁，高楼大厦，楚楚可观，现为省参议会及省立第三中学、第二师范借用，鹊巢鸠占，新疆学院只得迁住于狭仄之参议院原址"。"新疆学院学生的程度可以卅五年十一月八日新疆日报的社论'改善本省教育现状'为例：'省城迪化有一个堂皇其表的新疆学院，总共还不到三十个学生，教授们也是可怜的，而且够得上有教授资格也就有晨星寥落之感了，学校里没有设备，没有经费，他们是在办教育吗？学生们学得了什么呢？连出师表都说是孔子所作，这未免不成话了。'"⑤ 当时新疆学院的教师的确少得可怜，1947年2月，学院仅有教授2人，副教授

---

① 沈云龙主编：《第二次中国教育年鉴》（第5编），文海出版社1995年版，第206页。
② 中国第二历史档案馆编：《中华民国档案资料汇编》（第5辑第3编教育1），凤凰出版社1994年版，第625页。
③ 《本省教育工作昨日、今日与明日》，《新疆日报》1945年10月21日。
④ 管守新、罗忆主编："新疆大学建校80周年丛书"《新疆大学校史（1924—2004）》，新疆大学出版社2004年版，第109页。
⑤ 梁欧第：《新疆教育鸟瞰》，《边政公论》1947年第6卷第2期。

3人，专任讲师5人，兼任讲师1人。[1] 1947年4月，新疆省政府正式任命包尔汉兼任院长，对新疆学院进行整改。在包尔汉、涂治等的努力下，新疆学院的状况有所好转。1947年9月，学院迁回迪化南樑大楼旧址，下设中国文学、教育、土木工程三系，及大学先修班一班，教职员数增至73人，学生数增至140余名，仪器及各种设备略有增加，图书共14459册。[2]

3. 扎根西北继续前行：抗战结束后至新中国成立前西北高等教育的整体分析

抗战结束后到1948年[3]之前全国高等教育继续向前发展，1947年全国共有专科以上高等学校210所，其中大学56所，独立学院79所，专科学校75所。国立高校共74所，省市立高校56所，私立高校80所[4]，与1945年8月统计结果相比，总体增幅达49%。纵观这一时期，西北地区共有14所高校，分别是国立西北大学、国立甘肃学院（后为国立兰州大学）、国立西北师范学院、国立西北工学院、国立西北农学院、国立兽医学院、国立西北农业专科学校、新疆省立新疆学院、宁夏省立师范专科学校（1948年8月设立）、陕西省立商业专科学校、陕西省立师范专科学校、陕西省立医学专科学校、私立西北药学专科学校以及知行农业专科学校。从办学层次来看，此时西北地区共有大学2所，独立学院5所，专科学校7所。从地域分布来看，陕西省（包括西安市）共8所，其中大学1所，独立学院2所，专科学校5所。甘肃省共4所，其中大学1所，独立学院2所，专科学校1所。新疆省共1所，为独立学院。宁夏省1所，为专科学校。

---

[1] 管守新、罗忆主编："新疆大学建校80周年丛书"《新疆大学校史（1924—2004）》，新疆大学出版社2004年版，第112页。
[2] 沈云龙主编：《第二次中国教育年鉴》（第5编），文海出版社1995年版，第228页。
[3] 1948年后，南京国民政府军费开支消耗巨大，国内经济危机严重，货币贬值，物价飞涨，此时的国民政府无暇也无力顾及高等教育发展，西北各高校经费异常紧张，多数已无法维持正常教学，各高校领导只能竭尽所能勉力支撑，高校建设与发展成为泡影。
[4] 中国第二历史档案馆编：《中华民国档案资料汇编》（第5辑第3编教育1），凤凰出版社1994年版，第624—625页。

从所属性质来看，西北地区共有国立高校7所，省立高校5所，私立高校2所。就这一时期西北高等教育具体情况而言，高校数量基本与战时持平；学校层次有所提升，综合性大学由一所增加为两所；办学规模及质量有所提高。以国立兰州大学为例。1946年8月，国立西北医学院之兰州部分与国立甘肃学院合并，原国立甘肃学院升格为国立兰州大学。当年，学校下设文理、法学、医学、兽医4个学院。物理、化学、动物、植物、地理、数学、中文、历史、俄文九个系均成立于1946年秋，边疆语文系、英国语言文学系成立于1947年秋。新增设的兽医学院，下设解剖、生物化学、畜牧等11个专业。1947年10月，教育部令其兽医学院独立为"国立西北兽医学院"。此后兰州大学设有文、理、法、医4个学院，下设18个系、科，学校还设有普通、医学、俄文3个先修班，附设高中、小学及附属医院。对比1942年甘肃学院下设6个系、5个专修科及预科的情况，国立兰州大学发展迅速。1945年，甘肃学院共有教员38人，1946年12月，国立兰州大学共有教员139人，到1947年学校共有教员196人，不仅数量明显增加，师资队伍建设质量也有显著提升，如国内著名专家学者顾颉刚、冯国瑞、水天同、沐允中、李镜湖、吴文瀚、段子美、张怀朴、常麟定、董爽秋、孔宪武、王德基、于光远、盛彤笙等云集于校，名家荟萃。"1946年，兰大除通过考试录取本科新生282名、先修班新生196名，共计478名外，还有教育部命令转来的新生135名，合计该年度有新生613名。再加上原国立甘肃学院学生266名，原国立西北医学院兰州分院下属140名，甘院附中学生368名，当年，学校各类在校学生达到了1387人，数倍于原甘肃学院学生规模。"[1] 加上不断增建校舍、大量购买扩充图书设备，这一时期，兰州大学各个方面都有很大发展，学校整体水平得到了提升。此外，1948年8月，宁夏省立师范专科学校的成立改变了宁夏省没有高校的局面，标志着该省高等教育发展的起步。

上述是西北高等教育在这一时期所取得的进步，但西北高等教育

---

[1] 张克非主编：《兰州大学校史》（上编），兰州大学出版社2009年版，第142—143页。

发展也存在着许多问题。根据"全国专科以上学校校数三十六年度第二学期"统计，在各省、直辖市中，上海35所，广州15所，四川14所，北平13所，江苏11所，南京11所……排在前列。对比之下，陕西省（包括西安市）共有高校8所，排名居中；甘肃省4所高校，与山东、河南、浙江、辽宁、台湾情况一般；新疆1所，相较战时，已有倒退。① 根据1946年编制的"全国独立学院概况表"统计，西北师范学院、西北工学院、西北农学院三所学校系科设置、学生数、教职员数在23所国立独立学院中均排在前列，仅比北平师范学院稍为逊色。在20所全国省立独立学院中，新疆女子学院排名居中，而新疆学院则落在最后，教员仅12人，学生只有15人。② 根据"1947年全国专科学校概况简表"的统计，在20所国立专科学校中，西北农业专科学校设27个班，共有学生256人，教职员101人，排名靠前。在30所省立专科学校中，陕西师范专科学校设16个班，共有学生653人，教职员133人，排名靠前；陕西商业专科学校设7个班，共有学生281人，教职员59人，排名中间；陕西医学专科学校设4个班，共有学生176人，教职员86人，排名靠后。在24所私立专科学校中，西北药学专科学校设2个班，共有学生78人，教职员40人，排名靠后。这一时期，西北高等教育比较全国其他省市，发展仍略显落后，存在的问题主要为：第一，高校数量不足，西北地区包括陕西、青海、甘肃、新疆、宁夏、绥远六省，如此广袤之地域，14所高等学校仍显太少。第二，西北高等教育区域布局仍不合理，高等学校主要集中在陕西、甘肃两省，其中，西安市就有高校6所，而新疆、宁夏仅各有高校一所，绥远、青海仍无高等学校设立。第三，这一时期西北各省高等教育发展水平差距很大，陕西、甘肃高等学校发展较快，质量较高，而新疆高校发展严重滞后，且有倒退之势，其他省份除宁夏创设一所高校外，其余皆为空白。第四，西北各高校之间

---

① 中国第二历史档案馆编：《中华民国档案资料汇编》（第5辑第3编教育1），凤凰出版社1994年版，第624—625页。
② 中国第二历史档案馆编：《中华民国档案资料汇编》（第5辑第3编教育1），第595—597页。

发展差距悬殊，从横向上看，如新疆省立新疆学院与西北其他专科学校都不能相比，且被《新疆日报》评论为徒有其名，实为全国最落后之一所高校。从纵向上看，国立兰州大学在这一时期发展迅速，办学规模不断扩大，招生数量激增，师资水平提升很快，系科不断增多，而新疆省立女子学院却因时局动荡、校舍失火而停办。

20世纪三四十年代，中国大地发生了翻天覆地的变化，经历了十四年抗战烽火的洗礼，高等学校作为国家、社会培养硕学闳才的神圣殿堂，饱受战火摧残，但是，在这种情况下，中国高等教育却在艰难困苦中卓越成长，一面是战火连天，一面是书声朗朗，中国高等教育的发展成为一面旗帜，树立起了国人的脊梁，也坚定了国人保家卫国的信念。战火一起，举国上下思忖救国良策，开发西北、建设西北呼声日高，此时西北社会，经济落后、政局混乱、教育文化薄弱，国民政府意识到，要开发西北，必须注重西北教育发展，尤其是对于薄弱的西北高等教育更应大力支持。鉴于抗战全面爆发前全国高等教育布局严重失衡的情况，加上战争对高等学府的破坏日益严重，全国战区高校陆续迁移。随着高等学校西迁，西北高等教育迎来了发展的春天。1937年8月，国立北平大学、国立北平师范大学、国立北洋工学院迁至陕西西安，9月，组成西安临时大学，1938年4月迁往陕西汉中，更名为西北联合大学。后国立西北联合大学又陆续分解为国立西北工学院、国立西北农学院、国立西北大学、国立西北医学院，以及国立西北师范学院。西北联大的建立为西北高等教育发展注入了新的活力，加上联大分解后设立的五所高校，基本上奠定了西北高等教育发展的格局。抗战时期，一所所省立独立学院，省立、私立专科学校在西北大地上如雨后春笋般破土而出，陕西省立医学专科学校、私立西北药学专科学校、陕西省立商业专科学校、陕西省立师范专科学校、私立知行农业专科学校、国立西北技艺专科学校、新疆省立女子学院、绥远省立绥蒙法政专科学校等高校相继创建，以培养专门人才，服务西北社会，支持抗战建国为宗旨，为西北建设、支援抗战，培养了大批专业人才。抗战结束后，西北高等教育继续向前发展，新设立高校两所，即国立兽医学院与宁夏省立师范专科学校，其余大部分高校通过不断改组、合并,办学规模不断扩大、质量不断提升。

在1927—1949年南京国民政府统治的22年间,西北高等教育发展由小而大,逐渐成长,至1949年止,西北地区拥有两所大学、五所独立学院,以及七所专科学校。不仅有国立高校,还包括省立、私立高校。不仅有综合性质的高校,还包括工科类、农科类、医科类、师范类、药学类以及商业各类高校。在西北高等学校建制不断扩大的同时,高等学校质量也不断提升,各高校校舍建设、系科设置、师资队伍、招生规模、图书设备等各个方面都不断改善。但是,西北高等教育发展依然存在许多问题,诸如上文提到的高等学校数量较少,区域布局不均衡,各省高等教育发展水平差距大,各高校之间发展差距悬殊,等等。从深层次来看,这些问题的产生与西北政治生态、经济发展、社会文化等各个方面不无关联,乃至与全国局势、国家发展战略、政策制定息息相关。西北高等教育的这些问题,一方面是历史原因,因为西北社会地处偏远,经济落后、交通不便、文化闭塞、政治动荡;另一方面是现实因素,因为举国上下,战火不断、政局不稳,高等教育缺失平稳、安定的发展大环境。战争导致的经济发展滞后,通货膨胀严重,国家教育投入不足,加上教育经费常被挪用,高等教育建设经费拮据,发展难以持续;政局不稳、社会动荡,高等教育疲于应对国家、社会、战时的需求,发展畸形,无法以内生之力量变革自身,发展自身。上述原因限制了西北高等教育发展,再加上历史原因的制约,西北高等教育可谓先天不足,后天发展必然会遭遇更多的坎坷。

三　20世纪三四十年代西北高等教育与西北开发人才的培养

（一）厘定西北高等教育培养目标

人才培养是高等教育的首要职能，也是其内在的根本性职能。高等教育要培养怎样的人才？这就是人才培养目标问题。人才培养目标处于人才培养体系的顶层，关系到人才培养的方向与规制，指导着人才培养各个环节的具体设定，决定着高等教育怎样培养人才。可以说，有怎样的人才培养目标就有怎样的人才培养体系，人才培养的方方面面都是围绕培养目标而展开的，都是为培养目标服务的，人才培养效果评价也要考察通过培养过程是否满足了人才培养的目标需求，要检验效果与目标的契合度。所以说人才培养目标就是高校人才培养的灵魂，研究高校人才培养问题必须从培养目标着手。

1. 西北社会稳定与发展对高等教育人才培养的要求

这一时期，西北高等教育发展有其特殊的时代社会背景，为回应国家与社会的需求，西北高等教育人才培养具有特殊的指向与价值。抗日战争全面爆发后，西北地区国防安全地位凸显，要团结西北各民族人民，推动西北文化进步，进而维护西北边疆安全与稳定，必须依靠高等教育发展；开发西北，促进西北社会现代化转型也必须依靠高等教育培养各类人才，充实西北各行业建设。国家与社会的特殊需求，决定了西北高等教育从一开始就必须为巩固西北边疆安全稳定，推动西北建设发展服务。

三 20世纪三四十年代西北高等教育与西北开发人才的培养

（1）西北社会安全与稳定的需要

"九一八"事变后，东北战火连天，津京形势危急，西北地区作为战略后方的重要地位逐渐凸显，特别是"七七"事变的发生，标志着抗日战争的全面爆发，东北沦陷、华北吃紧、东南沿海屡遭敌机轰炸，在万分危急的形势下，南京国民政府开始实施战略转移，欲将西北地区作为抗战的根据地。国民政府委员戴季陶1931年发表《开发西北的重要与其下手一文》指出："环顾全国的情况，尤以西北建设为最重，实际关系到国民革命的前途。"[①] 但当时的西北社会经济落后、交通不便、政治混乱、文化教育事业凋敝，加上西北社会地域广袤、民族与宗教构成十分复杂，"西北人民，蒙缠回汉，种族复杂，信仰纷歧……各种族因生活接触，利害时有冲突，益以信仰上之褊狭思想，种族问题时时发生"[②]，严重影响了西北边疆的安全与稳定。

民族问题、宗教问题以及其他所有问题的根源在于西北边疆文化的落后，"西北危机与西北衰落的总原因，应该是一个文化问题"[③]。"西北已非繁盛之都，而今文化落伍，思想简陋，饮食男女而外仅知有家，不知有国，更无所谓世界也。"[④] 在此种情况下，西北民众尤其是少数民族民众多无国家观念，民族观念极其狭隘，各民族之间缺乏交流，互不了解，隔阂严重。西方列强更是趁虚而入，借机拉拢诱骗少数民族无知群众，以传教、行医等名义展开文化侵略，大肆宣传民族分裂，严重破坏了西北地区的民族团结。

要改善西北落后的社会面貌，推动西北文化的进步，首先要发展西北教育。就教育系统的构成来看，应着力发展高等教育。正如著名人类学家、社会学家、教育家卫惠林所言："我认为边疆教育的政策与办法应反从前的做法，从入学小起，以大学为中心去发展一切文化教育运动。"要推进边疆文化进步，需要培育大量人才，而这种人

---

① 戴季陶：《开发西北的重要与其下手一文》，《新亚细亚》1931年第2卷第4期。
② 马鸿逵：《西北两大问题——回汉纠纷与禁烟问题》，秦孝仪：《革命文献》第88辑《抗战前国家建设史料》，文海出版社1981年版，第107—108页。
③ 《西北文化发刊词》，《西北文化》1947年创刊号。
④ 马鸿亮：《国防线上之西北》，上海经纬书局1936年版，第30页。

才只有依靠当地教育培养才能符合需要。不论是一个初级师范学校，或者训练班，以他们的设备与师资，以他们的教育效力看，都无法完成这一使命。①发展西北高等教育，以从上到下的方式，从根本上改变西北教育的整体状况，推动西北文化的进步。

发展高等教育更有巩固西北精神与文化之国防，维护西北边疆之安定的特殊意义。"精神国防运动，乃是一种加强自信，痛除惰性，集中力量，创造物质的运动。我们明知现在对日战争是完全要用整个国家人力物力和侵略拼的战争，及明知我们物质方面的国防种种不及人，但我们始终深信着，只要我全民族有团结一致牺牲到底的精神，则人力固然不愁少，物力也未尝不可以作长期的支撑。故惟其物质国防有缺陷，更觉得必须有精神上的国防来补充他来加强他。"②要坚定精神国防，"非提高集中全国国民坚强不屈之精神，实不足克服目前之困难，而打破敌人精神制胜之毒计。现代民族战争之基础，完全建筑在全民之精神团结。精神国防的建设应以抗战之目标、救国之道德、建国之信仰、精神之改造几方面入手"③。西北地区，民族宗教错综复杂，敌人经常利用民族自决、扶助弱小等欺骗手段实行民族分化与吞并，如何建立精神的国防、文化的国防，实为重要非常，应将西北的文化与中国本位的文化打成一片，如此才可切实掌握西北的领土。④发展西北高等教育，通过高等教育培育社会精英，着重公民意识养成，首先实现学生对南京国民政府之国家认同与对中华民族之民族认同。借助高校毕业学生服务社会，开展社会实践以行动直接影响社会，发挥"精英效应"，扩大个体影响，洗涤社会陋习，改造社会风气。在高等教育人才培养过程中通过开展科学研究与社会服务，包括自然地理风貌、矿产蕴藏分布情况、西北少数民族之宗教信仰与民风民俗等调查研究，深入了解西北自然生态与社会构成，从而为改造西北社会奠定基础。此外，高等学校作为精神文化堡垒，传递社会基

---

① 卫惠林：《论边疆学术与边疆大学设置问题》，《边政公论》1948年第3期。
② 潘公展：《精神国防的重要性》，《抗战半月刊》1937年第1卷第3期。
③ 轶名：《如何树立精神国防》，《黄埔》1939年第2卷第2期。
④ 殷祖英：《论西北文化国防问题》，《西北学术》1943年第4期。

本价值观念，传播社会主流文化，对西北地区文化改造与建设具有直接的辐射与影响作用。西北高等教育发展通过上述几种方式的共同作用，为西北边疆安全与稳定提供重要保障。

（2）西北社会开发与建设的需要

抗战全面爆发后，举国上下爱国人士纷纷思寻应对之策，各种对策之中"开发西北"的呼声最高，时人所言"开发西北之呼声，向为少数人所呐喊者，今则举国上下，几成为人人之口头禅矣"①。"吾人就事论事，深觉开发西北，有刻不容缓之势，尤其榆关不守之后，此项计划，更有从速实现之必要。"② 当时国内著名的杂志报纸，如《中央日报》《大公报》《国闻周报》《申报》等都大量刊载有关开发西北的评论、建议，为开发西北营造了强大的舆论声势。西北开发问题成为众多学者热烈探讨的焦点，如马鹤天认为，开发西北是解决中国社会民生问题的根本方法，鼓舞那些有志西北想做新事业的人们到西北去。③ 民生提出西北在中国建设上之重要性体现在地理、文化、国防、经济等多个方面，开发西北之前，应从心理建设、机关组织、科学研究、经费筹措、人才技术等方面做好准备。④ 李培基认为："今国家得以统一，宜速为国民谋出路，开发西北，诚为急务。就管见所及，按之地方形式，度国家力量所能办者，不涉空想，期能实施，分为五项二十二事，拟做简要计划书，陈请国民政府采择实施。"⑤ 李培基所做计划书，分别从交通、边防、农牧、工业、治蒙五个方面对开发西北提出了具体的建议及实施举措。这些探讨与建议，不仅表现了时人爱国救国的热情，也从一定程度上说明了当时开发西北的重要意义。

基于时局紧迫和社会各界日益高涨的呼声，国民政府也对西北开

---

① 马鹤天：《开发西北之两大问题》，《新西北》1932年第3—4期。
② 逸飞：《对于开发西北的讨论》，《北辰杂志》1933年第34期。
③ 马鹤天：《开发西北是解决中国社会民生问题的根本方法》，《新亚细亚》1931年第1卷第1期。
④ 民生：《西北在中国建设上之重要性及其开发之方略》，《求实月刊》1931年第1卷第11—12期。
⑤ 李培基：《开发西北计划书》，《新北方月刊》1932年第1期。

发给予了高度的重视。1932年5月16日，陈果夫于中央留京办事处纪念周演讲中说："经中央第十七次常会通过，内容就是关于中央党部工作同志中，挑选一百人，分十组，每组十人，分赴西北，进行考察……无论就国防经济文化各方面看，都有开发西北之必要。"① 同年，时任中央政治会议特别事务委员会委员的何应钦发表演讲"开发西北为我国当前要政"，认为"开发西北，确为我国当前要政，吾人急需明了其重要性"。提出应着手开发交通、振兴水利、移民殖边等方面，加快西北地区建设。②

要想巩固西北边防，着手开发西北，必先发展经济、改造文化，促进西北社会整体转型。1932年12月19日，国民党中央执行委员会召开四届三次会议，通过了《开发西北之计划大纲》，此后又相继出台《西北开发计划》，决定西北建设以十年为限分三期进行，首先以西北地区基础设施为重点，涉及西北交通、矿产、农业、水利、文化、教育、医疗、卫生等方面。③ 1934年6月，国民政府制定《西北建设实施计划及进行程序》，入手道路、水利、农村建设、卫生兽疫四大方面，大力支持西北建设事业。1934年秋，蒋介石首次视察陕西、甘肃、宁夏三省，强调西北地区建设事业当中，交通、水利、农林、畜牧、垦殖最为重要。④

开发西北建设西北，大规模的经济建设、社会转型、文化发展运动中急需大量专业人才，正如沈灌群所论：

> 西北各省资源之富厚，前已略言之。国人诚能出全力为谋建设，前途绝难限量。首与水利使可溉之地广得可引之水，并因科学技术之精进，水电工业之创设，实施电气灌溉，则农产可以增益，水运可期改善，水利兴而后可语足食，水运便而后教化易施，故水利工程暨农田水利人才之培养，当为要图之一。西北为

---

① 陈果夫：《开发西北及建设人才之造就问题》，《中央周报》1932年第207期。
② 何应钦：《开发西北为我国当前要政》，《中央周刊》1932年第199期。
③ 秦孝仪主编：《革命文献》第89辑，台北：文物供应社1981年版，第27页。
④ 轶名：《蒋委员长巡行各省后之观感》，《开发西北》1934年第2期。

三 20世纪三四十年代西北高等教育与西北开发人才的培养

林木宝库,我国此半壁河山,既属辽阔之畜牧区域,其于足衣足食,宜有重大之贡献。西北高原之崇山峻岭如祁连山脉一带,长林茂草,久为著名林区,苟造伐有道,则材木不可胜用。故在西北各区,于兴复农业外,尤当致力于林垦牧垦诸事业,从而农艺森林畜牧人才之作育,尤当三致意焉。基于西北农牧事业之倡导,经营棉作物与精制皮毛,今后当有大量之发展,应运而生之轻工业如棉纺毛纺工业,亦当有较大之前途,论者谓我国兰州有成为最大羊毛业中心之希望,制革纺织技术人才之作育,有助于此。西北矿藏丰富……故论西北建设,地理地质之调查研究及勘测工作,最为要图,从而地质学及矿冶工程专家之作育,实应齐头并进,而不可偏废焉。在发展农工开掘资源之同时,尚有不容忽视者,是即商业之提倡。西北甘青宁诸省,地居黄河上流,在商业上俨然自成系统,而以兰州为最大焦点,出其天然资源及工业产品,以内与国内各地贸迁有关,外对欧亚诸国经济国际贸易,故商业及管理人才之训练,又属急务。因人口之加多与,商业之发展,医药卫生人才,须谋所以供应之计。西北偏壤,民智未开,教育文化水准,尚有待于积极提高,是则师资之训练,亦刻不容缓。①

辛树帜也说:"大西北之开拓为当前举国瞩目一大事。教育本培蓄人才之论;高等教育,则专才所自出,风气所自开,文化所自始。关系弥深且重。"②

高等教育作为文化传承与创新的主体,其发展状况决定了西北高等专业人才培育的质量,也在很大程度上影响着开发西北、建设西北的进展。积极回应开发西北过程中对大量不同类型专业人才的需求,西北地区各高等学校必须承担使命,因地制宜确立人才培养目标,架构院系设置与学科建设,完善课程体系,开展教育教学活动,完善各

---

① 沈灌群:《论我国西北高等教育之建设》,《高等教育季刊》1942年第2卷第2期。
② 辛树帜:《西北之高等教育》,《新甘肃》1947年第1卷第1期。

类保障制度，培养大批各类专业人才，为西北地区经济建设以及科教文卫事业的全面进步做出贡献。

总体来看，这一时期西北高等教育担负着维护西北边疆安全稳定与推动西北开发建设的双重使命，陶冶国民人格，奠定复兴民族之基础；倡导改良社会风气，提高社会文化水准；提倡科学教育，推动西北经济建设，高等教育通过人才培养作用西北社会，影响西北社会，也改变着西北社会。

2. 西北高等教育人才培养目标的生成路径

（1）西北高等教育人才培养目标的顶层设计

1937年之前，西北高等教育发展严重滞后，随着抗日战争全面爆发，西北地区战略地位迅速提升，国防建设与经济开发成为西北地区发展的核心价值，国防安全尤其是精神与文化国防的建设需要高等教育的介入；开发西北进程中各行业专业人才与技术的严重匮乏也需要高等教育发挥作用；改造西北社会文化生态，促进文化融合与进步同样需要高等教育的参与。抗日战争的全面爆发与西北开发战略的实施是西北高等教育发展的时代背景，而西北落后的经济、政治、文化状况，西北社会纷乱复杂的民族关系，西北地区各省之间的差异等又构成了西北高等教育发展的社会背景。如此复杂特殊的社会现实，对西北高等教育人才培养提出了非常具体的要求，希望西北高等教育培育之人才具有正确的民族与国家观念，具有爱国报国复兴民族的精神；希望西北高等教育着重培养各行业高级专业人才，推动开发西北战略的实施；希望西北高等教育孕育发展科学技术的人才，促进西北科技水平的全面提升；希望西北高等教育熏陶影响社会风气，改良社会文化环境；希望西北高等教育为边疆治理培养专门人才，巩固西北边疆的安全稳定；希望西北高等教育培养之人才甘于扎根西北、服务西北、奉献西北。

特殊的时代与社会背景对西北高等教育人才培养的特殊要求必须通过南京国民政府的政策回应与具体实施才能得到切实转化。但南京国民政府发展西北高等教育的各项规划以及对西北高等教育人才培养目标的设计并非一日之功，而是在时局变化中经历了从被动应对逐渐

三 20世纪三四十年代西北高等教育与西北开发人才的培养

转化为主动建构的过程。

抗战全面爆发前,国联调查报告的出台、国内各界人士针对高等教育布局的批评与争议,国民政府自知全国高等教育布局畸形,西北地区高等教育发展尤为缓慢,但囿于经费紧张以及京津沪等地区高等学校反对西迁等原因,此时提出平衡高教资源、发展西北高教只能是纸上谈兵。1937年,抗日战争全面爆发,原来的高等学校云集之地竟无法平稳地安放一张课桌,在日军残酷的毁灭性打击下,高等学校只能被迫西迁,京津地区高校的迁入为西北地区高等教育发展注入了新的、强大的力量。此时的国民政府借机利用京津优质的高教资源,重新规划发展西北高等教育,西安临时大学更名为国立西北联合大学,西北联合大学常委徐诵明、陈剑翛向教育部请示工作,教育部明确表示:"西北联合大学,系经最高会议通过,尤负西北文化重责,均以为非在万不得已时,总以不离开西北为佳。陈部长亦希望本校不离西北。"[①] 按照教育部部长陈立夫的指示,西北联大的设立是平衡全国高等教育布局的重要战略,设置西北联大的目的,就是要其立足西北,建设西北。西北联大两次改组分设,不论联大师生如何反对,西北五校独立已成定局,1940年5月1日出版的《国立西北师范学院院务汇报》第11—12期登载了教育部对西北各校院永久校址的规划:

> 查本部前为奠定西北高等教育之基础,于二十七年、二十八年度先后将国立西北联合大学、西北农林专科学校及私立焦作工学院等校,分别改组为国立西北大学、西北工学院、西北农学院、西北师范学院及西北医学院在案,惟各该校改组后,仍多集中于南郑、城固一带,不足以应西北广大社会之需要,而谋学校本身之发展。兹经本部通盘筹计,决定:西北大学迁设西安,西北工学院迁设宝鸡,西北农学院仍设武功,西北师范学院迁设兰州,西北医学院迁设平凉。西北大学与西北工学院本年暑假暂缓

---

① 《本校城固本部举行开学典礼志盛》,《西北联大校刊》1938年第1期。

迁移。西北师范学院迁移兰州后，原有甘肃省立甘肃学院之文史、教育两系即并入办理，并以其院址作为该院之院址。西北医学院移设平凉，应另觅适当校址，并将甘肃学院之医学专修科并入办理。[①]

从此训令中明显看出国民政府教育部对西北高校设置与西北高等教育发展已不似战争之初的毫无考虑、见招拆招，此时的教育部通过一步步对西北联大的改组与分设，对西北高等教育布局已有全盘打算，成竹在胸，西北联大分设五校、五校重新选址，不仅考虑到西北高等学校的类型分布，也考虑到西北各高校区域内的合理布局，为西北高等教育奠定了基础。

南京国民政府制定西北高等教育人才培养目标首先遵从国家教育宗旨与高等学校分类教育目标的规定，其次依据特殊时代背景与西北社会实际需要，突出以下特点：

第一，希望通过西北高等教育培养人才，切实为西北各类建设服务，发展西北经济，推动西北社会现代化进程。

国民政府创立与发展西北地区各高等学校的初衷均为回应国家与社会需求，推动西北经济建设，巩固西北边疆稳定，发展西北教育，改良西北文化服务。国立西北联合大学组建之意义在于"发展西北高等教育，提高边省文化"[②]；设立国立西北工学院是"确立西北农工教育基础之计"[③]，为推动西北工农业发展服务；国立西北师范学院的单独设立也是为了更好地培养中等学校师资，推动西北基础教育进步与西北文化之兴盛；国立甘肃学院更名为国立兰州大学，"取名兰州大学，意思是一个大学设在兰州，并不是专门为甘肃设立的，西北

---

① 《规定西北各校院永久校址教育部训令》，《国立西北师范学院院务汇报》1940年第11—12期。

② 中国第二历史档案馆编：《中华民国档案资料汇编》（第5辑第2编教育1），凤凰出版社1994年版，第11页。

③ 《教育部致国立北平大学教授会电》（1938.7.10），国立西北大学档案，67/5/306：10。

三 20世纪三四十年代西北高等教育与西北开发人才的培养

各省如甘、青、宁、新的人都可以进"①，可见，设此大学具有专为西北培养人才之用意；"西北纯为农业社会，则农业之改进，尤为治本之图，农业受地域限制甚大，改进之道，在乎培植当地人才；以改造当地环境，则开辟资源，庶可发展而收事半功倍之效。是故中央创办国立西北农林专科学校于陕西武功"②；教育部部长陈立夫对西北技艺专科学校的训词说："甘肃有塞北江南之称，西北实民族发祥之地，抗战资源，既急需于开发；边陲重镇，亦有待于繁荣。天施之来，地更当牧，牛羊必茁，责在桑田。将求地尽其利，必先人尽其才。所愿全体师生，共体时艰，同负责任，树西北农教之基础，为民族复兴而努力，本部长有厚望焉！"③ 显示了国民政府期望该校培育人才，为西北农业教育奠定基础，为西北农业开发做出贡献。

第二，西北高等教育人才培养将三民主义作为最高准则，侧重学生爱国意识与民族精神熏陶，通过高校人才培养服务社会，化育民众，建立起牢固的精神与文化国防。

1939年3月，南京国民政府教育部于重庆召开了第三次全国教育会议，明确将三民主义作为"教育的最高准则"。何为三民主义？蒋介石说："我希望诸君着眼到最基本的一点，就是要坚定我们全国抗战的意志，建立我们积极建国的精神，尤其要时时刻刻提高我们民族固有的道德。"④ 可见，三民主义其实是一种精神、一种道德、一种意志、一种人生之信仰。正如蒋介石所说："教育最重要的目的就是改造人心，亦就是要树立国民的精神，改良社会的心理。"⑤ 更确切地讲，三民主义教育是要教导受教育的人，"教他爱国、教他齐家、教他接物处世，教他立业治事，教他负责服务，教他强身助人，教他济世教他成功。所有这些，都应和中国固有的精神和道德相结合，根

---

① 张克非主编：《兰州大学校史》（上编），兰州大学出版社2009年版，第120页。
② 李自发、安汉编：《西北农业考察》，国立西北农林专科学校，1936年。
③ 《陈部长对本校之训词》，《国立西北农艺专科学校校刊》1942年第10期。
④ 《先总统蒋公思想言论总集》（卷16），中国国民党中央委员会，1984年，第130页。
⑤ 蒋中正：《革命的教育》，中央训练团，1938年，第211页。

植于人人内心之中。"①

在西北高等教育人才培养目标设定中，以三民主义为准则，尤其注重学生道德水平、爱国意识与民族精神的养成。1939年颁布《训育纲要》，要求西北专科以上学校严格执行，通令各校制定实施纲要并设立训导机构，从各方面入手全面加强对学生的品德培养，强化对南京国民政府统治下的中华民国国家之认同，对中华民族之认同，着重学生爱国主义、民族精神之养成。

考察西北高等教育人才培养目标的顶层设计，必须将其放置在特殊的时代与社会背景之下，运用复杂性思维理论，还原真实情境，参照一个元系统寻找系统形成的前提条件与依据。复杂多变的时代与社会背景以时空经纬的方式决定了南京国民政府发展西北高等教育、确定其人才培养目标的理念与方法，在教育宗旨与全国高等教育人才培养目标的指导下，最终形成了西北地区高等教育人才培养目标，这是一个层层下落的过程，从教育宗旨到高等教育培养目标（其中包括共同的指向与类别的区分），再下落为西北地区的高教人才培养目标，包含着对普遍的遵循，也考虑了西北特殊的具体情况，区域特色非常明显，为关照西北边疆国防安全与稳定，高教人才培养目标须强调国家与民族之认同；为开发西北，推动经济、社会、文化等的全面进步，高教人才培养目标须突出为西北区域建设培育各类专业人才。总体来看，南京国民政府对西北高等教育人才培养目标的设定是比较科学合理的，不仅从政治国防需求出发，还同时关注西北社会的需求，更是从高等教育的根本属性出发，突出了高教文化传承与创新的作用。

（2）西北高校人才培养目标的共同关照

这一时期，西北地区各高等学校大体遵循国民政府设定的西北高等教育人才培养目标，按照高等学校的分类，大学（包括独立学院）、高等师范学院以及高等专科学校都制定了相应的培养目标，共同关注学生国家民族意识以及建设服务西北责任的养成，基本上回应

---

① 蒋中正：《革命的教育》，中央训练团，1938年，第211页。

了南京国民政府对西北高等教育人才培养的期望与要求。

其一，关注学生国家意识、民族意识之养成，着眼于培育人格健全之国民。西北各高校人才培养目标设定过程中非常重视对学生品格的陶冶，西北大学校长赖琏认为："大学教育是以阐扬学术为目的。可是，我们在追求真理的过程中，绝不可丝毫忽视人格的修养；因为做人是比求学更加重要的。大学教育如果只灌输一个青年的知识，而没有培养他的品格，陶冶他的性情，这种教育就是彻底失败。况且没有道德的人，有了学问，学问适足以济其奸恶，甚至贻害国家。"赖琏寄语学生"希望学生人人具有高尚之理想，坚定之意志，健全之人格，进取之精神，以期报答国家之深恩厚泽，完成建设新中国之任务"[1]。

学生品格陶冶中尤其重视以三民主义为宗旨，培养学生爱国精神与民族意识。西安临时大学成立之初抗战日紧，临大师生对战争的摧残有着深刻的体会，民族自尊心与复兴国家的使命意识早已深深镌刻在师生心中，《西安临大校刊》第一期发刊词写道："风雨如晦，鸡鸣不已！今日吾国抗敌战争不兢至此。大多数同事同学之故乡父老，已被荑夷虔刘一空，试问此时此日，成何现象？岂非吾辈最高学府中人所当泣血锥心，锻炼磨砺，以与暴敌相周旋耶？……愿吾人戮力同心，艰危共济，尽瘁词临时教育事业，以挽救当前民族之大危机。"[2]《国立西北大学校刊》中处处可见"三民主义"之宣传言论，校长赖琏在首次对学生演讲中说："中华民国的教育方针，就是我的办学方针。我们在国家至上民族至上的大原则下，笃信三民主义，拥护政府国策，争取最后胜利。而教育最高目的，乃在培养有人格有学识之健全国民。""当这国家民族存亡绝续危机四伏的时候，我愿大声疾呼，要求同学们提高理想，确立向前奔向上进的志愿，坚定三民主义的信仰，建立服务的创造的进取的奋斗的人生观。"[3] 西北大学举行第三届毕业典礼时，校长赖琏鼓励学生应担负起"继往开来的使命！做顶

---

[1] 赖琏：《继往开来的使命！做顶天立地的国民！》，《国立西北大学校刊》1942年第3期。
[2] 《发刊词》，《西安临大校刊》1937年第1期。
[3] 赖琏：《安定第一 纪律至上》，《国立西北大学校刊》1942年第1期。

天立地的国民！"他说："有志气有热血的青年，应该提高理想，把救国家，救民族，救世界，当作我们的终身事业。我们要以三民主义的信仰为至高无上的规范，同时还要有浓厚的民族观念和强烈的国家思想，以及服务的，向上的，创造的，奋斗的，牺牲的人生观。古圣先贤的坚忍不拔，成仁取义的信念，临难不苟的气节，就是我们坚持并且还要身体力行，发扬光大。"①

国立西北工学院要求学生坚定其三民主义之信念，为国家、民族贡献力量，该校训导宗旨规定：

> 在使学生之德智体三育，作平衡发展，并培育学生之军事知识与技术，以适应政府文武合一之教育方针，及抗战建国策之迫切需要。于学生思想方面，使其确立三民主义的革命人生观，实践总理以服务为目的之遗训，坚定国家至上、民族至上之信念，及工程人员对国家民族所应有之责任与决心；并启发其对近代国际之正确认识，与我国在国际上所居之地位及使命。于学生生活方面，严厉督促实践青年守则，俾成为优秀健全有为有守之国民，以为他日担任企业各部门艰苦工作之准备。②

这一时期，西北地区各高校人才培养目标均指向培养优秀国民，除上述西安临大、西北大学、西北工学院外，其余西北各高校也注重教导学生遵从三民主义，关注学生人格塑造，希望学生皆能养成高尚之理想，坚定之意志，健全之人格，进取之精神，引导学生形成正确的价值观念，坚定学生爱国精神与民族意识，培养顶天立地的国民。

其二，牢固树立学生学为西北、建设西北、服务西北的责任意识。

西北地区各高校对区域性高校的使命与责任始终保持着清醒的认

---

① 赖琏：《继往开来的使命！做顶天立地的国民！》，《国立西北大学校刊》1942年第3期。

② 《国立西北工学院概要》，1940年，第5—6页。

三 20世纪三四十年代西北高等教育与西北开发人才的培养

识,扎根西北、服务西北,人才培养目标设定紧紧围绕西北社会诉求,为西北开发与建设培养各类专业人才。

1946年国立兰州大学成立,《兰州大学校训》第一卷第一期发刊词写到:

> 兰州大学的各种活动情形,在骨子里,实在是有关于国家之政治经济文化与国防的。我们兰州大学设立在西北要冲的兰州,因此,我们兰州大学便是中国西北部的一个文化堡垒。以谈国防,我们不仅是要注意到军事的国防,政治的国防,经济的国防,而尤其要注意到文化的国防!我们兰州大学便是站在文化国防的最前线。就政治上说,西北的纠纷历来就很严重,如果要解除这种纠纷,我们必须先研究这种纠纷之由来。研究西北实际问题,了解西北人民生活状况,也是我们兰州大学的一种重要任务。谈到经济方面,西北有亟待开掘的宝藏,而建设西北,又绝不是空喊所能奏效的。调查西北的宝藏,认识西北的真相,正是我们兰州大学对于国家应尽的天职。此外,如同提高西北文化之水准,培育建设西北之专门人才,均为兰州大学应负之使命。①

可见,兰州大学从其新建伊始,就承载着国民政府的重望,即肩负着保障西北地区安全、稳定、开发与文化发展的巨大使命。

《兰大学声》刊载的一篇社论写到:

> "内战第一"的痛苦时代里,人们谁还能再来顾及这边远的西北,然而负有开发与建设大西北的兰大师生,却对其责任日夜萦绕心头,未敢为之少懈。西北五省土地占全国的三分之一,人口有两千三百余万,种族有十四种之多,陕甘石油煤矿,天山南北麓金锑钨铅等矿产之蕴藏尤为丰富,加之毗接强邻,为我国之大门,故其在国防上、政治上、经济上之地位早为有识之士者所

---

① 《发刊词》,《兰州大学校训》1941年第1卷第1期。

重视。再者，西北民族性忠贞尚武，在我国民族发展史上实为重要一环，委员长曾说"西北山川雄峻，人物神圣，我民族聪明睿智，坚强刚毅……民族发祥在西北，民族复兴亦在西北。"抗日战争结束后，政府即在兰州设立大学，俾便训练人材，专以开发建设大西北为职命，缘此，国立兰州大学乃设立，我们从这里可以看出政府寄托于兰大的职责是如何重大，神圣！政府对兰大寄托既大，则兰大之于西北实有休戚相关密不可分之关系，易言之，富强中国必先开发西北，开发西北首当充实兰大。①

既如此，国立兰州大学人才培养目标的设定更偏向于为西北稳定与建设服务，着重培养"通语言""娴风俗"，能够适应西北民族地区工作、研究的专业人才。

1938年7月，教育部令西北联大工学院与国立东北大学工学院及私立焦作工学院合并，改组为国立西北工学院。院长赖琎为《国立西北工学院概要》作序，指出："本院合四大工院组成，弹指迭更寒暑，其时代使命，在树立西北工程教育之基础，与推进西北工业之建设。琎承乏斯院，对于幅员辽阔，蕴藏丰富，世称我国文化发祥地之西北，心期发扬而光大之。"② 随后赖琎再次强调说："建设西北是建国的核心，全国人民都负有建设西北的使命。西北的人民，不用说，更要担起建设西北的责任。我们工程师当在国策指导与政府监督之下，贡献一切知识，竭尽一切能力，站在自己的岗位上，积极推进西北的建设。"③ 西北工学院始终秉承上述办学目标，大力培养西北工程人才，奠定西北工程教育基础，为西北开发、西北建设服务。

1938年7月，国立西北联合大学之农学院与西北农林专科学校合并，改组为国立西北农学院。设立国立西北农学院之目的，在于培养农业、水利之专业人才，精研学术、发展农业、复兴农村，为西北开

---

① 社论：《兰大与大西北》，《兰大学声》1947年12月1日。
② 《国立西北工学院概要》，1940年，第1页。
③ 赖琎：《动员工程师建设大西北》，《西工友声》1943年第2卷第4期。

三 20世纪三四十年代西北高等教育与西北开发人才的培养

发与建设服务。

> 西北原为吾中华民族之发祥地,徒以其地处边僻,国人多漠视之,自九一八事变以后,东北失陷,强敌压境,曩者认为荒凉不堪之西北,今乃成为中华民族之一大生命线。于是开发之高潮,沸腾海内,举凡政治,经济,文化种种事业,经纬万端,靡不各抒言论亟待改建,而西北纯为农业社会,则农业之改进,尤为治本之图,农业受地域限制甚大,改进之道,在乎培植当地人才;以改造当地环境,则开辟资源,庶可发展而收事半功倍之效。是故中央创办国立西北农林专科学校于陕西武功,校长于右任更提倡推广设甘青宁三省农业试验场之旨趣,俱在乎斯。陕西校本部尤为开发西北之大本营。①

以上叙述阐明了西北农林专科学校设立之目的,突出了人才培养目标是专门为西北社会培育专业人才,改造西北农业环境,开辟资源,推进西北开发。

国立西北大学自建校之日起,就肩负着发展西北高等教育、建设西北社会的重任。校长赖琏认为:"西北大学的神圣使命,应使成为名符其实的西北最高学府,既有循循善诱优良教师,复有好学不倦的有志学生。环视西北区域之雄伟,人人应以复旧的光荣,建设新的文化为己任,为最高理想。所以我们要深刻警觉,健全自身,一定要树立严整校风,注重人格训练,倡导学术精神,加强读书空气。"② 继任校长刘季洪说:"大学之使命,不仅在教育青年始知研究之门径,尤须本身能致力高深学术之研究,俾有创获,造福人群。""今后吾校毕业同学之散布西北各地者,自当与日俱增,而建设西北,改造西北,自亦吾毕业同学责无旁贷之使命。"③ 次年,刘季洪在为毕业生

---

① 李自发、安汉编:《西北农业考察》,《国立西北农林专科学校一览》,1936年。
② 赖琏:《安定第一 纪律至上》,《国立西北大学校刊》1942年第1期。
③ 刘季洪:《校庆献辞》,《国立西北大学校刊》1944年复刊第4期。

致辞中再次强调:"本校设在我国的西北,因为这一带完整大学稀少,所以在这广大的地区,甚至在西北各省,本校皆占相当重要之地位。'建设西北'是我们义不容辞的责任。一个学校价值的高低,不仅系于学校内办学是否完善,措施是否合理,还要视毕业校友服务成绩的长远。"① 由上可见,西北大学两位校长希望于学生之思想意识中牢固树立以西北建设为己任,为西北开发服务奉献的使命感与责任感。

国立西北大学秉承此教育宗旨,为国家建设,西北开发培养人才,《国立西北大学概况》载:西北大学文学院边政系致力于培植"畅晓蒙维藏各族文字之边疆专门人才"为己任;理学院创建之目的,"一为培养科学人才,以推进各地之科学建设;一为解决西北区域内所发生之科学问题并与各地科学家取得密切之联系,以便共同研究";法商学院之共同目的在于"造就各种法学人才,系内另设司法组,专门培养司法实务人才";医学院之目标,遵照政府之教育方针,"以造就医学专才及其从业人员,并研究高深学术及发展西北医疗事业为宗旨。对人才之造就,质量并重"②。

(3) 不同类别高校培养目标中的西北指向

这一时期西北各高校依据属类不同,大学(包括独立学院)、专科学校以及高等师范学院三类高等学校人才培养目标设定存在着区别与差异。

其一,综合性质的大学(包括独立学院)培养目标中更强调研究高深学术、培养能治学治事之通才。

西安临时大学、国立西北联合大学、国立西北大学、国立兰州大学以及西北各国立省立之独立学院培养人才以"学"为主,倾向通才教育,以研究高深学术、陶铸健全品格、培养专门人才为宗旨。针对大学(包括独立学院)研究高深学术的重要使命,西北各大学(包括独立学院)科研方面不仅希望培养学生的兴趣与能力,还希望将大学之科学研究与西北社会需求紧密结合在一起,注重培养学生服

---

① 刘季洪:《致本届毕业同学》,《国立西北大学校刊》1945年复刊第14期。
② 《国立西北大学概况》,1947年,第5—9页。

三　20世纪三四十年代西北高等教育与西北开发人才的培养

务西北社会的使命意识，以便毕业后继续科学研究，奉献西北社会。

基于科技救国的考虑，西安临时大学与西北联合大学注重培养学生的科研能力，这种科研并非纯粹象牙塔内的学术研究，而是与抗战需要、西北建设需要相结合之科研。学校遵照教育部部长陈立夫之训令："专科以上学校，设院分系，延聘专门学者，分科讲习，除纯粹学问之探讨外，应随时研究实际问题，以应社会国家之需要。过去各校教授，研究成绩，虽有足多，但对于社会国家需解决之问题，尚未能充分注意，以致学术研究与国防生产等事，缺乏相当之联系，而高等教育遂未能充分发挥其应有之功能。现值抗战建国期间，全国及各地方有关政治经济国防生产交通军事以及民族文化等亟待解决之问题，所在皆是。各该校所属院系，应各就讲习之所近，选择此项问题，由各教师，领导学生，作继续不断之研究，以期得有解决方案，贡献国家；庶几学用相合，教学均增兴趣，而国家社会亦得实受利益。"[1] 结合抗战及西北实际情况，研究实际问题，解决实际困难，为抗战与西北建设服务。西安临时大学常委李书田教授认为："我国脆弱幼稚之轻重工业与些许矿业，几乎全在东北、华北、华东交通便利之区，九一八后，既失辽、吉、黑、热东省特区，冀东、察北；七七后，又失平、津、冀、察、绥、晋；八一三后，沪、苏、京复相继沦陷。""西北、西南后方高校应主动适应战时需要，调整并加强其工程教育。以培养工程人才服务抗战需求，以输出科学技术应国家所急需。"[2]

国立西北大学也十分重视科学研究，曾任西北大学文学院院长的萧一山教授，曾做名为"大学需养成学术研究风气"的演讲，提出："学术二字本来是一体的两面：在原则上是一致的，在作用上是分开的。大学系研究'学'之体，所以大学的主要宗旨为创造发明，探求真理……希望大学应该切实负起领导文化创造文化的责任。"[3] 校

---

[1] 《教育部训令：研究实际问题》，《国立西北联大校刊》1938年第7期。
[2] 李书田：《适应抗战期间之生产建制与工程教育》，《西安临大校刊》1937年第2期。
[3] 萧一山：《大学需养成学术研究风气》，《国立西北大学校刊》1944年复刊第11期。

长刘季洪说:"本校原来是规模庞大的大学。后来农工医师范各院先后单独设立,现在只剩下文理法商三院。我们的特殊使命就现有的三院设立便不难想知,就是提高西北文化的水准。领导西北学术的研究。我们每系都应尽到这个责任,要侧重西北问题的研究。比如历史系除研究一般史学外,要注意西北边疆史中中俄外交史的研究;地质地理系除一般地理地质科目外,也要特别研究西北的地质地理,这样才能负起我们特殊的使命。"① 西北大学法商学院教授郭文鹤也认为:"今建设西北,已成国策,如何建设,尚少切实可行之方针。我大学设在西北,原负有建设西北之重任,则研究西北如何建设,实本大学所责无旁贷也。"② 西北大学地处西北,基于建设西北的使命,学术研究也更倾向于西北问题的探究。

这一时期,西北各综合性质的大学包括独立学院都期望培养品德端正、学识深厚的高级人才,同样是专业人才培养,大学与独立学院的专业人才应有较为完善与合理的知识体系,对历史与现实有更深刻的认识,具备科学研究的能力与后劲,有更加宽广的眼光与态度;有较高的品德修养和社会责任感,能够总揽大局、组织民众、改良社会风气。

其二,专科学校注重理论联系实际,培养学生动手能力与实践技能,重点培育应用型人才。

对比大学(包括独立学院)而言,西北各专科学校人才培养目标更加聚焦,就是要培养各类专业技术人才,突出学生动手实践能力的提升,为西北经济发展解决实际问题。

根据《西北农林专科学校章程》第三条——"本校根据中华民国教育宗旨及其实施方针并参照西北地方之实际需要,以教授应用农林科学养成农林技术专才,改进农林水利事业为宗旨。"③ ——的规定,

---

① 刘季洪:《刘校长在九月二十五日开学典礼上讲话》,《国立西北大学校刊》1944年复刊第1期。
② 《发刊词》,《西北学术》1943年第11期。
③ 《国立西北农林专科学校一览》,1936年,第7页。

三 20世纪三四十年代西北高等教育与西北开发人才的培养

森林组以"培植各级适于西北造林之技术人才"为培养目标[①],园艺组以造就"园艺专门人才为主旨"[②],畜牧兽医组以"造就发展西北畜牧兽医事业之人才为主旨"[③],农业经济组"为适应西北环境需要,培植乡村建设及各种农业经济人才"为己任[④],水利组为"造就农业上应用之高级水利人才为主旨"[⑤]。

早在国立西北农林专科学校建立之前,民国著名农业作物学专家汪呈因教授曾撰文《国立西北农林专科学校计画书》,不仅说明了西北农林专科学校设立之目的,也为该校人才培养目标的设定廓清了方向:"查西北数省,地大物博,宜开发久矣!而开发之道,首在振兴农业,增加生产,方可改善农村,推进文化,整理边疆,巩固国防,此国民政府在国难期中,亟须创立西北农林专科学校之本旨也。"

> 西北农林专科学校创办之宗旨为:1.养成开发西北之垦殖人才。须严格训练,养成劳心与劳力、理论与实际相结合的人才,养成手脑兼用、吃苦耐劳之人才,方能实地创业。2.养成改革农村之领导人才。西北之农村之上古式农业技术亟须改进,而所需有创造精神,有毅力,有决心,有学识,有计划之能耐劳人才,待特种教育养成。3.养成农业实习学校之师资。4.救济贫寒之优秀青年。总之,中国现有之农业教育,办理不善,如放任学生,高谈学理,基本科学,应用知识,遗弃不顾,农业技术,田野工作,概不学习。甚至终年放荡,考试废弛,一旦出校,乃是四体不勤,五谷不分,而犹望其改进农业,岂非缘木求鱼?西北农校为开发西北之先锋,正宜力除此种颓风,涤去历来恶习,严格实行半日工作,半日读书,将书本中科学,实验室知识,田野间工作,二者冶为一炉,养成思想纯正,意志坚强,有刻苦耐

---

① 《国立西北农林专科学校一览》,1936年,第22页。
② 《国立西北农林专科学校一览》,1936年,第30页。
③ 《国立西北农林专科学校一览》,1936年,第36页。
④ 《国立西北农林专科学校一览》,1936年,第44页。
⑤ 《国立西北农林专科学校一览》,1936年,第49—52页。

劳之精神，有牺牲奋斗之愿望之手脑双全人才。①

国立西北农林专科学校人才培养重在养成开发西北之垦殖人才、改革农村之领导人才、农业实习学校之师资，振兴农业，增加生产，方可改善农村，推进文化，治理边疆，巩固国防。学校侧重应用型人才的培育，将书本中科学、实验室知识、田野间工作熔于一炉，养成思想纯正，意志坚强，有刻苦耐劳之精神，有牺牲奋斗之愿望之手脑双全人才。

国立西北技艺专科学校校长曾继宽提出："国立西北技专是在抗战建国进展时期中而创立，他的目的是在于开发西北生产而培植建国基干人才，他的教育方针是注重在实践而不尚空谈，他的施教方法尤其注重在以身教代替言教，以人格的修养，补助智识的传授。"② 在学校第一届学生毕业典礼上，周主任秘书代表司令训词，也认为："西北技专，是抗战中教育制度革新推进的产物，过去的农工教育，虽有悠久的历史，以教学方法，偏重于书本知识的传授，未能获相当的效果，西北在过去的风气较为闭塞，未经开发，所以更需要技艺专门人才，去负责开发的使命……诸生应不忘自己特殊的使命，把整个实业开发起来，推动起来，报继续不断贯彻始终的精神。"③ 两段论述同时强调西北技专人才培养从社会实际需要出发，理论联系实际，着重培养学生的实践能力，希望学生通过所学，切实推动西北实业发展与进步。

其三，高等师范学院着重培植中等学校合格师资。

国立西北师范学院是当时西北地区唯一一所高等师范学院，西北师院按照《师范学院规程》第一条——"以遵照中华民国教育宗旨及实施方针，养成中等学校之健全师资为目的"——之规定，培养目标较为单纯，专为训练中等学校健全师资。由于师范教育的特殊性，

---

① 汪呈因：《国立西北农林专科学校计画书》，《新农通讯》1933 年第 15 期。
② 曾继宽：《力行与宣扬》，《国立西北技艺专科学校校刊》1942 年第 1 期。
③ 《司令长官代表周主任秘书训词》，《国立西北技艺专科学校校刊》1942 年第 6 期。

三　20世纪三四十年代西北高等教育与西北开发人才的培养

中等学校师资培养也有相关要求。

西北联大常委胡庶华在师范学院纪念周发表演讲说："师范教育是一切教育的基础，师范学校是各种师资的源泉，师范学生是一般青年的模范。政府早已认识到师范教育的重要性，对于各级师范学校，特别重视，对于师范学生比较优待，本年又添设六个师范学院，以造就师范专门人才，树立师范教育高深的基础，故师范学院所负的使命极其重大，师范学院的学生，亦应当有特殊的认识和特别的努力。"胡委员提出加强师范生培养，宜从以下方面努力：

> 1. 学问渊博：师范既系专业，则所学必有专长，然除专长之外，必须多才多艺，与常识丰富，方能应对裕如。2. 乐育为怀：和易近人、诲人不倦，为师范教育家应有之精神，孟子曰："得天下英才而教育之"为三乐之一，凡习师范者须有此心理。3. 哲学素养：习师范者须有一种革命的人生观，有远识，知树人之效在百年以后；有定力，知终身从事教育之可贵；有牺牲精神，知教育生涯确系清苦而报酬又极微薄；有责任心，知师范关系国家前途极巨，不敢松懈与放任。4. 以身作则：现在的师范生每一个人都要负以身作则转移风气的责任，对社会有现身说法之精神。——总之师范教育为一切教育之基础，凡从事此者必须有决心有毅力有勇气，方能负此重任。今当民族抗战之际，如何使将来之国民人人有国家意识，民族观念，与夫抗战建国的能力，诸生皆有共责。①

在国立西北师范学院 44 周年校庆纪念会上，兰大校长辛树帜说："贵校四四周年，在全国各大学中，为历史最悠久者；在师范学院中，尤为历史最悠久者，师范学院，负培养中等师资之责，在西北极为重要……师范学院与普通大学不同，师范生不但注重人格陶冶，且须常识丰富，始能担当教育重责。"②

---

① 胡庶华：《师范学生应有的认识和努力》，《国立西北联大校刊》1939 年第 10 期。
② 《兰大校长辛树帜先生讲词》，《国立西北师范学院校务汇报》1946 年第 84 期。

李蒸院长领导下的西北师范学院人才培养目标要求学生同时具备教师修养、服务精神、丰富学识与健全体格。"学高为师,身正为范"一直都是社会对于师范教育人才培养的期望与要求,言教与身教并重作为西北师范学院人才培养目标的重要内容传承至今。

从整体上看,20世纪三四十年代,西北各高等学校人才培养目标既有共同指向,也有类别区分,各校按照国民政府的期望与要求,共同指向培养学生国家民族意识,指向为开发与建设西北服务。同时,西北各高校类型不同,根据大学(包括独立学院)、专科学校与高等师范学院的区分,各类高校培养不同层次、类别的高级专业人才,充实西北开发与建设。纵观这一时期西北高等教育培养目标厘定过程,各高校正是通过不断适应国家时局变更,回应西北社会发展需求,针对自身类型与性质,生成了既有共同指向,又有各自特点的人才培养目标。也正是在这样的人才培养目标的指导下,西北地区各高校完成了自身的使命,化育人才,建设西北、服务国家。

(二) 完善院系设置与学科架构

院系与学科设置在高等教育人才培养过程中地位重要,"高等教育的本质就是建立在普通基础教育之上的专业教育"[①]。在高校人才培养目标指引下,院系与学科设置决定着高等教育、高等学校如何传递与创新文化,如何分配教育资源,如何引导人力资源构成及流向,还影响着高等学校如何适应社会需求,以及国家高教人才培养的规制,影响着学习者成长的方向与空间。西北开发,急需大量高素质专业人才,高等学校院系架构越是科学完整,人才培养的空间就越是宽广。学科设置越是合理规范,同时注意从西北边疆开发的现实需要入手,适当调整与增设相应学科,培养的人才就越能更快适应边疆建设需要,最大限度地服务边疆社会。

---

① 顾明远主编:《教育大辞典》,上海教育出版社1988年版。

三　20世纪三四十年代西北高等教育与西北开发人才的培养

1. 西北地区各类高校院系与学科设置状况

（1）大学院系与学科设置

这一时期西北地区大学包括西安临时大学、国立西北联合大学、国立西北大学以及国立兰州大学。

西安临时大学由国立北平大学、国立北平师范大学、国立北洋工学院组成，河北省立女子学院后并入其中，图3-1系西安临时大学组织系统。

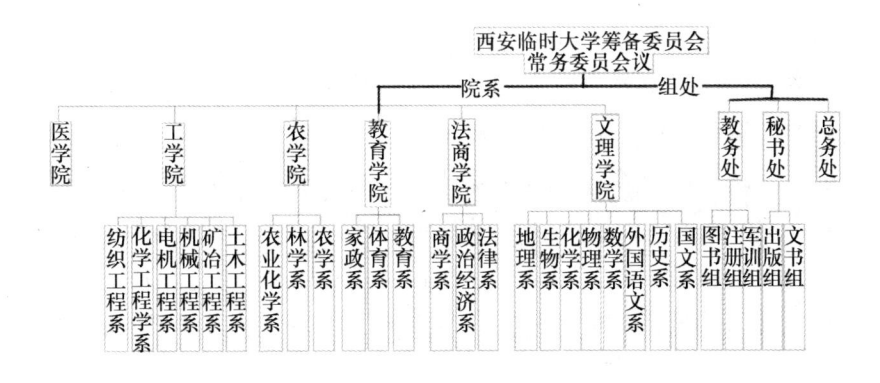

图3-1　西安临时大学组织系统

资料来源：《西安临时大学组织系统图》，《西安临大校刊》1937年第2期。

由图3-1可见，西安临时大学学科设置门类齐全，设有文理学院、法商学院、教育学院、农学院、工学院、医学院六大学院。文理学院下设国文系、历史系、外国语文系、数学系、物理系、化学系、生物系、地理系。法商学院下设商学系、法律系、政治经济系。教育学院下设教育系、家政系、体育系。农学院下设农学系、林学系、农业化学系。工学院下设土木工程系、机械工程系、矿冶工程系、化学工程系、电机工程系、纺织工程系。医学院不分系。

1938年7月，西安临时大学更名为国立西北联合大学。根据《西北联大组织系统说明》，学校被划分为6大学院，23个学系，基本设置情况与西安临时大学相同。

1939年9月，国立西北联合大学最后一次改组，师范学院、医学院分出独立，其余部分组建成国立西北大学。1939年9月到1949年5月西安解放，国立西北大学的发展可大致划分为城固时期与复员西安时期两个阶段，两阶段中西北大学院系与学科设置由于政治时局变更、社会需求不同而有所变化与区别。1939年9月到1946年6月为城固时期，这一阶段国立西北大学下设文学院、理学院、法商学院及先修班。文学院设有中国文学系、外国语文系、历史学系；理学院设有数学、物理、化学、生物及地质地理学系；法商学院设有法律系、政治系、经济系、商学系。① 1943年，法商学院法律系增设司法组，分为司法、法理两组。② 1944年，文学院增设边政学系，设有维文组与藏文组，专门培养边政人才，推行边疆政策。1945年，文学院增设教育学系。③ 1946年9月，国立西北大学迁回西安，院系设置除原来的文学院、理学院、法商学院外，又增加了医学院，全校共计15个系，文学院下附设西北文物研究室一所。各学院规模与原来相仿，只有少数系科划分与归属略有变动。例如，理学院之地质地理系，1947年划分为地质与地理两系。原隶属文学院之边政学系，于1947年年底，改属法商学院。城固时期与西北工学院、西北农学院合办的大学先修班，迁校后也改为单独办理，仍分文法、理工、医农三组。④

1946年，原国立甘肃学院合并国立西北医学院之兰州部分，组建了国立兰州大学。建校之初，国立兰州大学下设文理、法学、医学、兽医四个学院。其中，文理学院下设文科，包括中国文学、历史学、俄文三个系；理科，包括物理学、数学、化学、植物学、动物学、地理学六个系。法学院下设政治学、法律系、经济学、银行会计学、政治经济学。医学院、兽医学院不分系。⑤ 1947年秋，文学院增设英文系与边疆语文系。1947年10月，教育部命令兰州大学兽医学院独立为"国立西

---

① 李永森、姚远主编：《西北大学史稿》上卷，西北大学出版社2002年版，第272页。
② 李永森、姚远主编：《西北大学史稿》上卷，第305页。
③ 李永森、姚远主编：《西北大学史稿》上卷，第297—298页。
④ 李永森、姚远主编：《西北大学史稿》上卷，第370—371页。
⑤ 张克非主编：《兰州大学校史》（上编），兰州大学出版社2009年版，第126页。

北兽医学院"。1948年5月，兰州大学呈文教育部，希望将学校文理学院分开办理，以便组织管理。"本校文理学院共有十系，管理既属难周，办事复感不便，文科方面有中文、历史、边语、俄文四学系；理科方面有物理、化学、动物、植物、地理、数学六学系。遵照三系构成一院之规定，本校文理学院已具备划分之条件，有分立之必要。"① 1948年7月，兰州大学文理学院正式划分为文学院与理学院。至此，国立兰州大学共下设文、理、法、医四个学院，18个系、科。此外，学校还设有普通、医学、俄文三个先修班。②

（2）独立学院系科设置

20世纪三四十年代，西北地区设立的独立学院分为国立、省立两种，包括国立西北工学院、国立西北农学院、国立西北医学院、新疆省立新疆学院、新疆省立女子学院等，本书主要讨论前四所学院。

国立西北工学院成立于1938年，由北平大学工学院、北洋工学院及东北大学工学院、私立焦作工学院合并改组而成。图3-2为国立西北工学院组织系统图。

国立西北工学院分设水利工程、电机工程、纺织工程、化学工程、航空工程、机械工程、矿冶工程、土木工程八个系，工科研究所下设矿业研究部及工程学术推广部一所。其中矿冶工程系下设采矿组与冶金组；电机工程系下设电力组与电讯组。"土木系以平工北洋焦工之土木系合组；矿冶系以北洋焦工之矿冶系合组；机械系以平工北洋之机械系合组；电机系以平工东工北洋之电机系合组；化工纺织一系则系平工原有学系；水利系由北洋土木系水利组分出组成；航空系由北洋机械系航空机械组分出组成。"③ 国立西北工学院还设有电信实习室、机械系实习机厂、水利系水工实验室、纺织系纺织工厂等。

1938年，国立西北农林专科学校与国立西北联合大学农学院合并为国立西北农学院。学院下设"1. 农艺学系；2. 植物病虫害学系；

---

① 《兰州大学档案》，1-1-248（国立兰州大学）。
② 《文理学院概况》，《兰州大学校讯》1947年第1卷第3期。
③ 《国立西北工学院概要》，1940年，第2页。

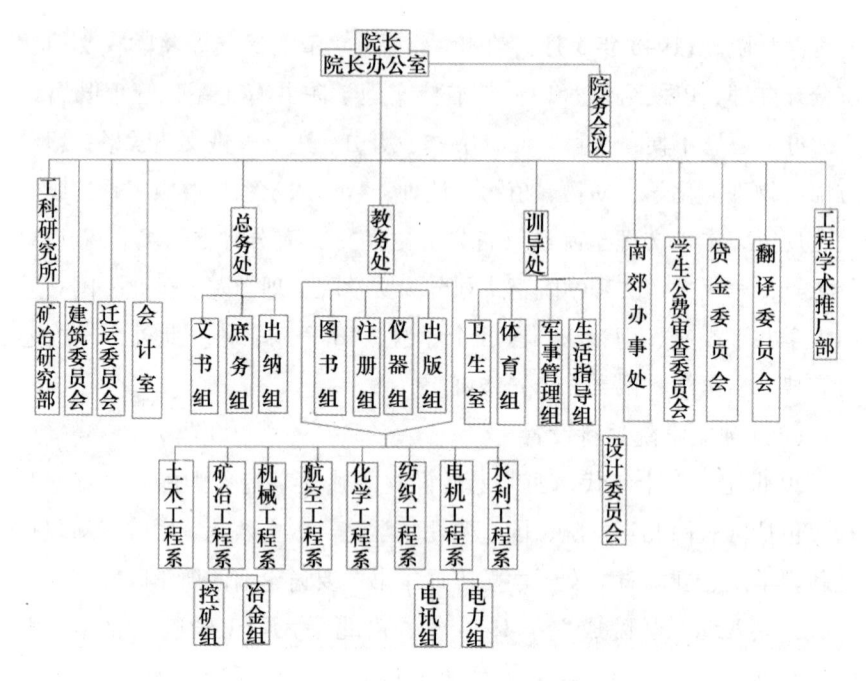

图 3-2　国立西北工学院组织系统

资料来源：《国立西北工学院概要》，1940 年，第 4 页。

3. 农业经济学系；4. 森林学系；5. 园艺学系；6. 畜牧兽医学系畜牧组；7. 畜牧兽医学系兽医组；8. 农业化学系；9. 农业水利学系；10. 农产制造学系；11. 农业机械学系；12. 牧草学系；13. 特设农业经济专修科；14. 农科研究所、农田水力学部，共九系两组及一所一部。"① 此外，国立西北农学院建立之初就附设各农、林、园试验场，并于 1939 年与军政部兵工属合营国防林，1940 年与经济部水工实验所合设武功水厂实验室，1941 年与农林部合作设置陕西改良作物品种繁殖场，1942 年与陕西省防疫处合办血清制造厂。②

1939 年 8 月，医学院从西北联大母体分出，成立国立西北医学院。据 1940 年统计，学院分设解剖、生物、生理、化学、病理、药理、寄生虫、热带病、公共卫生、细菌、外科、内科、小儿科、妇产

---

① 沈云龙主编：《第二次中国教育年鉴》（第 5 编），文海出版社 1995 年版，第 212 页。
② 沈云龙主编：《第二次中国教育年鉴》（第 5 编），第 212 页。

科、耳鼻喉科、皮花科、眼科、理疗科,并兼设附属医院及医科公共卫生教学区办事处研究所。①附属医院设有检查室、图书室、事务部、医务部、看护部、手术室、调剂室。医务部又分设内科、外科、妇产科、小儿科、眼科、皮花科、耳鼻喉科、理疗科等。附属医院设置配套学院系科划分,通过附属医院实习推进,不仅有助于学生积累临床经验,拓展所学知识,而且有助于培养实践能力。

1935年新疆省立新疆学院成立到1949年新疆解放,25年中发展坎坷,屡遭变革,系科设置在新疆社会几经沉浮的大环境中也不断更改。1935年1月,学院下设法律系、经济系、税务专修科,1935年8月增设政治经济系,1939年8月增设教育系,1939年9月,根据《新疆学院组织大纲草案》,学院下设政治经济系、语文系、土木工程系、教育系及高中部,共四系一部。1939年10月,学院增设农科系、工科系。1940年秋,于教育系下增设维吾尔语一班。1941年2月,农业系改为农业系预科,并分为四组,即水利组、畜牧组、农艺组与兽医组。1944年,学院增设文史系、机械工程系,加上原有的政治经济系、土木工程系、教育系、农业专修科,共五系一科。1945年,学院只剩国语组与土木工程系各一班学生。1947年,学院颁布《新疆省立新疆学院组织大纲》,规定下设文科三个系:教育学系、文史学系、政经系;工科两个系:机械工程学系、土木工程学系;农科两个科:畜牧兽医专修科与农田水利专修科。②25年间,省立新疆学院系科不断增加,学院不断发展。但究其具体情形,由于新疆政局混乱,学院经常遭遇白色恐怖,正常教学尚无法维持,发展壮大更是无从谈起。

(3) 专科学校学科设置

根据1944年统计,西北地区共有五所专科学校,即国立西北技艺专科学校、国立西北医学专科学校、陕西省立医学专科学校、私立

---

① 《本院组织大纲》,《国立西北医学院院刊》1940年第1期。
② 马文华:《民国时期的新疆学院》,《新疆大学学报》(哲学社会科学版)1991年第4期。

西北药学专科学校、陕西省立商业专科学校。抗战结束后，又新设两所，即国立兽医学院与宁夏省立师范专科学校，直至1949年中华人民共和国成立前，西北地区共有7所专科学校，其中三所国立、两所省立、两所私立。本书主要选取国立西北农林专科学校与国立西北技艺专科学校作细致、深入探究。

1936年正式成立的国立西北农林专科学校是西北地区第一所国立专科学校。学校下设森林组、农艺组、水利组、园艺组、畜牧兽医组、农业经济组六组，并附设林场、农场、园艺场、畜牧场、高级职业专科学校、小学及中国西北植物调查所等。①

国立西北技艺专科学校创办于1939年，当时，抗战全面爆发已逾两年，东北东南沿海大抵沦陷，南京国民政府为培养技术人才，加紧建设西北，特于甘肃兰州筹设该校。建校之初，先设畜牧、兽医、农学、森林、农业经济五科，后再酌量增设土木、水利、机械、纺织、化学制造等科。② 1941年夏，学校增设牧草、农田水利两科。1945年8月，国立西北技艺专科学校更名为国立西北农业专科学校，遵照部定计划，基本设置与西北技专相同，下设七科。1947年国立兽医学院成立后，西北农业专科学校兽医科奉命合于该院。由此，国立西北农业专科学校剩余六科，并附设农场、林场等。

(4) 师范学院系科设置

这一时期，西北地区师范学院只有国立西北师范学院一所。1939年8月，该校脱离国立西北联大，单独设置，该校发展大致可分为城固与兰州两个时期。

1939年国立西北师范学院于城固办学，学院由国文系、史地系、英语系、国民训育系、理化系、数学系、教育系、体育系、博物系、家政系、劳作专修科十系一科，以及师范研究所组成，并附设小学、中学。③

---

① 《国立西北农林专科学校一览》，1936年，第10页。
② 《国立西北技艺专科学校概览》，1940年，第2页。
③ 刘基、王嘉毅、丁虎生主编：《西北师范大学校史》，教育科学出版社2012年版，第95页。

三　20世纪三四十年代西北高等教育与西北开发人才的培养

1941年3月19日，教育部向西北师院发出训令，要求学校迅速筹设兰州分院。1941年10月1日，国立西北师范学院兰州分院正式成立。直至1944年底，西北师范学院全部迁到兰州。此时，学院除原设之国文系、史地系、英语系、体育系、教育系、国民训育系、理化系、家政系、数学系、博物系、劳作专修科十系一科外，还增设国文专修科、史地专修科、理化专修科、国语专修科、体育专修科、劳作师资训练班、优良小学教师训练班及先修班。并于师范研究所下设教育学部，附设生产农场、函授学校、小学、中学、家庭教育实验区、国民教育实验区、社会教育实验区等。① 图3-3为当时国立西北师范学院组织系统。

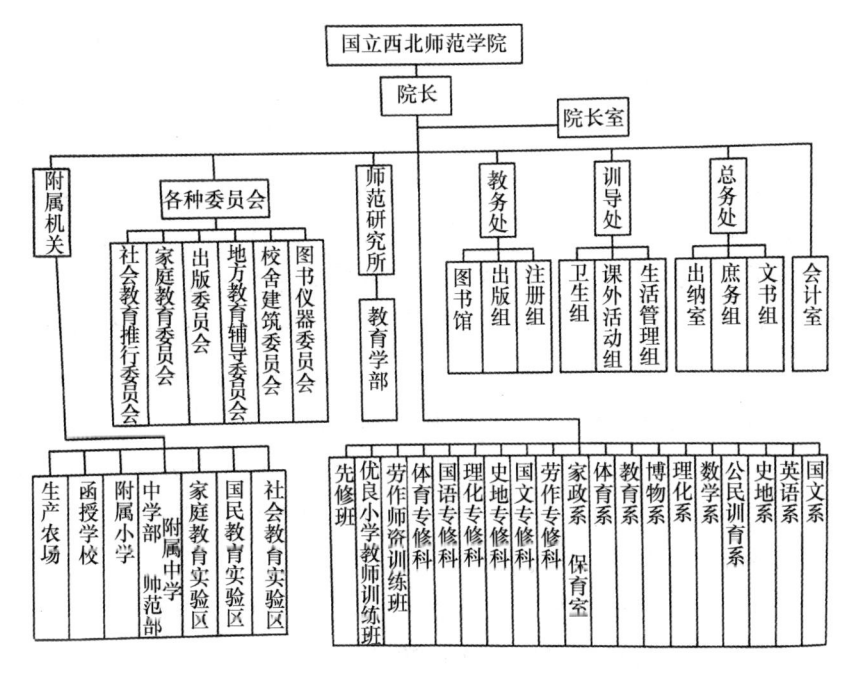

图3-3　国立西北师范学院组织系统

资料来源：刘基、王嘉毅、丁虎生主编《西北师范大学校史》，教育科学出版社2012年版，第142页。

---

① 刘基、王嘉毅、丁虎生主编：《西北师范大学校史》，教育科学出版社2012年版，第142页。

2. 西北地区各高校院系与学科设置的特点

这一时期，西北各高等学校在办学过程中不断调整完善，使得院系架构与学科设置趋于完整规范，同时，各高校回应西北边疆开发需要，大力增设与西北边疆开发相关的各个学科。

（1）西北各高校院系与学科架构趋于完整规范

根据高等学校划分标准，高校类型包括大学（包括独立学院）、专科学校及师范学院三类，同时考虑到综合性质的大学与独立学院的差异，暂且将独立学院从大学体系中分出，高校就主要包括四种类型。这一时期，西北地区拥有上述四类高校，基于不同类型，各高校院系与学科设置趋于完整与规范。

首先，综合性质的大院系设置综合性较强，学科涵盖面较为广泛。以西北联大为例。西北联大下设文理、法商、教育、农、工、医六大学院，六大学院又各自分设学系，共计23个系，可谓包罗万象，学科门类齐全。对比1929年8月教育部颁布的《大学规程》关于理学院各学科划分——"物理学、数学、化学、生理学、生物学、心理学、地质学、地理学及其他"[①]——的设置标准，西北联大理学院下设数学系、物理系、化学系、生物系及地质地理学系，类型基本完整。抗战后兴建的国立兰州大学也曾有文理学院、法学院、医学院、兽医学院四大学院，14个学系，后兽医学院分出独立，兰州大学依然保持了文、理、法、医四个学院，18个系、科，以及三个先修班的院系与学科架构。可见，这一时期西北各大学院系设计以及学科构成综合性特征明显，设置较为规范。

其次，西北各独立学院主要指国立西北工学院、农学院、医学院三所高校系科设置基本完备。与1929年《大学规程》所规定的独立学院工科类设置标准"机械工程、化学工程、土木工程、电机工程、

[①] 中国第二历史档案馆编：《中华民国档案资料汇编》（第5辑第1编教育1），凤凰出版社1994年版，第386—387页。

三　20世纪三四十年代西北高等教育与西北开发人才的培养

建筑学、造船学、冶金、采矿及其他"① 相比，国立西北工学院下设土木工程、矿冶工程、机械工程、航空工程、化学工程、纺织工程、电机工程、水利工程各系，不仅类型齐全，而且特色突出，其中水利工程、航空工程、纺织工程等系科实力强劲，为西北边疆建设培养了优秀人才。

再次，这一时期的西北专科学校，以西北农林专科学校与西北技艺专科学校为例。两所专科学校均属于农业专科学校，应西北农业生产事业发展的需要，以"教授应用科学，培养技术人才"为宗旨，拥有森林、农艺、水利、兽医、农业经济、土木、水利、机械、纺织、化学制造等组、科，努力为西北建设培养应用型人才。

最后，国立西北师范学院系科设置特点鲜明，为培养优秀的中等教育师资，下设十系一科，涉及文科、理科基本学科分类，着重构建学生广博的知识结构，培养学生专精的教学技能。与1942年颁布的《师范学院规程》中"师范学院分为国文、史地、公民、外国语、训育、理化、算学、教育、博物各系，以及音乐、体育、劳作、家政、图画、社会教育各专修科"② 的规定对比，截至1944年，国立西北师范学院设有国文系、史地系、英语系、体育系、教育系、国民训育系、理化系、家政系、数学系、博物系、劳作专修科、国文专修科、史地专修科、理化专修科、国语专修科、体育专修科、劳作师资训练班、优良小学教师训练班及先修班。从规模建制上看，此时的西北师范学院俨然是全国师范教育的最高学府，是全国顶尖的师范类高校。

（2）各高校努力增设西北边疆开发相关学科

这一时期西北各高校院系设置与学科建设一方面依据学校历史沿革，另一方面还注重结合西北社会实际发展要求，特别是边疆建设的需要，增设新的特色学院，积极创新与培植新的特色学科。

国立西北农林专科学校与国立西北技艺专科学校系科设置紧紧围

---

① 中国第二历史档案馆编：《中华民国档案资料汇编》（第5辑第1编教育1），凤凰出版社1994年版，第386—387页。

② 中国第二历史档案馆编：《中华民国档案资料汇编》（第5辑第2编教育1），凤凰出版社1994年版，第727—729页。

绕西北社会开发与建设的需求，所设农艺、畜牧兽医、农业经济、森林、水利等组、科，面向西北社会农业发展、农村建设培育专业人才，可以说，这两所专科学校就是为西北社会农业起步而建的。

1939年西北联大师范学院独立为国立西北师范学院，1940年教育部电令西北师范学院迁往兰州办学，特别是1944年底，西北师范学院全部迁驻兰州之后，陕西省缺少培养中等学校师资的师范类高校。为适应西北之需要，教育部于1945年特令国立西北大学文学院增设教育学系，培养中小学师资，着重中小学教育研究，为西北教育、文化、建设等服务。[1] 1944年，西北大学文学院成立边政学系，也是针对西北边疆实际需要而产生的。自抗战起，西北边疆战略地位提升，国人开始清醒地认识到："边疆领土是中华民国的版图，边疆同胞也是中华民族的成员；我们中华民族，不能没有边疆同胞而生存，我们中华民国，也不能没有边疆领土而成为一个独立的国家。保边疆即所以保中国，团结边疆同胞即所以维护中华民族的生存。我政府有鉴于此，乃有设立边政学系之举，以期造就一些专门人材，去服务边疆，去巩固边疆，去繁荣边疆。这是边政学系成立的因素。"[2] 边政学系的建立突破了以往高校仅为边疆社会培养各类专业人才的局限，在教授学生熟练掌握少数民族语言文字的基础上，一方面强调相关学科学习，另一方面着重边疆调查与边疆学术研究，致力于培养综合性的边疆治理人才。

西北大学回迁西安后将原地质地理系分开设立，原因是抗战胜利后，勘测地质资源、开展地质地貌研究成为建国的当务之急，而西北大学是西北唯一造就地质人才之所，为更好地进行西北地区及边疆地质资源勘查与开发工作，须单独成立地质学系。

再看国立兰州大学。抗战结束后，西北畜牧业亟待发展，为此国立兰州大学特别设立了兽医学院，校长辛树帜说："为适应当地环境，拟特重于兽医学院之发展。防治家畜疾病，及推而改良其品种，以期有

---

[1] 《各学院之现在与将来》，《国立西北大学校刊》1945年复刊第17期。
[2] 陈克：《西北大学边政系素描》，《西北文化月刊》1947年第1卷。

裨助于西北经济国防。"① 可见，兽医学院设立与发展之初衷。兰州大学建校伊始，南京国民政府教育部即令其设置俄文系，旨在"造就精通俄文、熟悉苏联国情之人才，为国备用"②。我国西北地区幅员辽阔，民族众多，各民族历史、语言、文化、宗教、风俗各异，为造就一批"通语文、娴风俗"，能够适应西北民族地区工作与研究的专业人才，1947 年 9 月兰州大学于文学院下设边疆语文系，包括蒙文、藏文、维文三个组，以"造就边疆语文人才、研究边疆、沟通文化"③ 为己任。

此外，国立西北工学院除设置八个工程学系之外，还加设了工程学术推广部及工科研究所。"工程学术推广部，协助推广西北一切生产事业。"④

从整体考虑，这一时期的西北各高校积极回应西北边疆稳定与发展需求，克服种种困难，建构了较为完善科学的院系与学科体系，同时还紧紧契合边疆建设需求，不断增设与西北边疆开发相关的学科，最大限度地为边疆建设服务。但另一方面，由于时局不稳，南京国民政府对西北高等学校投入不足，西北高校直接面向西北地区、服务西北地区的学科数量有限，培养质量仍需提升。

（三）关注区域建设与西北各高校课程设置

课程设置是指特定学校为培养人才所选定的各类各种课程的设立和安排，主要包括规定学校的课程类型、设立的课程门类，以及在各年级的安排顺序和学分、学时分配，同时明确规定各类各种课程的学习目标、学习内容和学习要求等。这一时期，西北地区高等学校关注西北区域建设需求，逐渐形成了比较规范、完整、富有特色的课程设置体系，在高等学校人才培养中发挥着极其重要的桥梁和载体作用。

---

① 《国立西北工学院概要》，国立西北工学院，1940 年。
② 《文理学院概况》，《兰州大学校讯》1947 年第 1 卷第 3 期。
③ 《文理学院概况》，《兰州大学校讯》1947 年第 1 卷第 3 期。
④ 《文理学院概况》，《兰州大学校讯》1947 年第 1 卷第 3 期。

1. 西北地区高等学校课程设置的总体情况

伴随着教育部颁发《大学规程》（1929 年）、《专科学校规程》（1931 年）、《学分制划一办法》（1932 年）、《师范学院规程》（1938 年）等规程与通令，以及教育部第一次课程会议（1938 年）、第二次课程会议（1944 年）的陆续召开，西北地区高等学校逐步建立形成了较为完善的大学课程方案，具体体现在以下几个方面。

（1）人才培养目标进一步明晰细化为学校具体课程目标

西北地区高等学校的人才培养目标是各类学校及各个学段具体应达到的教育目标，具有阶段性、层次性、区域性特点。培养目标在本质内容上必须服从于当时国家的教育目的，但落实到各高等学校，它还要根据学校类别、实施学段的特点，提出具有地方特色、学校类别特色，甚至学段教学特点的具体培养目标。

国民党第三次全国代表大会（1929 年）提出的教育方针是："三民主义之教育，必以充实人民生活，扶植社会生存，发展国民之生计，延续民族之生命，为最大目标"，并进一步将其转化为中华民国的教育目的，即"中华民国之教育，根据三民主义，以充实人民生活，扶植社会生存，发展国民生计，延续民族生命为目的，务期民族独立、民权普遍、民生发展，以促进世界大同"。这种层次最高、最宽泛、指导范围最广的国家教育目的，实际上是南京国民政府当时培养人才的总目标，涉及高等学校将受教育者培养成为怎样的社会角色，具有怎样的核心素质的根本问题，是高等学校教育教学实践活动的出发点。西北地区高等学校人才培养目标，就是在遵照、贯彻落实上述国民政府总目标的前提下，结合地域、学校类型特色，同时注重培养学生国家意识与民族意识，培养学生为发展西北经济、推动西北社会现代化进程的服务观念和服务能力基础之上形成的。我们在前文已经系统地分析讨论了 20 世纪三四十年代西北高等学校人才培养目标的演变与形成，提出了大学、独立学院、专科学校、师范学院各自的人才培养目标和特点。这些目标在各类高等学校课程设置体系中进一步得到具体化，成为指导学校课程方案制定的核心理念和行动指南。

三　20世纪三四十年代西北高等教育与西北开发人才的培养

（2）课程设置留有伸缩余地，逐渐走向规范、合理

首先，西北地区各高校按照教育部统一要求以及学校自身特色和人才培养目标，建立健全了完善的学制、学分和课时分配体系。大学、独立学院学制一般为四年，专科学校学制为三年，师范学院学制为四年。在学分方面，各类高校内部规定都有差异、富有特色，如国立西北大学规定各系学生四年内需修满140学分以上方可毕业，但边政系及法学系法理组学生至少要修满150学分，法律系司法组学生须修满160学分方可毕业。而国立西北工学院土木工程系要求学生四年内修满174—176学分。国立西北农林专科学校学制三年，每周教授1小时，满一学期者为1学分，实验及实习时间达2—3小时计1学分。在具体操作过程中，西北地区高等学校的处理比较灵活。如国立西北大学在学校章程中明确提出："各科课程及其学分或时数，依照教育部颁行大学科目标之规定，但因实际需要得呈准增减科目或变更其各学年分配之顺序。"[①] 这种情况在当时西北地区的高校中普遍存在。

其次，在课程结构方面，课程由必修课程和选修课程组成。其中，必修课程分专业必修课程与共同必修课程。共同必修课程是学校全体学生必须修习的课程，它们是高等学校本科生发展的共同基础，涉及学生人文素养与科学精神的综合平衡培养和发展。如国立西北大学城固时期文学院中国文学系为学生开设的共同必修课程中，包括在三个方面进一步拓展学生素质的课程：一是人文社科方面的课程，包括国文、中国通史、西洋通史、外国文、伦理学、科学概论和哲学概论七门课程，不过，科学概论与哲学概论可任选一门。二是自然科学和数学方面的课程，在物理、数学、化学、生物学、生理学、地质学六门课程中任选一门。三是社会政治经济方面的课程，在政治学、社会学和经济学中任选两门。学校为学生提供的共同必修课程有个人选择的机会，但上述三个方面课程的每一类都必须有所修习，并取得相应学分。根据史料佐证，在共同必修课程确立的过程中，西北地区各高等学校基本上遵循当时教育部对高校文、理、法、农、工、商学院

[①] 《国立西北大学概况》，1947年，第29页。

共同必修科目及学分的有关规定和要求，局部有灵活应变与调整，具体表现在学校内院系对本院系学生共同的与专业领域发展相关或补充拓展性质的课程上。专业必修课程和选修课程主要依赖学校内院系结构和教务行政部门设立，并由学校审核报呈教育部备案。如果进行横向比较的话，西北地区高等学校专业必修课程的具体科目与同时期域内和域外高校同专业的课程科目基本雷同，所开设科目基本一致。但是，选修课程有着非常大的灵活性和弹性，并且差异较大，往往是院系依据本院、本系师资情况来确定，同时兼顾学校办学特色，以及服务西北地区社会的基本定位。

（3）对学生的课程修习提出明确要求

本书选取的西北地区11所高等学校分属文、理、法、农、工、商学院及师范学院，尽管专业门类、课程设置千差万别，但在11所学校课程方案中，对学生完成相应课程规定课时的学习或完成规定实验的时数并考核合格，即可获取相应学分有着明确的规定，只要学生按要求和程序修满足够的学分，通过毕业试验或毕业论文合格方可毕业。

如国立西北大学在其《本大学学则》中明确要求学生注册选课，学生须于每学期规定期间到校注册，学生课程除一年级规定课程必须修习外，文、理、法商三学院学生每学期至少要选习18学分，至多选习24学分，但第四学年经系主任之许可，得于4学分之范围内多选或少选，医学院课程均为必修。学生选课应于每学期开始时按规定日期行之，开课逾两周不得请求加选或退选。① 学生在修习完所选课程后，经过一系列考试，成绩分为甲乙丙丁戊五等，丙等以上为及格。学生每学期所得各科目之学期成绩与各该科目学分数相乘之总和，以该学期所习学分总数除之，为该生所得之学期成绩，两个学期的学期成绩的平均数为该生所得学年成绩。毕业总成绩评定方法是：文、理、法商三学院学生每学年成绩加权25%求和为毕业总考成绩；医学院学生在校每学年成绩加权20%（共五年）求和为毕业总考成

---

① 《国立西北大学概况》，1947年，第28—29页。

绩，毕业总考及毕业论文不及格者不予毕业。① 由此可见，这一时期国立西北大学对学生修习要求细化到每个操作环节，非常具体，尽管和今天国内高校的学分和毕业成绩计算方式不同，但它们同样给学生顺利完成学业提供了非常明确的学习要求和努力方向。

2. 以西北大学边政学系为个案的研究

西北大学边政学系顺应西北边疆建设需求而生，该学系教育目标实施方针有四：一是建立边政学之体系；二是研究边疆治理的原理与原则；三是探讨边疆实际问题；四是推进边政事业之发展。显然，西北大学边政学系的建立是为了更好地完成边疆治理的理论与现实问题研究，推进边政理论与实践探索。边政事业的推进与发展是该学系创设的最终目的，建立边政学系学科基础，边疆治理的理论与现实问题则是该学系课程的重要内容。

（1）课程种类多样，内容全面

根据《国立西北大学校刊》复刊第一期所载《国立西北大学章程》，其第五条规定："本校课程分当然必修科、公共必修科、分系必修科，及分系选修科四种。一、当然必修科为体育、军训，不计学分。二、公共必修科，文学院、法商学院之法律、政治、经济三系计52—56学分，理学院计46—54学分，法商学院之商学系计48—56学分。三、分系必修科，其学分数依照课程标准之规定。四、分系选修科及其学分数亦依照课程标准规定办理。"②

1944年秋，边政学系成立，隶属文学院，学生首先需要修习学校当然必修科目与文学院公共必修科目。文学院之公共必修科目为：一是国文、中国通史、西洋通史、外国文、伦理学、科学概论、哲学概论（后两门任选一门）；二是物理、数学、化学、生物学、生理学、地质学（以上六门任选一门）；三是政治学、社会学、经济学（三门任选两门）。（1947年经教育部核准，边政学系改属

---

① 《国立西北大学概况》，1947年，第30—31页。
② 《国立西北大学章程》，《国立西北大学校刊》1944年复刊第1期。

西北大学法商学院，须修习法商学院共同必修科目。）边政学系专业必修、选修课程均由学校自拟，并经由教育部报备核准。其中，专业必修科目包括社会科学概论、政治学、社会学、经济学、法学概论、心理学、理则学（以上七门任选两门）、科学概论、普通物理学、普通数学、普通化学、普通生物学、普通地理学、普通地质学、地学通论（以上八门任选一门），以及边政学概论、中国边疆历史、边疆语文（蒙、藏、回任选一种）、边疆社会、民族学、语言学、边疆社会调查、边疆实习研究、中国边疆地理、毕业论文13种。选修科目包括中国边疆教育、民俗学、社会心理学、蒙古史、康藏史、突厥史、印度史、中亚诸国史、考古学、人类学、比较宗教学、回教史、喇嘛教史、土耳其文、阿拉伯文、印度文、俄文、日文、英文、边疆国防地理、边疆经济地理、边疆经济制度、边疆政治制度、边疆司法制度、近代中国边疆沿革变迁史、边疆地理调查、测绘及制图27种。① 一篇署名"习之"的通讯文章提到，黄文弼曾说："边政学系牵涉甚广，学科方面，以民族学、人类学、社会学、考古学为主，以法律学、政治学、边疆史地、地质学、边疆语文等为副，技术方面，该系同学要练习游泳术、骑马术、绘画术、摄影术等等，可以说是包罗万象。"②

边政学系开设的课程同时囊括了社会科学类、自然科学类，选修课程更是丰富多样，达到27种之多。与大学中其他学系相比，边政学系课程实际上包括了当时大学文、理、法等各学院课程的一部分，西北大学学则规定：边政学系学生至少需修满150学分方可毕业③，修习任务是十分繁重的，"每学期所开的课总是八九门，每星期所开的课总在二十八九节"，学生们从早到晚异常忙碌，孜孜不倦，刻苦学习。除了上课外，学生们不是要随时随地练习各种语文会话，就是要去图书馆查阅资料，几乎把所有的业余时间都利用了。④

---

① 《国立西北大学概况》，1947年，第11页。
② 习之：《西北大学的边政系》，《西北通讯》1947年第6期。
③ 李永森、姚远主编：《西北大学史稿》（上卷），西北大学出版社2002年版，第281页。
④ 习之：《西北大学的边政系》，《西北通讯》1947年第6期。

（2）重视民族语文学习

西北大学边政学系设立之初有维文、藏文两组，1946年增设蒙文组，三组所习课程，相同者如社会学、人类学、考古学、民族学、政治法律学等；相异者，"维文组必修俄文、维文、回教史；藏文组必修藏文、英文、康藏史；蒙文组必修蒙文、俄文、蒙古史"①。此外，边政学系选修科目中也有大量语言类课程，如土耳其文、阿拉伯文、印度文、俄文、日文、英文等。

民族语言的学习与掌握是从事边政工作的第一步，要想深入了解边疆少数民族历史与文化、信仰与宗教、风俗与习惯就必须掌握娴熟的少数民族语言，这样方能与少数民族群众加强了解、打成一片，真正理解与关心边疆少数民族生活，化解少数民族矛盾与冲突，巩固边疆安全与稳定。

西北大学边政学系学生认为，民族语言的学习是最重要的，但同时也是最困难的，学生们知道语文的学习只有依靠多读多练，多写多用，这样才能逐渐进步。尤其是该学系蒙文组与维文组学生要同时修习几种从未涉猎过的少数民族语言文字，更是不易，但是因为学生们都抱有刻苦硬干之精神，语言学习过程中所遇到的困难就都被克服了。

（3）偏重少数民族史、宗教史研究

西北大学自城固回迁西安后，课程设置中愈加重视学科史研究，除历史学系开设的相关史学专业课程以外，其他各院系也增设了相关学科史科目，如中国文学系开设的中国哲学史、西洋哲学史、中国文化史，外国语文系英文组开设的中国文学史、世界文学史、西洋哲学史，外国语文系俄文组开设的俄国文学史，教育学系开设的中国教育史、西洋教育史，数学系开设的数学史，物理系开设的物理学史、近代物理学，化学系开设的化学史，生物系开设的生物学史，地质学系开设的地史学，地理学系开设的地理学史，法律系开设的中国法律思想史、中国经济史、中国政治制度史，法律学系司法组开设的中国法

---

① 习之：《西北大学的边政系》，《西北通讯》1947年第6期。

制史，经济学系开设的西洋经济史、经济思想史、中国经济史等。①

边政学系也开设了相关民族、宗教研究类课程，必修科目如中国边疆历史，选修科目如蒙古史、突厥史、康藏史、中亚诸国史、印度史、喇嘛教史、回教史、近代中国边疆沿革变迁史等，要求学生了解西北边疆历史变更、各少数民族宗教史、民族发展史等，以便毕业后开展边政工作与研究。

（4）突出民族社会调查类课程

西北大学边政学系课程设置着力偏重民族社会调查，具体课程如边疆社会、边疆社会调查、民族学、人类学、语言学、边疆国防地理、边疆经济地理、边疆地理调查、测绘及制图等。这些课程的开设明显受到系主任黄文弼、副教授杨兆钧等人的影响，黄文弼、杨兆钧等多年从事考古学、边疆考察研究，尤其是系主任黄文弼曾参加中瑞考察团，先后三次前往新疆、蒙古考察，对新疆地区考古及西北边疆史地研究见解深刻、贡献卓越。

开设这类课程，有助于提高学生边疆学术科研水平，也在一定程度上丰富了学生开展边疆社会调查的具体知识，开设诸如边疆地理调查、测绘与制图等课程培养了学生从事边政工作的多方面技能。

（5）重视实习

关于实习，西北大学边政学系规定：凡四年级学生须利用暑期赴边疆地区实地考察，分为藏、蒙、维三组，到三族集中之区域见习并开展调查研究，"作实际调查与研究，俾达学以致用之目的"②。如1947年6月，该系十几名师生组成甘、青见习队，赴甘肃青海一带见习边疆政治、宗教、语言及风土人情等，历时三月，成效显著，不仅丰富了学生实际的边疆见闻，有助于促进理论联系实际，还与边疆青年举行多次座谈，沟通了内地与边疆文化。

总体来看，西北大学边政学系课程虽然围绕西北边疆建设需要设置，但又具有很强的综合性，极好地体现了大学通才教育的育人理念

---

① 《国立西北大学概况》，1947年，第10—15页。
② 习之：《西北大学的边政系》，《西北通讯》1947年第6期。

与目标。当然，必修科目与共同必修科目带有很强的强制性，所有学生必须修习，注重培养学生牢固的基础科学知识，以及综合思考与处理问题的能力，对社会科学、人文科学与自然科学课程的共同关注，为培养文理兼备的优秀人才奠定了基础。

专业必修科目与选修科目相互配合，既有助于培养学生扎实的专业基础，同时又注重发展学生的兴趣专长。专业必修与选修课程设计按类型可分为：

语文：欲至边地工作，必须通达边疆语文，故边政学设蒙、藏、维等语组，以便学生选习，并以各族口语，多与文言悬殊，故加授语言学，俾能运用正确音标，记录各地族言，以探求语言演变之迹。

史地：边疆各族历史既湮没不彰，地理环境又错综复杂。其人口、物产、民族分布等，往往不见著录，故特设边疆各族历史及边疆人文地理等科目。

宗教：佛回两教，为边疆民族之两大精神壁垒，为了解边人生活，必须洞究其宗教，故设喇嘛教史、回教史等课程。

民族：边民生活形态及社会组织，与内地多异，亟待做系统之研究，故设人类、民族、社会调查等科目。

政制：边地政治制度亟须探讨研究，故设边疆经济制度、边疆政治制度、边疆司法制度等课程。[1]

上述类型课程设置紧紧围绕西北大学边政学系设立之初衷，同时推进边疆理论与研究实践探索，为学生从下而上架构科学之基础、专业之理论，辅以边地见习与考察，培育综合型边政人才。

3. 以国立西北农林专科学校畜牧兽医组为个案的研究

（1）"崇尚实用、服务西北、面向民众"的课程理念定位

"对于高等学校而言，课程理念是指人们对高深学问的理性认识、

---

[1] 刘英杰主编：《中国教育大事典（1840—1949）》，浙江教育出版社2001年版，第901页。

理想追求及所持的思想观念和哲学观点。"[1] 高等教育发展史上主要形成了两种倾向不同的课程理念，即理性主义的课程理念与功利主义的课程理念。理性主义的课程理念注重高深学术本身，着重培养学生知识素养、思维能力与理解能力，课程设置以学科分类为主要依据，按照知识逻辑结构编排，课程内容安排理论重于实践，实践仅作为理论的依附，其作用在于更好地理解与掌握理论知识。功利主义的课程理念重视知识的实践与应用，课程内容主要依据社会发展的需求，强调学生实验活动中对理论知识的应用和掌握，着重提升学生的动手实践能力。20世纪三四十年代西北各大学与独立学院倾向于理性主义，专科学校则倾向于功利主义。

国立西北农林专科学校人才培养"崇术为上"，致力于为西北边疆建设与发展培养农林技术专业人才，课程理念以培养目标为指导，倾向于功利主义，从西北边疆社会实际需求出发，强调知识学习的社会功用，崇尚实用、服务地方、面向民众。

《国立西北农林专科学校学程》规定："畜牧兽医组以造就西北畜牧兽医事业之人才为主旨，课程第一年为基本学科，第二年偏重畜牧，第三年偏重兽医，讲授与实验并重，而尤注重于农村服务及西北各省家畜品种之改良方法。"[2] 可见，畜牧兽医组课程目标设定遵从该校"崇尚实用、服务地方、面向民众"之课程理念，"崇术为上"，为实际推动西北地区畜牧业发展培养专门技术人才。

（2）"实基础，强应用"的课程结构

所谓"实基础"是指实在、实用之基础理论知识，这些知识应该以"必需、够用"为原则。[3]"强应用"是指强化学生应用能力或实践能力的培养，应针对各个行业对不同专业人才的需求，切实加强学生专业实践能力的养成。

---

[1] 潘懋元主编：《应用型人才培养的理论与实践》，厦门大学出版社2011年版，第125页。

[2] 《国立西北农林专科学校一览》，1936年，第35页。

[3] 周建平：《应用型本科教育课程改革亟待解决的几个问题》，《大学教育科学》2009年第2期。

三　20世纪三四十年代西北高等教育与西北开发人才的培养

一方面，国立西北农林专科学校畜牧兽医组整体按照"实基础，强应用"的标准，架构课程结构、组织安排课程类型，优化课程设置。畜牧兽医组课程分为必修科目与选修科目，设计层次明晰，大致可分为三个阶段：第一阶段安排普通科学及基础畜牧兽医类课程，包括动物学、普通植物学、化学、物理学、数学、国文、英语、养蜂学、土壤学、林学大义，以及党义、军训、体育等。第二阶段开设畜牧类课程，有关动物生理组织、各类动物饲养与管理等，具体包括组织学、家畜解剖学、饲料作物学、家畜鉴别学、养马学、家禽学、动物生理学、寄生虫学、家畜饲养学、家畜管理学、养牛学、养羊学、养狗学、药物学等，但同时也开设了有机化学、农学大义等基础科学理论课。第三阶段主要开设兽医类课程，包括遗传学、家畜病理学、细菌学、内科学、外科学、诊疗实习、乳肉检查、马术、家畜育种学、传染病学、免疫学、诊疗实习、畜产制造等，也穿插开设诸如农业经济学等农学类基础课程。此外，德文、荒政学作为选修课程，二、三年级开设德文，三年级开设荒政学。

在该组课程设置中，一年级开设的基本学科与二、三年级开设的有机化学、农学大义、农业经济学等课程为该组学生构筑了共同的一般科学及农学基本理论基础。其他专业基础课程如组织学、家禽学、动物生理学、遗传学等为学生奠定了扎实的专业理论基础。这种从一般到具体、从基础到专业的课程体例注重培养学生较为全面而实在的基础理论知识，可谓"实基础"。

另一方面，西北农林专科学校畜牧兽医组课程设置强调应用类课程，这类课程如家畜解剖学、饲料作物学、家畜鉴别学、养马学、家畜饲养学、家畜管理学、养牛学等，以及家禽学、组织学、动物生理学等专业基础课程都有共同的特点，即注重理论与实践的紧密联系。上述课程设置规定一门课程既包括理论与原理讲授部分，也包括实验操作部分，要求学生一边学理论，一边做实验，以实验巩固理论，加快理论知识在实践中的转化与应用。另外，畜牧兽医组还设有诊疗实习、乳肉检查、畜产制造等课程，着力培养学生对各种家禽家畜疫症的诊疗，乳肉制品卫生、品质的检查，畜产品如乳肉、皮、毛等的制造与保存等，这类课程特别偏重实用方法的讲授与演练。《西北农林专科学校学则》规定：畜牧兽医组实习四周，实习内容包括养蜂、牧场设计、饲料作物、渭河滩地垦荒工作。每周一项，内容十分具体，如养蜂实习要求学生学习如何取蜜、封存，如何孕育蜂王、帮助工蜂建筑蜂巢等。

不论是理论与实验各自参半的专业基础课程，还是以实践为主的专业技能课程，抑或是学校组织的专门实习，都是帮助学生构建程序性的知识。所谓程序性的知识是指关于"怎么做"的知识，主要涉及相关概念、理论与原则的领悟与应用，解决问题的具体技能、策略与方法的形成，以及行为与情感的体验等。① 这类知识一般是在特定情境下生成的，富有个性化与特殊性。西北农林专科学校通过理论与原理讲授，配合各类实验、实习，帮助学生理解理论、应用理论，并将其转化为自身的实践能力，解决实际操作过程中所遭遇的问题。这种课程强化记忆、理解、联想、运用的方法与途径的重复演绎，在学生头脑中自然生成一种遇到问题该如何探索、如何归纳、如何解决的惯性与创造性，更好地实现知识由静态向动态的转化，切实提高学生解决问题的能力。

（3）明晰的课程说明

国立西北农林专科学校畜牧兽医组课程设置的另一个特点是每门课程都配有专门的课程说明，详细规定了该课程应包括的内容与范围。例如，"畜牧学大义：普通牲畜之种类、用途、饲养、管理、繁殖及鉴别等，并略及兽医常识；动物生理学：讲述生命之物质基本、生命之现象与性质及骨肉、感官、血液、淋巴、循环、呼吸、营养、生殖、排泄等系统之生理作用；家畜解剖学：讲述家畜家禽之骨骼关节肌肉、肋胳系、呼吸系、消化系、生殖系、神经系五官等表形及组织"②。前文已经论及这一时期西北各高校课程教材多使用国外相关理论书籍及教师自编的讲义笔记，国立西北农林专科学校也是如此，畜牧兽医组虽无教材说明，但该校水利组使用的教材也多为国外书

---

① 莫雷：《知识的类型与学习过程》，《课程·教材·教法》1998年第5期。
② 《国立西北农林专科学校一览》，1936年，第38页。

三　20世纪三四十年代西北高等教育与西北开发人才的培养

籍，如水利组开设之"材料力学"，教材为 Seely-Resistance of Materials，"水文学"教材为 Meyer-Elements of Hydrology，等等。① 明确的课程内容规定为教师授课划定了范围，指明了该课程包括的基本内容，有利于课程规范与教学管理。

4. 以国立西北师范学院教育系为个案的研究

国立西北师范学院作为西北唯一一所高等师范学院，办学特色鲜明，人才培养目标指向为西北中等教育培养优良师资，推动西北文化建设与发展。在明确的人才培养目标指导下，西北师范学院形成了独特的课程体系："系统化、常识化，以完整正确之知识授之国民；不以一家言、一专籍、一问题而特设科目，欲其致广大而道中庸也。"② 师范教育是文化继承与延续的纽带，师范学生须同时注重学识与品德的双重修养，课程设置理当言教与身教并重，培养学识广博、品德高尚、教学技能高超，能化育民众、引导文化的优秀人才。

（1）文化持续与推广的课程理念

与普通大学不同，师范教育有其特殊性。国立西北师范学院院长李蒸说："师范教育为国民教育之母。有教师而后有教育，要教育办好，必须有良好师资。"他认为："师范教育的重要性对于国家民族说，师范生实负有继承与传递本国固有文化的责任，故而师范教育近代被称为精神国防的堡垒，亦即民族精神与本国文化的保障。"③ 这种以文化持续与推广为主旨的责任担当与普通大学有着明显的区别，普通大学（包括独立学院）虽然也有文化继承的职责，但更偏重对外来文化的吸收以及对新文化的创新，文化的创新与发展才是普通大学针对的重点。

国立西北师范学院在李蒸院长的领导下，致力于培养中等学校师资，为西北文化建设服务。相应地，西北师范学院课程理念也与同时

---

① 《国立西北农林专科学校一览》，1936 年，第 55—56 页。
② 李溪桥主编：《李蒸纪念文集》，中国社会科学出版社 1996 年版，第 128 页。
③ 李蒸：《发刊词》，《西北师院学术季刊》1942 年第 1 期。

期西北各大学（包括独立学院）的指向不同，注重文化的持续与推广。这种倾向影响了该校课程的整体设计，如课程内容须广泛而无须艰深、课程设置"不仅注意如何'学'，更注意如何'教'，且不特训练'言教'，兼养成'身教'"①，等等。

（2）课程体系的系统化与常识化

《国立西北师范学院课程纲要》规定："学院遵照部颁师范学院规程第二十五条：课程分为普通基本科目、教育基本科目、分系专门科目，及专业训练科目四类。"国立西北师范学院实行"学年兼学分制""本院除公民训育系、博物系及劳作专修科，只有一、二年级外，其他各系均有一、二、三年级。惟教育系、体育系之四年级课程，均依照前北平师大旧制办理；家政系四年级课程，依照前河北省立女师院旧制办理。"② 开设普通基本科目 52 学分，教育基本科目 22 学分，分系专门科目 72 学分，专业训练科目 24 学分，共计 170 个学分。③

该院共同必修科目包括三民主义、国文、外国文、政治学、经济学、社会学、法学通论（政治学、经济学、社会学、法学通论任选其二）、物理、化学、生物学、人类学（物理、化学、生物学、人类学任选其一）、哲学概论、本国文化史、西洋文化史、体育、军训、音乐、卫生概要、英文复习等。此外，西北师范学院教育系专门科目也开设了普通心理学、论理学、伦理学等课程。上述课程内容涉及社会科学、自然科学及人文科学基本领域，着力培养学生广博的基础科学知识，注重学生知识体系的系统性、全面性建构。

西北师范学院教育系具体课程目标与教材要点规定，各科课程开设的主要目的在于理解、掌握常识性知识，或明了知识应用之方法，并非对该课程做深入的学术探究。如共同必修科目中的"法学通论"课程目标设置为"使获得法律常识，养成法治精神"，教材要点为"民法总则、债及物权、亲属及继承，并日常生活所必要的法律常识

---

① 李溪桥主编：《李蒸纪念文集》，中国社会科学出版社 1996 年版，第 128 页。
② 《国立西北师范学院院务概况》，1941 年，第 23 页。
③ 刘基、王嘉毅、丁虎生主编：《西北师范大学校史》，教育科学出版社 2012 年版，第 98 页。

等";"哲学概论"课程目标为"使明了研究哲学之目的及方法,并认识哲学所支配之各种问题",教材要点为"唯物论、二元论、唯心论、多元论、知识与真理、道德的教养、审美与宗教价值等";"卫生概要"课程目标为"养成学生正当科学的健康态度,及解决各种健康问题之知能",教材要点为"个人卫生、疾病、公共卫生"等。专门科目中的"普通心理学"课程目标为"使明了人类行为,并熟悉心理学之基本知识与方法",教材要点为"1. 心理学范围与方法。2. 行为之生理基础。3. 感觉、直觉、反应、情绪、动机、学习、智慧等"。"教育行政"课程目标为"使对于教育行政有明确之认识及处理之能力",教材要点为"1. 总论,分绪论及中华民国宪法内之教育专章。2. 教育行政机关,分中央、省区、县市三部分及督学制度。3. 学校系统,分小学教育、中学教育、大学教育及社会教育"等。上述课程着力为学生普及各科常识,建立较为完整正确的知识基础,同时注重这类知识的应用方法与技能学习,突出师范教育"身教"之特点,强调学生学习不仅应理解并掌握知识,更应形成运用知识传授他人的方式与方法。

(3) 以教育学科为共同基础

国立西北师范学院与同时期西北各高校课程设置还有一个重要的区别,即西北师范学院强调通过课程架构培养学生坚实的一般科学基础,要求"学生首先了解现代文化,因教育的对象,为对人的陶冶,教师对于人类文明的成就,必须有了解,能欣赏,然后方能发扬人本精神,促进文化之发展"[①],因此师范学生的一般科学基础仅是一种常识性的、审美性的,以教育为旨归的基础,相比之下,教育学科基础才是师范类高校真正的基础。表3-1是国立西北师范学院教育基本科目。

从表3-1中可知,国立西北师范学院专门开设教育基本科目,包括教育概论、教育心理、中等教育、普通教学法四门课程,共22学分。教育基本科目是西北师范学院所有学生不分系别的必修科目,

---

① 李蒸:《战后中国师范教育方针》,《教育杂志》(中国教育专员) 1947年第32卷第1期。

注重培养学生对教育原理与方法的认识与理解，形成正确的教育观念；积累心理学知识与方法以解决教育问题；全面了解我国中等教育目标、制度、课程、训导、行政、学生及教师管理等实际情况，为日后从事中等教育奠定基本认知基础；学习教学法基本原理，并训练教学技术等，此类课程开设有助于奠定师范学生坚实的教育共同理论基础，培养师范学生正确的教育观念，以及训练学生教学技术，为毕业后从事教育工作做好准备。

表3-1　　　　　国立西北师范学院教育基本科目

年级	科目	学分（个）	学时（周）	课程目标	方法	教材要点
一年级	教育概论	6	3	使认识教育上显著的事实与问题，并理解其重要的原则与方法，引起研究教育之兴趣，养成服务教育事业之精神	演讲、讨论、批评、报告	个人发展、社会适应、教育之目的、国家与教育、教育制度、课程、教学、训导、成绩考核及教师等
二年级	教育心理	6	3	使获得心理学之知识，并能应用心理学知识与方法以解决教育问题	编印讲义、学生课前预习、养成演讲时问答方法、制定参考书并做笔记	行为的生理基础、原本的行为倾向、情绪、智慧、动机、行为的适应与发展及学习等
二年级	中等教育	6	3	使明了本国及各国中等教育实施概况，并认识办理中等教育时需要参考之理论，及必须注意之问题	演讲、印制参考资料、制定参考书	中等教育之制度、中等学校之课程、训导、行政、毕业考试、师资，及中等教育之目标
三年级	普通教学法	4	2	使获得教学原理与教学法之系统的知识，并训练教学的技术，养成对于教学之批评及实验的态度	编印讲义预习、演讲、问答、讨论及批评、问题解答、做笔记	教学基本问题、教学原理、教学方法及教学技术等

资料来源：《国立西北师范学院院务概况》，1941年，第26页。

（4）强调品德修养

学生品德修养是师范类高校尤其需要强调和重视的，正如西北师范学院院长李蒸所说："师范生的责任，在培养学生的人格，所以其本人所受之训练，在发展完全人格方面，应多于知识之学习与传授知识的方法方面。"[①] 西北师范学院教育系课程设置中也体现了养成学生完全人格的理念与目标。

李蒸院长认为："课程方面关于修养品格者，如在师范学院设立本国文化史、西洋文化史、哲学概论、音乐、体育、军训等科目，均属于指导思想，确立人生观，及修养德性方面。"开设"本国文化史""西洋文化史"主要是在培养学生认识世界文化的同时，建立起民族文化的自信与热爱。"哲学概论"是以哲学的智慧启迪学生心智，使其学会辨别真善美与假恶丑，养成正确之价值观与人生观。"音乐"陶冶学生性情，"体育"锻炼学生意志，"军训"培养学生爱国家、守纪律。此种理性的认知与审美情趣的养成恰恰是学生品德培养的关键。

此外，西北师范学院教育系课程除李蒸院长所列外，三年级还开设了"伦理学"，其课程目标为"使明了伦理学之意义，是非善恶之概念与发展，人生之目的，各家之学说，以培养其正确的人生观"；教材注重讲授："1. 伦理学之意义。2. 伦理学说之发展。3. 动机论与结果论。4. 人生之目的。5. 幸福与人生。6. 个人幸福与社会幸福。7. 理性与道德。8. 本物、自我，与道德的分类。9. 学校与德育等。"此课程也为培养学生正确的"三观"、更好地认识世界与自我打下基础。

（5）注重教师专业训练

国立西北师范学院教育系课程分为共同必修科目、教育基本科目，以及教育学系专门科目，其中"教育心理""中等教育""普通教学法""教育统计""实验心理""心理及教育测验""学科心理"

[①] 李蒸：《战后中国师范教育方针》，《教育杂志》（中国教育专号）1947年第32卷第1期。

"学校管理""公文程式"等课程的开设注重训练教师多方面能力，旨在培养优秀的中等学校师资。

为训练学生从教技能，不仅是教育系，整个学院也都非常重视教学实习，《国立西北师范学院学则》规定："专业训练课目之分科教材及教法研究在第四学年学习，教学实习满十六学分方得毕业，教学实习在第四、五两学年举行。""本院学生须于暑假或寒假期内从事社会服务或劳动服务。如义务教育、社会教育，新生活运动等之服务，农业或工厂之实习，或社会调查等，服务时间至少应有四星期，无此项服务证明者，不得毕业。"① 在学生毕业成绩评定中，教学实习成绩占10%，可见师院对学生实习的重视程度。

为配合学生实习，锻炼学生从教技能，帮助学生积累教育教学实际经验，西北师范学院还特别设立了附属中学、附属小学，方便学生教学实习。此外，师院更是专门开辟社会教育实验区、国民教育实验区、家庭教育实验区等大力发展社会教育，在丰富多彩的实践活动中，训练学生专业技能，使学生符合师范生要求，为日后走上教育岗位奠定了良好的基础。

从整体上看，这一时期，西北高等学校在国民政府政策指引下形成了较为完善的课程体系，微观个案探究的结果更是凸显了为西北社会转型服务的区域课程设置特点。若从课程设计理念上分析，西北各高校课程设置都带有鲜明的社会重建主义取向。

美国课程学者艾斯纳（E. Eisner）和麦克尼尔（J. D. Mcneil）曾对课程及课程设计取向做了具体的研究，归纳出五种基本的课程设计取向，社会重建主义取向是其中之一，其目标倾向于培养为改善和重建社会并促进社会变化和改革有强烈意识与能力的人，课程内容关注社会主要问题，在方法上注重根据问题或学生的兴趣组织课程内容和计划，强调学生积极参与探究和表达。20世纪30年代西北地区社会、政治、经济、文化整体较国内其他地域落后，高等教育几乎处于

---

① 《国立西北师范学院院务概况》，1941年，第16、18页。

三 20世纪三四十年代西北高等教育与西北开发人才的培养

空白状态等原因,使国立西北大学在建校之初及在城固时期,将改变西北地区落后面貌,改良社会文化、习俗风气,重建其社会经济,促进地区现代转型发展作为己任。为实现这些目标,西北各高校各院系在共同必修课程、专业必修课程及选修课程的设计中,无不增加了结合地区特点的课程内容。课程设计带有明显的社会重建主义取向,学习这些内容的目的是培养学生为改善和重建西北地区社会经济文化,促进其社会变化和社会改良具有自觉和强烈的意识与相应的能力。课程的内容以当时社会存在的主要问题,以及学科或科目内容综合的方式为中心组织安排。课程设计方法往往是根据问题或学生兴趣选择内容和做出程序安排,学生积极参与探究和表达,甚至走向社会,开展专题调查研究。对于课程优劣的评价,强调一般性的非专业性人员的培养,经典学科、实践性学科和职业性学科的混合,并不特别重视系统知识的学习,而是以社会改造的目的及需要来设计课程。

在人才培养过程中国立西北工学院课程设计的社会重建主义取向也比较明显。学院坚持学生德智体三育的平衡发展,训导过程注重培养学生的军事知识与技术,以适应政府文武合一的教育方针,以及抗战建国策略的迫切需要。因此,对学生思想方面的教育,重视确立三民主义的革命人生观,以服务社会为目的,坚定国家至上、民族至上的信念,养成工程人员对国家民族所应有之责任与决心,并对近代国际以及中华民国在国际上的地位及使命有正确的认知。对学生生活方面的教育,则严厉督促其实践《青年守则》,成为优秀健全有为有守之国民,为他日承担各部门的艰苦工作做好准备。这些训导理念和目标,被结合到西北工学院的学院规章、各系课程设置之中。在八个工程系课程体系中,一年级学生的课程全校相同,除国文、英文、三民主义、军事训练、体育之外,还开设了微积分、物理、物理试验、化学、化学试验、工厂实习、工程图画和投影几何课程,这些几乎全为必修课程,选修课程极少。二、三、四年级各系课程体系有所差异,更多的变化与各专业特点相关联,但均开设了体育、军事训练等课程。各年级的军训课程为必修课程,但不计入学生总学分。这种兼顾人本主义取向和社会重建主义取向的课程设计,其目的或目标在于促进学生的社会生活，培养和发展他们的自我概念与经验。课程内容比较注重学生个体和集体的经验、兴趣和需要，培养学生改善和重建社会的意识和能力，为学生提供一般的包括对国家情怀、社会现实问题的理解，以及处理自我和社会关系的经验。尤其是训导课程强调促进学生的自我激励和支持，强调现实和社会生活经验相统一的课程内容、教育教学活动计划，强调人的整体发展等做法值得借鉴与肯定。

此外，西北各高校也积极回应西北社会开发建设的需求，在保证专业课程知识体系完整性的基础上，以灵活多样的方式，或增设与西北社会需求紧密结合的课程或保持课程体系不变，但变换课程内容，调整课程组织形式，以此最大限度地实现为西北边疆社会服务的目的。

（四）保障西北开发人才培养的制度与措施

这一时期，西北各高校致力于培养各类高素质专业人才，以回应西北社会发展与建设的期望与需求。高校人才培养需要相关物质、制度等做保障，充足的办学经费、完善之管理制度、优秀的教师队伍，以及学校各类硬件设施如图书资料、教学仪器、教学设施之建设等，都是高校人才培养必不可少的支持与保障，在一定程度上决定了高校人才培养的质量。

1. 争取办学经费

当时公私立专科以上学校的经费来源，可分为国立省库款、庚款财产收入、捐助款、学生缴费、杂项收入等。国立省立学校以国家各省库款（一部分）为主要财政来源，私立学校以财产收入、捐助款与学生缴费为主要财源。[①]

纵观20世纪三四十年代，抗战全面爆发前全国政局较为平稳，

---

① 于述胜：《中国教育制度通史》第7卷，李国钧、王炳照总主编，山东教育出版社2000年版，第238页。

三 20世纪三四十年代西北高等教育与西北开发人才的培养

国民政府大力发展高等教育,并将其纳入国家建设整体规划之中,高等教育经费呈现出逐年增长的趋势。但即便如此,高等教育拨款也远远不足,同时更是缺乏可靠的保障。"国立与省立学校主要依靠政府拨款,国民政府规定用省税收之部分支持国立大学,而这部分税收始终处于不稳定的状态。而私立高校经费来源较为广泛,但受经济状况波动较大。"[①] 抗战时期,战火频仍,全国经济损失惨重,高等教育经费更成问题。"1937年9月开始,国民政府紧缩国立专科以上学校拨款,按七成发放,且有一部分停发。1939年政府拨款回升,以后几年更呈十倍、百倍之速度增长,但远不及通货膨胀之速度。"[②] 解放战争时期,政府财政状况持续恶化,日益走向崩溃,各地高校学潮迭起,高等教育陷入极度混乱状态。

全国高等教育经费状况尚且如此,西北高等学校教育经费更是捉襟见肘、支左绌右,严重制约了西北高等教育的发展。

抗战全面爆发之前,全国高等教育形势较好,但西北高等教育却发展缓慢。以甘肃省立甘肃学院为例。根据1931年全国各省独立学院概况表的统计分析:甘肃省立甘肃学院当年岁入经费90236元,岁出90236元,当年江苏省立江苏教育学院岁入经费175992元、河北省立河北法商学院岁入经费115135元、山西省立山西教育学院岁入经费105900元,相比之下,甘肃学院经费收入远远不及河北、江苏、山西其他省立独立学院。[③] 上述数字仅出自政府官方统计,实际情况是1931年甘肃省立甘肃学院经费支出93831.5元,收入73430.89,入不敷出。[④] 据统计,"甘肃学院每年经费标准为90236元,1929年6月至1936年4月共6年11个月经费总额应为624299元,而学院实际收入拨款数为554746元,相差69553元。若以1930年至1935年

---

① 于述胜:《中国教育通史中华民国卷》(下),闫国华、李国钧、王炳照总主编,北京师范大学出版社2000年版,第222页。
② 于述胜:《中国教育通史中华民国卷》(下),闫国华、李国钧、王炳照总主编,第222页。
③ 中国第二历史档案馆编:《中华民国档案资料汇编》(第5辑第1编教育1),凤凰出版社1994年版,第260页。
④ 邓春膏院长任期内学院经费收支数,兰州大学档案,1-2-96(甘肃学院)。

六个完整年度收入考察，1931年至1933年三个年度都不足额，最少的1932年，学院实际收入仅为定额的58.52%"①。究其原因，抗战之前南京国民政府高等教育发展的重心尚在京津沪及南方特别是沿海经济发展较快地区，无心顾及西北高等教育发展，致使偌大的西北竟无一所大学，仅有的甘肃省立甘肃学院、新疆俄文法政学院（后为新疆省立新疆学院）也是经费拮据，发展滞后。

全面抗战时期，南京国民政府着手调整全国高校布局，随着高校西迁，西安临时大学成立，后更名为国立西北联合大学。1938年5月到1939年8月，国立西北联大不断分解，最终分解为国立西北大学、国立西北工学院、国立西北农学院、国立西北师范学院、国立西北医学院西北五校，从此奠定了西北高等教育发展的基础。考察这一时期西北高校经费状况，以国立西北大学为例，1939年至1945年实际支出经费分别为：11483902元、46120268元、69791921元、143109596元、241980938元、719020728元、1746490000元，1939年至1946年结余经费分别为：21570元、796132元、79元、4元、3358562、-278477928、0、197002元，1942年相比1939年支出经费增长12倍，1946年相比1939年，支出经费增长竟高达700余倍，但结余经费却呈现出总体递减的趋势，特别是1944年学校经费超支278477928元，1945年学校经费也无结余。这种情况一方面说明南京国民政府关注国立西北大学，经费拨款逐年增加；另一方面从结余情况看，这一时期西北地区与全国情况相同，货币贬值，通货膨胀十分严重。

这一时期，民族危机加上国民政府的腐败无能，全国经济接近崩溃，西北地区更是困苦异常。考察国立西北大学，自抗战初期，教师薪俸以50元为基数，余额按照七折发放，除去各类捐款，包括飞机捐、战士寒衣捐等，实际领取不过五成。1940年后，虽规定发放十足薪额，参照1940年8月教育部颁定之《大学及独立学院教员聘任待遇暂行规程》的规定，助教月薪80—160元法币、讲师月薪140—

---

① 张克非主编：《兰州大学校史》（上编），兰州大学出版社2009年版，第71页。

260元法币、副教授月薪240—360元法币、教授月薪320—600元法币。但通货膨胀日益严重，物价飞涨，致使教师生活窘迫，叫苦不迭。学生生活也非常艰苦，吃不饱、穿不暖、衣服上面补丁落着补丁，夏天赤脚穿草鞋，冬天仅一件破旧棉衣裹身。根据1941年西北大学经济系对陕西城固地区的物价调查，1937年6月到1941年1月近5年时间内，城固地区食品物价上涨17倍，燃料上涨20倍，衣着上涨近21倍，其他杂项上涨26倍多。①

抗战结束后，西北物价涨幅更甚，根据国立西北师范学院学生历年统计："1941年中等面粉每斤2.5元，1944年12月上涨为每斤75.56元，1946年5月上涨至每斤184.45元；1941年10月到1946年5月，大米由每斤28.17元上涨到每斤2055.84元；猪肉每斤5元涨至每斤833.98元；鸡蛋每个0.24元涨至每个48.89元；白糖每斤9.45元涨为每斤1833.34元；同一匹布由每尺1.6元涨至1921.2元；一支牙膏由8.25元涨至1355.55元。"② 1948年后物价涨幅剧烈，据统计，"1948年8月20日到1949年3月31日，兰州的粮食价格上涨约3000倍，布匹上涨5000倍，肉类上涨4000倍……"③ 在此种情况下，西北各高校师生食不果腹，每天在饥饿与死亡线上挣扎，加上国民政府日益腐败，各高校师生群情激奋，学潮迭起。1949年，国民党甘肃省政府为筹集军费、维持统治，准备发行300万银元的建设公债，消息传出后国立西北师范学院学生义愤填膺，于3月29日在兰州市举行大规模反剥削、反饥饿大游行，甘肃省政府被迫取消发行公债。这一时期，西北其他各高校也纷纷组织开展学生运动，反对国民政府对穷苦人民的迫害。

在贫穷与饥饿极端严重的条件下，西北各高校经费拮据，学校师生仅可勉强支撑，学生退学、教师罢教之事时有发生，1949年4

---

① 李永森、姚远主编：《西北大学史稿上卷（1902—1949）》，西北大学出版社2002年版，第309页。
② 刘基、王嘉毅、丁虎生主编：《西北师范大学校史》，教育科学出版社2012年版，第187页。
③ 李永森、姚远主编：《西北大学史稿上卷（1902—1949）》，第188页。

月8日，国立西北师范学院院长易价呈文请辞："重以近来时局动荡，财政枯竭，政府迁移疏散，政务停滞，又因西北交通梗阻，汇兑迟延，本院应领经常费、员工薪津及学生公费等，往往稽延日久，员生工警生活无法维持，精神苦闷，情感刺激，少数学生行为遂致逾越常轨。教职员方面，心情亦不安定，最近少数教授因薪津不能按时发足，不得已单独罢教，其余最大多数同仁，则茹苦含辛，勉强从公，痛苦亦甚。政府分配经临各费，对于西北常多偏枯，以为无足轻重。教职员待遇生活，固远不如京沪及东南各大都市，即啼饥号寒（去年煤炭费至今未发），亦充耳不闻，熟视无睹……凡以上所举各情形，胥由价诚信未孚、材力绵薄、奉旨无状、领导无方所致，抚躬自问，无以对学校，无以对地方政府及社会人士，更无以对国家培养西北优良师资建设西北文化教育之至意，应即引咎辞职……"[①] 易价院长的辞呈满含忧愤，既有对国民政府之不满，又有对学校、对西北社会、对国家之愧疚。俗话说，巧妇难为无米之炊，易价院长自上任始奉公职守、兢兢业业，只苦于政局动荡、经费掣肘，实在无力经营西北师范学院，这封辞呈透露出抗战结束后西北高校办学之异常艰难与辛酸。

总体上看，20世纪三四十年代西北高等教育经费状况有以下特点：

第一，以抗日战争全面爆发为节点，战前、战时、战后经费状况有所变动。战前，全国高等教育发展情况较为稳定，经费较为充裕，但是西北高校奇缺，仅有的甘肃省立甘肃学院、新疆俄文法政专门学校，以及1936年设立的西北农林专科学校岁入经费仍然无法与京沪、东南沿海地区其他同类别高校相提并论。抗日战争全面爆发，西北联大成立，西北高等教育迎来了发展的春天。但是，一方面要支持抗战，另一方面是物价飞涨、通货膨胀，西北高等教育发展经费依然相当拮据。抗战胜利后，紧接着又开始了解放战争，为扩充军费，国民

---

① 刘基、王嘉毅、丁虎生主编：《西北师范大学校史》，教育科学出版社2012年版，第194—195页。

三 20世纪三四十年代西北高等教育与西北开发人才的培养

政府极力削减教育经费，高等教育特别是西北高等教育的发展又一次陷入泥沼。在新中国成立之前的几年中，纸币贬值、物价似脱缰之野马，涨幅一日千里，经济濒临崩溃，西北各高校此时只能苦苦支撑，勉力向前。

第二，西北各高校办学经费多少不一。表3-2是1942年西北地区各公立院校经费统计。

表3-2　　　　西北地区各公立院校1942年度经费统计

院校名称	全年经费（元）
国立西北大学	1041096
国立西北工学院	1280000
国立西北师范学院	995300
国立西北医学院	470924
国立西北农学院	1040335
甘肃省立甘肃学院	332646

资料来源：《西北各公立院校民国三十一年度联合招生委员会各院校应拨经费表》，兰州大学档案，1-2-216（甘肃学院）。

虽然西北各高校院系设置不一，但从总体上看除去国立西北大学以外，国立西北工学院、国立西北农学院经费较多，原因不外乎是南京国民政府重视发展工、农等实用学科。国立西北医学院规模最小，招生最少，划拨经费也相应较少。而甘肃省立甘肃学院办学经费更是少得可怜，仅为国立西北工学院的1/4，是西北大学、西北农学院、西北师范学院的1/3。1943年，甘肃学院院长宋恪呈请增加教职员薪酬：

> 本院教职员薪酬向极微薄，专任教员月薪最多400元，生活补助费400元，米贷金960元，合计每月所得不过1760元；至其他职员，月不过1500元左右。兹值百物高涨，米珠薪桂之际，以之维持个人生计，尚不敷甚远，其他仰事俯蓄，更无足论。即以同一地区之内之西北师范学院相比较，西北师范学院专任教授月薪500元，又加八成400元，生活费360元，学术研究费500

元，米贷金1600元，10月份起垫发2000元，特别办公费500元，每月所得合计在4000元以上。同一院校在同一地区、同一生活程度之下，待遇相差如此甚远。①

2. 健全管理制度

教育系统是社会系统中的一个分支，而高等教育又是教育系统中的一个子系统，系统的良性运作需要严格而完善的制度保障，没有制度，各种行为就没有准绳，系统活动就会失序，协作就会被破坏，管理就会失效，目标就无法达成。高等学校培养高素质专业人才，仅有教师与学生的热望与努力是不够的，只有制定并遵循严谨的规章制度、学则法规，高校发展才有希望与可能，培养优秀人才的理念才有落实之路径与保障。20世纪三四十年代，西北高等学校人才培养管理制度侧重于学校教学管理制度、教师管理制度与学生日常管理制度几个方面。

（1）教学管理制度

20世纪三四十年代，西北各高校教学管理制度严格，涉及学分管理、学籍管理、试验成绩考核、毕业规定等诸多方面。

第一，学分管理。

以国立西北师范学院为例。《国立西北师范学院学则》规定："本院修业年限五年，其师范研究所各专修科、职业师资科、第二部、中小学教员进修班修业年限依部颁师范学院规定之。本院课程分为普通基本科目、教育基本科目、分系专门科目，以及专业训练科目四类，其中，专业训练科目之分科教材及教法研究在第四学年学习，教学实习在第四、五两学年举行，教满16学分方能达标。根据部订标准，我院各系学生最少须修满170学分方得毕业。"②

第二，学籍管理。

《国立西北师范学院学则》规定："本院学生入学资格须曾在公

---

① 兰州大学档案，1-2-277（甘肃学院）。
② 《国立西北师范学院院务概况》，1941年，第14页。

立及已立案之私立高中或同等学校毕业经入学试验及格经教育部核准者。师范学校毕业生服务两年成绩优良有志深造经主管教育行政机关准予暂缓服务者得应师范学院入学试验。"已经录取之学生须填具入学志愿书，并附有正副保证人填具之保证书，其中正保证人为学生亲属，副保证人以有职业且能负责者为限。本院学生每学年须亲自来校注册，注册前将选课表填好经由系主任核准签字后送交注册组，所选课程两周后不得请求增加或改选，四周后不得退选。若开课四周仍未到校注册并未按规定请假者，即予休学一年。本院一年级新生不得转系，二年级学生如有特别情况取得本系主任许可后得于第二学年终了时请求转系，经教务主任及所转系主任考核允许后转入志愿系二年级肄业，已转系学生不得转回原系。本院学生凡休学满三年以上者、全年成绩二分之一不及格者、违背校章屡教不改经导师提出训导会议通过令其退学者、一年级新生在第一学年成绩有二分之一以上不及丙等者、连续留级两年者经院务会议通过后责令退学。

第三，试验成绩考核。

《国立西北师范学院学则》规定：本院试验分为平时试验、学期试验、毕业试验三种，平时试验由教员随时举行，每学期至少一次，其成绩须与听讲笔录、读书札记、参观报告及练习、实习、实验等成绩分别合并合计作为平时成绩。学期试验由院长会同各系主任及教员于每学期末举行，学期试验成绩须与平时成绩合并合计作为学期成绩。毕业试验由教育部派院长、校内教员及本区内教育行政长官、校外专门学者组织委员会举行之，毕业试验分为笔试口试两种，笔试就普通专门教育专业等四类科目分类总合命题，通考五年所习科目，口试注重学生思想、态度、学力、修养、表达，毕业试验之笔试与口试须有校外委员参与。学生成绩分为五等：80—100分为甲等、70—79.9分为乙等、60—69.9分为丙等、45—59.9分为丁等、45分以下为戊等。每科目以平时试验及学期试验成绩平均为该科目之学期成绩；学生每学期所得各科目之学期成绩与该科目学分数相乘之总和以该学期所习之学分总数除之，为该生所得之该学期成绩；学生照前项所得第一学期与第二学期总成绩之平均数为该生所得之该学年总成绩；各学年各科目所得之成绩与各该科目学分数相乘之总和以各该科目学分之总数除之即为各学年学业总成绩；毕业试验成绩笔试占90%，口试成绩占10%；毕业成绩中学业成绩占70%，毕业试验成绩占15%，教学实习成绩占10%，论文占5%。另外，本院学生须于寒暑假从事社会服务或劳动服务。如社会教育、义务教育、新生活运动、农业或工厂实习、社会调查等，服务时间不少于四星期，无此项服务证明者，不许毕业。

第四，毕业规定。

《国立西北师范学院学则》规定：本院学生须具备肄业期限已满、曾于假期内从事社会服务或劳动服务已满四周取得训导处之证明、修足规定之学科及学分、呈交毕业论文经审查及格者方准毕业。本院毕业生依所属系别给予毕业证书授予教育学士学位，并依所习科目性质给予某种科目教师合格证明书。

第五，转学生、旁听生之规定。

《国立西北师范学院学则》规定：本院招收转学生仅限二、三两个年级，经审查后承认学生在原校所习之科目并给予学分。

本院各学系一、二、三、四年级有空额时得招收旁听生。凡公私立高级中学、师范学校、高级职业学校之毕业生及公私立大学专科学校之毕业生或肄业生志愿在本校旁听者，得向注册组申请登记并呈验文件，经核准后得在本院旁听，但上课时间已逾全学期1/3时不得申请旁听。旁听生须每年缴纳注册费二元，旁听费每学期五元。旁听生应切实遵守本校章则，如违犯时视其情节轻重得停止旁听。旁听生须同正式生一起接受各种试验，其成绩及格者给予旁听科目成绩及格证明书。

第六，制定缺课扣分表，加强课堂管理。

《国立西北师范学院学则》规定：本院学生因事或因病（须有本院校医证明）不能按时上课时须到注册组填写请假单，经核准后方认为完备请假之手续。本院学生于一学期中无论是何原因于某科目缺课（请假与旷课合计）满1/3者不得参与该科目之试验，取消学分，必须重修。本院学生于一学期中因前条情形被取消之必修科科目学分达该生所习必修科目学分1/2者留级一年。本院学生在每一科目缺课时数应按照缺课

三 20世纪三四十年代西北高等教育与西北开发人才的培养

扣分表扣除该科目之学期成绩，下附缺课扣分表（见表3-3）。

表3-3　　　　　　国立西北师范学院学生缺课扣分表

缺课时数＼周上课时数＼扣分数	1	2	3	4	5	6	7
1	1.0	0.5	0	0	0	0	0
2	2.0	1.0	0.5	0	0	0	0
3	4.0	1.5	1.0	0.5	0.5	0.5	0
4	8.0	2.0	1.0	1.0	0.5	1.0	0.5
5	16.0	3.0	2.0	1.0	1.0	1.0	0.5
6	32.0	4.0	2.0	1.5	1.0	1.0	0.5
7	△	6.0	2.5	2.0	1.0	1.0	1.0
8		8.0	3.5	2.0	1.5	1.0	1.0
9		12.0	4.0	2.5	2.0	1.5	1.0
10		16.0	5.0	3.0	2.0	1.5	1.5
11		24.0	7.0	3.5	2.0	1.5	1.5
12		32.0	8.0	4.0	3.0	2.0	2.0
13		△	10.0	5.0	3.0	2.0	2.0
14			14.0	6.0	4.0	2.5	2.0
15			16.0	7.0	4.0	3.0	2.0
16			20.0	8.0	4.5	3.0	2.5
17			28.0	10.0	5.5	3.5	3.0
18			32.0	12.0	6.5	4.0	3.0
19			△	14.0	7.0	4.5	3.5
20				16.0	8.0	5.5	4.0
21				20.0	9.0	6.0	4.0
22				24.0	11.0	6.5	4.5
23				28.0	13.0	7.5	5.0
24				32.0	15.0	8.0	5.5
25				△	16.0	9.0	6.5
26					18.0	11.0	7.0
27					22.0	12.0	7.5
28					26.0	13.0	8.0
29					30.0	15.0	9.0
30					32.0	16.0	10.0
31					△	18.0	11.0
32						22.0	12.0

续表

扣分数\周上课时数\缺课时数	1	2	3	4	5	6	7
33						24.0	13.0
34						26.0	15.0
35						30.0	16.0
36						32.0	18.0
37						△	20.0
38							22.0
39							24.0
40							26.0
41							29.0
42							32.0

注："△"表示缺课超出一学期上课时间1/3不得参与试验。

资料来源：西北师范大学校史资料编研组《国立西北师范学院史料摘编》（上），中国文史出版社2014年版，第279页。

另外，本院学生迟到早退满三次者按旷课一小时计，满六次者按旷课两小时计，以此类推。[①]

这一时期，除国立西北师范学院外，西北其他各高校也都制定了详细严格的学则规定，有效规范教学管理，为培养大量优秀高素质人才提供了有力保障。

（2）教师管理制度

西北各高校加强教师队伍建设，同时制定相关规定，着重教师队伍管理规范化。以国立西北大学为例。《国立西北大学教员服务规则》规定：其一，本大学教员分为专任教员、兼任教员两类。专任教员包括教授、副教授、讲师、助教。兼任教员包括特约讲座、兼任教授、兼任副教授、兼任讲师。其二，专任教员不得兼任校外带薪职务。其三，教授、副教授、讲师每周任课9小时，不足9小时者，在7小时以上按照兼任教员扣薪，在6小时以下者改为兼任教员。其

---

① 《国立西北师范学院院务概况》，1941年，第14—22页。

四，教授兼系主任者，每周任课6小时。其五，教授兼院长教务长训导长总务长秘书或组主任等职者，每周任课3小时。其六，教授兼主任再兼院长者，每周任课3小时。其七，讲师兼组主任及校内其他职务者，其授课时数可酌量减少。其八，体育教员须担任课外运动教师。其九，助教不得兼课，但遇必要由系主任决定兼课时数，并发给薪金。其十，兼任教员薪俸按授课时数计算，全年按12个月计算。其十一，教员因故请假在一月以内时，假满应将所缺课程设法弥补，如请假在一个月以外时，须请人代理，如无人代理，除病假公假外，扣发薪津。其十二，教员遵照部令规定，有担任导师及其他法令规定事项之义务……①

这一时期，西北其他高校也制定了相应的教员服务规则，明确教师职责，全面细化教师管理。如国立西北农林专科学校《本校教职员服务规则》特别强调教师对学生的责任："本校教员对于学生课内课外之学习及实验均有切实指导之责；教员须切实改正学生笔记报告及练习簿等，并须依照学生学业成绩考查规程切实考查，随时报经组主任转交教务处查核；教员须随时考查学生之个性操行志趣等作为施教标准并备教务处考查之用；教员授课时对于学生秩序及卫生状况有指导之责；教员应切实考查学生之出席名额，随时登记于点名册以备考查；教员对于学生各种活动及组织有参加指导之责……"②

（3）学生日常管理制度

西北各高校纷纷成立学生自治会，如国立西北大学学生自治会、国立兰州大学学生自治会等，通过建立学生组织倡导学生自治。正如北大校长蒋梦麟所提倡的："好的生活是自动的，他人带动的不是好的生活，学生自治是自动的一个方法。"通过这个方法培养自动的人才，"所谓自动之人才，具有远大眼光、进取精神。事事改良，著著求进步。人未能敢行者，我独行之，人未能及知者，吾独察先机而知

---

① 《国立西北大学概况》，1947年，第37页。
② 《国立西北农林专科学校一览》，1936年，第24页。

之。"① 学生自治会制定相应规章制度，开展学生自治各项工作。1947年12月，国民政府为控制学生思想行为，颁布《学生自治会规则》，欲将自治会纳入学校训导处管理体系，学生自发成立的自治会组织遭到限制与取缔。

在那个特殊年代里，西北各高校学生关注国家的前途和命运，思想非常活跃，除了学生自治会以外，纷纷自发成立各种社团，课外活动丰富多彩。诸如国立兰州大学的兰州大学通讯社、风风艺文研究会、兰光学会、新光剧团、伊斯兰学会、天地旬刊社，国立西北大学的大地社、冰社、自由风、半月读书会、春雷文艺社、科学月报社、新潮剧团等。

基于学生团体之健康成长，西北各高校严格学生团体之管理，制定了相应的规章制度。如《国立西北医学院学生团体组织规则》规定：

> 本院学生组织团体范围暂以研究学术及无地域观念之各种组织为限；学生发起组织学生团体应由发起人代表向训导处申请登记核准后方得组织成立；学生团体经核准成立后应将章程职员及会员名单送请训导处备案，遇有修改章程或更动职员时应随时向训导处报告更正；学生团体应就本院教职员中聘请一至三人为顾问；学生团体在一学年中无成绩表现者得停止成立；学生团体各种活动越轨时由训导处随时制止必要时并得令其解散；学生团体之通告应由常务干事具名负责，出版物之稿件应送训导处审核后方得付印，如有抵触法规或不照手续办理者训导处得直接干涉取缔；学生团体集会训导处得随时派员出席指导。②

---

① 曲士培编：《蒋梦麟教育论著选》，人民教育出版社1995年版，第56页。
② 《国立西北医学院学生团体组织规则》，《国立西北医学院院刊》1941年第11、12期合刊。

三 20世纪三四十年代西北高等教育与西北开发人才的培养

上述规定一方面透露出国民政府对西北高校学生思想与行动的严格规约与限制，但另一方面学生团体的发展也确实需要制定严谨细致的管理制度，需要遵守相应的章程与规范。

西北各高校还制定了学生宿舍章则，整顿学生秩序，加大学生日常管理。如《西安临时大学学生宿舍规则》规定：

> 学生宿舍设男女二部，凡男生宿舍禁止女生出入，女生宿舍禁止男生出入，如有要事可于接待室中接洽；凡寄宿学生，须听斋务组职员之指导，经斋务组指派之寝室铺位不得擅自移动；宿舍内床铺用具由学校供给，寄宿学生应加爱护，不得损坏；每斋视寝室之大小设值日生一人或二人，负责检查清洁、洒扫寝室及整理物件等；宿舍内应注意公共卫生，力求整洁，不得自行烹饪、任意吐痰、乱扔衣物纸屑等；宿舍内须注意公共安宁，不得有妨碍秩序或破坏风纪之行为；宿舍内不得携带危险性物品；不得留宿外人，如有亲朋到访须在接待室中会面，非斋务组组长允许不得擅入寝室；学生应照学校规定时间睡眠；宿舍内电灯于每日晚六点后开起，十一点熄灭。学生不得擅自开闭及私装电灯，不得于熄灯后点燃蜡烛；如有违反规定者，由斋务组报告生活指导委员会，予以相当处罚。[1]

此外，西北其他高校也颁行学生宿舍规则，规范学生行为，如《国立兰州大学寝室规则》规定："兴寝按一定时刻；起床后被褥叠放整齐；床位不得私自变动；寝室一切用品应保持清洁；墙壁等不许涂抹、悬挂物品；寝室不得留宿外宾，不得喧哗吵闹……"[2]

严格的管理制度，以强制、规约的形式帮助西北高校师生建立良好的行为规范，有助于形成西北高校崇尚学术、艰苦朴素之校风，有助于实现西北高校人才培养之目标。但是，从另一个角度

---

[1] 《本校学生宿舍规则》，《西安临大校刊》1937年第2期。
[2] 兰州大学档案，1-1-23、1-1-261（国立兰州大学）。

看，不得不承认这一时期西北高校管理制度的制定与运行中掺杂了过多的政治因素，在一定程度上钳制了师生思想与行为，甚至阻碍了师生的自由。

3. 建设师资队伍

汇集优秀师资、建设科学合理的师资队伍是促进高校发展、实现高校人才培养目标的重要助力。20世纪三四十年代，西北社会贫穷落后、交通不便，高校经费紧张，延揽优秀师资实属不易，但各高校校长却对此极为重视、用力甚之，千方百计延聘人才，成效显著。

以国立兰州大学为例。据著名学者吴相湘回忆，1946年，"辛树帜先生受任为国立兰州大学校长，自长沙往南京时，邀约我和刘宗鹤兄同往。若干戚友颇不以为然：'多数人都自西南往东南跑，你为什么还向西北呢？'但辛先生曾详细告我：教育部计划对国内若干城市的国立大学特予扩充，使其成为学术研究中心，并担负辅助新设立的若干国立大学发展的责任。国立北京大学自然是北平学术研究中心，并担负辅助国立兰州大学的责任。因此，我乐于随同辛先生工作。"但是，当时的情况是"战时西北、西南各大学教授都纷纷回到东南或平津等地，很少人愿往兰州的。辛先生运用各种关系邀约，黄文弼、顾颉刚先生等都应允每一学年去讲授一学期。上海兰州之间有中央航空公司班机来往，交通是便利的。"[①] 国立兰州大学校长辛树帜凭借自身的声望与执着、凭借自己深厚的关系资源，在短短数年间，就从国内外延聘了一大批不同学科、专业的优秀专家学者来兰州大学任教，为兰州大学的发展贡献了巨大的力量。

国立西北师范大学也十分重视延揽优秀人才，师院有一批德高望重的著名教授，院长经常委派他们赴全国各地探访、延聘教授，效果极佳。同时，学院积极营造尊师重道、尊重人才的校园氛围，1940年，学院以院长名义致函在校服务满20年之教职员，勉励嘉奖，发给特别贡献纪念品。1943年5月14日及23日，学院为李建

---

① 吴相湘：《三生有幸》，中华书局2007年版，第103、106页。

三 20世纪三四十年代西北高等教育与西北开发人才的培养

勋、齐国樑两位先生举办六十寿辰宴会,袁敦礼教授代表学校讲述两位先生从事教育事业之经过,及其对于国家社会之贡献。西北师范学院选留与引进年轻教职员,向来注重才学品行,重视老教师的推荐。此外,西北师范学院大力促进中青年教师专业发展,凡遇进修机会,必然奋力争取,在学校经费拮据的情况下依然坚持选送年轻教师出国深造。[①]

经过西北各高校的积极努力,在艰难困苦中仍然建设了一支支非常优秀的师资队伍。表3-4是1941年国立西北师范学院主要任职教员履历。

表3-4　　　　1941年国立西北师范学院主要教职员履历

职务	姓名	履历
院长	李蒸	国立北京高等师范学校毕业,美国哥伦比亚大学教育硕士、哲学博士,中央大学副教授,江苏民众教育院实验部主任代国立北平师范大学校长,教育部社会教育司司长
秘书	易价	北京高师毕业,北京法大民大畿大河北工业学院讲师、师大秘书、教育部聘任编审
教务主任兼国文系主任	黎锦熙	前清优级师范史地部毕业,教育部编审处文科主任,国语统一筹备委员会常务委员,国立北京女师大国文系主任,国立北平师大文学院院长兼教授
训导主任兼体育系主任	袁敦礼	北京高等师范毕业,美国芝加哥大学理学士,获霍普金斯大学公共卫生证书,哥伦比亚大学师范院硕士,历任本校专任教员、体育系主任,浙江大学文理学院教授
事务主任	汪如川	北京高师数理部毕业,历充本校会计课长、附中教员、志成中学校长
国文系		
主任	黎锦熙	见前
教授	谭戒甫	省立湖南大学、国立武昌大学国文系教授
教授	易忠箓	前清留学日本早稻田大学政学士,曾任湖北省立图书馆馆长、私立武昌文华图书馆学专科学校教授
英语系		
主任	张舜琴	英国伦敦大学及Fnnezyamlglapondan Bonniyte-at-lave、上海光华大学、广西大学教授,香港大律师

---

① 刘基、王嘉毅、丁虎生主编:《西北师范大学校史》,教育科学出版社2012年版,第145页。

续表

职务	姓名	履历
英语系		
教授	叶意贤	美国帝坡大学毕业，文学士，帝坡大学文学硕士，美国西北大学教育硕士，西北大学神学院宗教教育博士，美国芝加哥大学神学院讲师，英属马来亚美以美会教育干事兼英文中学校长，中央陆军军官学校上校英文教官兼英文编纂委员会编辑
教授	包志立	美国密歇根大学哲学博士，东吴大学教授，平大女子文理学院讲师
史地系		
主任	谌亚达	日本东京高等师范学校毕业，英国伦敦大学研究员，历任国立北平大学教授、东北大学教员
教授	陆懋德	美国威斯康星大学、俄亥俄大学文科学士、硕士，历充清华大学教授、北师大讲师
教授	邹豹君	美国利物浦大学硕士
教授	殷祖英	英国伦敦大学本部地理系研究生，师大史地系助教、讲师，河北教育厅秘书科长
公民训育系		
主任	王凤岗	美国斯坦福大学教育科学士、硕士及哲学博士，河南大学教授兼教育系主任，国立武汉大学哲学教育系教授兼文学院主任导师
教授	李镜湖	日本明治大学法科毕业，直隶法政专门学校校长，国立法政中国大学教授
数学系		
主任	赵进义	法国里昂大学理学硕士、数学博士，法国里昂天文台研究员，国立广州中山大学数学天文系教授，中央研究院天文研究所特约研究员
教授	刘亦珩	日本广岛高师毕业，日本广岛文理科大学毕业，理学士，北平师大讲师，安徽大学教授
教授	张德馨	德国柏林大学数学博士
教授	傅种孙	本校毕业，女师大教授，北大女大讲师，本校教授，本校附中及江西二中教员
教授	杨永芳	
理化系		
主任	刘拓	美国渥省大学工业农业化学博士，历任北平大学农学院及本大学教授主任、院长等职
教授	杨立奎	日本东京高等师范学校毕业

三　20世纪三四十年代西北高等教育与西北开发人才的培养

续表

职务	姓名	履历
理化系		
教授	蔡锺瀛	日本东京帝国大学理学士，师大教授
教授	张贻侗	英国伦敦大学理学士，曾任北京大学教授、中央大学教授
教授	朱有宣	美国俄亥俄州立大学化学硕士，罗威染织专科学校研究员，历充北平大学及东北大学化学讲师
博物系		
主任	郭毓彬	美国葛林乃尔大学生物学学士，任师范大学动物学教授前后共11年，苏州东大学动物学教授三年
教授	汪堃仁	国立师范大学生物学系毕业，曾任师范大学生物学系助教，协和医学院生理学系助教
教育系		
主任	李建勋	天津北洋大学师范科、日本广岛高师毕业，美国哥伦比亚大学师范院哲学博士。曾任北京高等师范教授、教育研究科主任及校长、世界教育会议中国政府代表、教育部派欧美师范教育考察专员，东南、清华、北大各大学教授及北平大教育学院院长、研究所主任兼教育系主任
教授	程克敬	美国哥伦比亚大学心理学博士，基特开省立大学理硕士，特尔斯大学教育硕士，北平师大教授兼研究所导师，西安临大、西北联大、西北师范等教授
教授	金澍荣	前国立清华大学留美预备部毕业，美国斯坦福大学教育学硕士，哥伦比亚大学哲学博士。曾任国立北平师范大学教育系教授，国立西安临时大学及国立西北联合大学教育系教授
教授	马师儒	北京大学、青岛大学、北平大学教授
教授	郝耀东	美国加利福尼亚大学文学士，斯丹佛大学教育心理硕士，哥伦比亚大学师范学院研究员。曾任前西安中山大学教务长，中央政治学校计政学院教务主任，安徽大学教育系主任，西北联大西北师院教育系教授等职
教授	鲁世英	国立北平师范大学毕业，美国哥伦比亚大学硕士，曾任北平师范大学、西安临时大学及西北联合大学教授
教授	高文源	美国密歇根大学文学士、科学硕士、国立西安临大、西北联大教授
教授	方永蒸	国立北京高等师范学校教育研究科毕业，美国哥伦比亚大学教育研究院研究生，历充奉天省视学东省特别区教育厅一科长，东省特别区驻美教育调查员，河北省立女子师范学院讲师，东北大学教育学院院长、文学院院长等

续表

职务	姓名	履历
教育系		
教授	胡国钰	北京高等师范英语系同校教育科毕业，河北省立女子师范教授
教授	唐得源	美国哥伦比亚大学教育硕士，西安高中校长
体育系		
主任	袁敦礼	见前
教授	董守义	美国麻省春田学院体育硕士，师大体育教授
教授	徐英超	美国春田学院硕士，平大民国各大学体育讲师
家政系		
主任	齐国梁	天津北洋大学师范科、日本广岛高师毕业，美国士丹福大学文学士，河北省立女子师范学院院长，河北省教育厅科长
教授	孙之淑	美国哥伦比亚大学师范院理学硕士，河北省立女子师范学院及东北大学教授
教授	王非曼	美国哥伦比亚大学教育学院家政学硕士，河北省立女子师范学院教授
劳作专修科		
主任	果沈初	北平师大职工教育专修科毕业，曾任清华、燕京、北平市政府及南开大学修理厂厂长、工程师，北洋工学院教员，师大劳作科讲师，中国工业合作协会西北区工程师
其他		
文书组主任兼校务汇报编辑	佟学海	曾任西北大学女子大学注册课长及女师大注册出版文书、各课课长、师大文书组组长
会计室主任	袁剑雄	沪江大学商学院毕业，欧中烟公司会计部查账员、司法行政部科员
教育系副教授兼注册组主任	康绍言	北京高等师范学校英语部毕业，北京师大教育研究科毕业，历任北师女师大及师大等校教员，北平师大预科教授
图书组主任	何日章	北平高等师范学校英语部毕业，前河南省立图书馆馆长兼博物院院长
主任教官兼军事管理组主任	王佐强	中央军校十期步科毕业，中央训练团将校班军政教官班党政班毕业，历任排连长、队长、大队长、军事教官
卫生组主任兼校医	李元复	齐鲁大学医学院毕业，齐鲁大学医学院耳鼻喉科讲师

三　20世纪三四十年代西北高等教育与西北开发人才的培养

续表

职务	姓名	履历
其他		
庶务组代理主任	胡铭佑	日本大森体操学校毕业，沈阳高等师范体育教员，京师第一中学总务，师大附小事务主任
出纳室主任	高鸿图	前北洋大学预科肄业，前直隶公立法政专门学校毕业，历充福建警务处秘书、福建省道局会计主任、直隶省立第一中学教员、河北省政府科员、北平大学区组员、河北省教育厅民众教育股主任，教育部社会教育司第二科科员
教育系教授兼附中主任	方永蒸	国立北京高等师范学校教育研究科毕业，美国哥伦比亚大学教育研究院研究生，历充奉天省视学东省特别区教育厅一科长、东省特别区驻美教育调查员、河北省立女子师范学院讲师、东北大学教育学院院长、文学院院长等职

资料来源：西北师范大学校史资料编研组《国立西北师范学院史料摘编》（下），中国文史出版社2014年版，第904—907页。

从表3-4可见国立西北师范学院高学历、高水平教师数量较多，师资阵容较强。国立西北工学院的土木工程系有教授5人，副教授1人，助教5人，其中3位教授毕业于美国知名大学，2位有博士学位；矿业工程系共有教授6人，助教4人，6位教授都曾在美国知名大学肄业，其中有3位工程师；机械工程系共有教授7人，讲师1人，助教5人，4位教授有海外留学经历；电机工程系共有教授8人，讲师1人，助教4人，7位教授毕业于美国、日本等国知名大学；化学工程系共有教授2人，副教授1人，兼任讲师1人，助教4人，在2位教授中1位毕业于英国伦敦大学，另1位毕业于日本东京工业大学；纺织工程系共有教授5人，助教2人，4位教授毕业于法国、英国、美国等国知名大学；水利工程系共有教授6人，助教3人，4位教授有海外留学经历，2位取得博士学位；航空工程系共有教授4人，助教3人，4位教授都毕业于欧美知名大学；社会科学及英文教授、数学教授、物理教授、理化教授等共7人，3位曾留学海外。此外，还有1位党义副教授、两位国文讲师、1位数学讲师、英文等各科助教7人。[①]

[①] 《国立西北工学院概要》，1940年，第41—52页。

再以国立西北农林专科学校为例。表3-5是该校1936年农艺组教员名单。

表3-5　　1936年国立西北农林专科学校农艺组教员录

职务	姓名	年龄	籍贯	履历
主任兼教授及农场主任	徐治	36	湖北	清华大学毕业，美国明尼苏达大学博士，专攻植物病理及植物育种。曾任岭南大学副教授、河南大学教授
副教授兼技师	翁得齐	37	广东	美国明尼苏达大学农学硕士，专攻作物育种。曾任国立中央大学农学院农场麦作育种技师，浙江省农林局作物育种技师，金陵大学、燕京大学、广西大学农学院讲师
副教授兼技师	沈学年	32	浙江	美国康奈尔大学农学硕士，专攻作物育种。曾任金陵大学及中央大学农艺组助教，浙江省立农业改良场技师
农场事务管理员兼技士	郭晓鸿	45	河南	河南农业专门学校本科毕业，河南党政训练班毕业。曾充新乡甲种农校教员、河南农专校农场主任、任河南第一农校教员、河南第二模植棉场技术员、河南省政府视察员及青海省民政厅视察科科长
助教	李秉才	28	辽宁	国立北平法商学院毕业
助理	马德俞	27	陕西	金陵大学农专科毕业
助理	刘秉宸	26	陕西	金陵大学农专科毕业
助理	郭世杰	25	陕西	陕西第一职业学校毕业
助理	范士毅	24	山西	陕西省立农业学校农科毕业
助理	李芳	28	陕西	陕西省立第一职业学校农科毕业，陕西建设人员训练所毕业。曾任陕西商县建设局技术员

资料来源：《国立西北农林专科学校一览》，1936年，第184页。

据表3-6分析，国立西北农林专科学校农艺组共有教师10人，其中教授1人，副教授2人，助教及其他共7人，博士1人，硕士2人，教授及副教授均有海外留学经历。

据1946年统计，国立兰州大学更是同时拥有文史专家顾颉刚、史念海、冯国瑞、张舜徽、徐褐夫，语言学家水天同、沐允中、杨志夫，法学家李镜湖、吴文瀚，数学家段子美、程宇启，物理学家陈祖

三　20世纪三四十年代西北高等教育与西北开发人才的培养

炳、聂崇礼，化学家张怀朴、陈时伟、左宗杞，动物学家常麟定、杨浪明，植物学家董爽秋、孔宪武，地理学家王德基、刘焕珍，医学家于光元、乔树民、张查理，兽医学家盛彤笙等，一时间百花齐放、名家荟萃。①

20世纪三四十年代，西北各高校发挥了多方面的力量，积极招揽人才，建设优秀教师队伍。西北各高校教师队伍建设呈现出以下特点：

第一，教师队伍规模有较大发展。

国立西北大学自建校伊始就注重教师队伍建设，不断延揽、增聘优秀教师。据学校校刊记载，1942年10月，"外文系聘张舜琴等3位教授；历史系陆懋德、物理系张宗盛、地质地理系王恭睦等均已前后到校，另有多人，尚在途中。新聘俄文讲师赵燕，体育讲师王樹棠，兼任讲师物理系叶梧、生物系吴仲贤、郭毓彬、地质地理系刘仲则、政治经济两系贾振华、张兆荣各位先生，均已到校授课。"② 1945年1月，"学校又新聘教授讲师多人，外国文学系教授陈克孚等4人，讲师魏直等2人；历史学系教授陶元珍等2人；边政学系副教授苏莘第1人；法律学系教授白世昌1人；政治学系教授兼主任1人；经济学系教授兼主任王国忠、教授王文光等3人；商学系教授1人，副教授兼秘书1人等"③。国立西北大学发展到1946年，全校下设文、理、法商、医四个学院，共有教授87人、兼任教授10人、副教授32人、兼任副教授5人、讲师28人、兼任讲师11人、助教37人。④ 与1945年统计结果相比（不计兼职），教授增加20名，副教授增加7名，讲师增加4名，助教增加7名。

第二，教师学历层次较高。

西北各高校教师多有海外留学经历，许多教师曾获博士、硕士学位，甚至有教师同时拥有多所大学、不同学科硕博学位。高学历教师

---

① 张克非主编：《兰州大学校史》（上编），兰州大学出版社2009年版，第131页。
② 《本校新聘教职员》，《国立西北大学校刊》1942年第2期。
③ 《本学期教职员新阵容》，《国立西北大学校刊》1945年复刊第15期。
④ 《国立西北大学概况》，1947年，第5—9页。

云集西北,极大地推动了西北高校的发展,有效提升了西北高校人才培养的水平与质量。

第三,教师履历丰富。

1947年国立西北大学法商学院商学系共有教师10人,主任孙宗珏曾任东北大学杭州之江文理学院教授、齐鲁大学经济系主任;教授刘纪之曾任吉林大学、河北农学院、西北工学院教授,河北大学系主任;教授刘景向曾任国立西北农学院教授;教授王含英曾任山西大学、陕西省立商业专科学校教授;副教授李亦人曾任中央建设专款审核委员会稽核中央战干团会计班主任教员,陕西省立商业专科学校、私立铭贤学院教授;副教授廖兆骏曾任国立中央大学商学院专科主任、国立暨南大学教授,中央战干团少将高级教官,陕西省立商专教授等。[①] 丰富的教学与社会实践经验,开阔了教师视野,提升了教师专业水平,提高了教师解决实际问题的能力。同时,面对不同的学生,丰富的经验有助于教师快速、准确地了解学生,根据每个学生的不同潜质帮助其发展与成长。

4. 保障学校硬件设施

高校人才培养必须借助学校相关硬件设施建设,诸如校舍建筑、设备采购、图书购买等,提供与营造整洁美观的校园环境、宽敞明亮的教室宿舍、丰富优良的图书设备,有助于提升高校人才培养质量。

20世纪三四十年代,战火频仍、经费拮据,加上西北地区落后的政治经济文化生态环境,高等学校办学条件艰苦非常,校舍简单、住房鄙陋、书籍匮乏、实验设备短缺等,这些并没有消散师生火热的学习热情。

1938年春,西安临时大学更名为国立西北联合大学,校址迁驻陕南,校舍分散在三县六处,许多院系的教室设在庙宇和破旧的公房里,宿舍和其他教学设备一并全无,没有自来水,没有电灯,联大师生的物质生活完全得不到保障。联大医学院初迁陕南时,因校

---

① 《国立西北大学概况》,1947年,第60页。

舍缺乏，暂借南郑联立中学一部分校舍作为校址，后又租借陕西省银行南郑中学巷房屋立足，重新改造门楼、添设饭堂与厕所，翻修砌补房顶、走道及墙壁。1939年春，日军飞机轰炸频繁，院址又迁往南郑城东之孙家庙、黄家坡等地，仅留一年级在城固授业。学院所寻教室大多破烂不堪，为了维持学生课业，仍然克服困难，坚持上课。①

1938年"国立西北联合大学图书馆工作概况"载："本馆于1937年九月起，向各处订购图书杂志，但因战区转变，交通梗阻，以及学校迁移等事，致所订书籍杂志均不能按期如数到馆。截至六月底，已到西文书籍，计677种，970册；中文书籍计1168种，2190册；尚有地图20余种。此区区者，虽不敷教职员及学生所需，然在非常时期，一切事业多不能布置裕如，本校于艰难困苦，颠沛流离中有2000册书籍，亦可谓琳琅满目也。"② 在抗战岁月里，在西北社会能筹集2000册图书实属不易，但2000册图书实在无法满足联大师生正常学习使用，平均下来，师生每人只有一本左右图书，学校消息闭塞，甚至无法看到全国性报刊，学生既买不起书也买不到书，学习主要依靠课堂笔记，课后参加读书会进行交流。学生晚上自习，只能点油灯照明，灯光昏暗，烟气呛人。由于纸张严重缺乏，连半月一刊的《西北联大校刊》也改为用地方黄土纸印刷……如此境况并未撼动联大学子孜孜求学、奋力拼搏的意志，学生们争抢座位勉力读书，经常是一批学生晚上读书累了又换另一批，联大灯火彻夜不息。

1938年8月，西北联大被改组为国立西北大学、国立西北师范学院与国立西北医学院。1940年4月，南京国民政府令国立西北师范学院迁往兰州。院长李蒸详细考察了兰州的环境："一、为防止敌军空袭、避免城市商业氛围对学生的负面影响，学校不能设在城内；二、不能离城太远，最好仿照北平清华大学、燕京大学的方式，离城

---

① 李永森、姚远主编：《西北大学史稿上卷（1902—1949）》，西北大学出版社2002年版，第227—228页。
② 《本校图书馆周年工作概况》，《西北联大校刊》1938年第1期。

始至二十里之间；三、交通要方便，最低限度能通汽车和人力车；四、必须见到黄河，一则为风景问题，二则为吃水问题，万一用水发生恐慌，还可以到黄河去取水。"① 按上述条件，选定兰州十里店为学院永久校址。李蒸院长为国立西北师范学院之建设精心选址、细致设计，在黄河北岸描绘着学院建设、发展的蓝图。但由于经费支绌，物价猛涨，学校建设遭遇困难。1943 年，兰州分院改为本院，招生规模日益扩大，而兰州的校舍"两年来所建筑者，仅能容两个年级，约计学生四百人教学、食宿之用。本年增加新生三百余人，原属无法容纳，幸赖多方努力收回甘肃社会处实验救济院所借十里店留充教职员居住之房屋，得以腾挪容纳"②。收回房屋，将总办公厅移入，原来办公厅的房舍作为新生宿舍，设上下铺，作为学生宿舍，解决了新生住宿问题。由于食堂狭小，学生须分两批开饭。当时学校可容纳两级学生的校舍，已容纳了三级学生，不知来年新生如何食宿？住宿条件尚且如此，教学设备、图书资料更是寥寥无几、匮乏严重。当时学校没有电灯，晚上开会、集体活动便用汽车照明，学生晚上自习，只得燃烛借光，每周每人领取两三支蜡烛根本不够使用，学生日日早起，盼望日出天明。学校没有浴室，师生就用干毛巾搓擦身体，按摩健身，还趣称此举为"干浴"。学生彼此相互理发、自己换洗缝补被褥、装订书本、制作墨水……西北师范学院师生生活如此俭朴、艰苦，却依然发奋自强、自得其乐，虽苦犹甜。在全院师生的共同努力下，学校建起了史地绘图室、理化实验室、博物实验室，以及裁缝、技艺、洗染、烹调、看护等六个家政实验室，还建立了锻工、翻砂、案工、木工、农产制造、畜牧园艺等八个劳作实验室，大大改善了教学条件，有助于学生实践能力的培养。为美化校园环境，李蒸院长提出："树人树木贵在同时，文化绿化乃能并进"，大力植树，美化校园环境，使这所矗立在荒凉西北的高等学府满目青翠、绿树成行、鸟

---

① 《国立西北师范学院校务汇报》，1940 年，第 27 页。
② 《为呈报本年暑假以来迁校情形及急需经费请鉴核筹拨等由呈教育部文》，西北师范大学档案馆馆藏档案，民国档案 33 号全宗 0016 卷。

三 20世纪三四十年代西北高等教育与西北开发人才的培养

语花香。

国立兰州大学筹办期间，校长辛树帜即着力充实图书、仪器、设备。据著名学者吴相湘回忆："辛树帜先生为争取时间，托请中央大学教授开示一、二年级需要的西文书刊及仪器设备，及时向上海订购。同时，每遇夜间有暇，即与我同往南京夫子庙一带旧书店选购国学书籍。旋又往苏州、上海各书肆选购。时京、沪、苏各书肆各种国学书刊、日本刊行中国考古历史专籍、敌伪时期刊物甚多，各国立大学忙于复员，还没有注意这些书刊，兰州大学乃捷足先登，图书馆藏书相当丰富。"[1] 1946年8月，学校又与中国科学仪器公司、实学通艺馆、大丰公司等签订仪器订购合同。8月底，这批图书设备先由轮船经长江运至汉口，转由平汉火车运至郑州，再沿陇海线西行，10月底运抵兰州，其中不乏精密仪器、珍贵图书。同时，国立兰州大学还向英美等国订购科学期刊200余种，并购得龙门联合书局影印出版的大部分外文图书。经过近两年的辛苦索求，国立兰州大学共购得图书5万余册，加上原甘肃学院存书4万余册，到1948年底，共有图书9万余册，相比甘肃学院时期增长一倍多。学校仪器设备购置，几年间也不断增加，到1947年秋，购置设备仪器基本满足理科各系试验需求，如2名学生组成一组，一学期可做29次化学试验，基本符合教育部规定之理科学生试验课数量标准。[2] 此外，国立兰州大学还积极扩建校舍，1947年11月，天山堂、祁连堂、贺兰堂三座教学楼全部落成；1948年11月，图书馆改造工程竣工，命名积石堂。到1948年夏天，兰州大学有教室154间、学生宿舍282间、办公室52间、教职员宿舍253间、图书馆56间、仪器标本及试验室335间，运动场地面积15.3亩。[3] 经过师生的共同努力，截至1948年，国立兰州大学初步建成现代综合性大学，从根本上改变了原甘肃学院旧貌。

---

[1] 吴相湘：《三生有幸》，中华书局2007年版，第106页。
[2] 张克非主编：《兰州大学校史》（上编），兰州大学出版社2009年版，第151页。
[3] 兰州大学档案，1-1-239（国立兰州大学）。

西北高等学校身处艰苦环境，办学经费紧张、交通梗塞，加上连绵不断战争之影响，学校校舍建设、图书购置、教学设备及仪器添设都遭遇许多困难，但各高校想方设法寻求、创造各种条件，竭尽全力改善校园环境、办学条件，在各校校长、师生的共同努力下，这一时期西北高等学校建设水平有了较大程度提高，学校环境也得到了较大改善。

需要补充的是，新疆省立新疆学院是一个例外。新疆省立新疆学院发展一波三折，从总体上看，新疆学院规模较小，招生有限、师资力量较弱，虽有林基路、杜重远时期发展较快阶段，但很快又卷入政治风暴的漩涡中，办学经费时被侵吞，管理制度朝令夕改，教师队伍极不稳定，学院硬件建设更是屡遭挫折，学院整体发展反复经历进步与倒退的恶性循环。究其缘由，新疆省立新疆学院虽表面为新式学校，但实为旧式学堂，从建立伊始一直是新疆各军阀培养统治力量的场所，是为政治而生、因政治而动、缘政治而消亡的工具。

从总体上看，20世纪三四十年代，西北高等学校将西北边疆社会需求融合贯穿于培养目标当中，指导各校院系与学科架构，形成了较为规范又特色鲜明的课程体系，通过积极争取办学经费、创设与改善办学条件、建设优秀师资团队、完善各项规章制度等，为西北边疆各类高水平人才培养提供了重要保障。但同时，仔细研究不难发现，这一时期的西北高校，不论课程设计、教学活动、后勤保障、规章制度以及师资建设都只是勉力而为，仍存在诸多不科学、不完善之处。例如经费不足、教材缺乏、规章制度的意识形态色彩浓厚等，这些不利因素都不同程度地制约了西北高等教育人才的培养。

四　20世纪三四十年代西北高等教育中的边疆学术研究

1810年德国教育总长威廉·冯·洪堡创建了柏林大学，提出大学应具有教学与科研双重职能。洪堡认为：

> 在科学的发展上，大学教师的贡献丝毫不亚于、在德国甚至超过了科学院的研究者，他们在各自专业中的成就正是通过教学活动而取得的。因为，在其中不乏独立思考者在听众面前进行自由的口头演讲，这对习惯于这种研究方式的人来说，肯定会与著作家的幽静生活或科学院中自由的团体生活一样令人奋进。由于大学中有大批的而且生机勃勃、精力充沛的青年人在不断探索科学，科学在此显然能够得到更迅速、更蓬勃的发展。如果对科学没有持续不断、独立的认识，也根本不可能真正地把科学作为科学来讲授。所以，如果不是在大学中，而且是经常地产生新的发现，那倒是令人费解。另外，大学的教学也并非如此之辛苦，以致认为它扎断了，而不是有益于悠闲的研究工作。在每一所较大的大学中，也总有一些很少或根本不搞教学的人，他们只独立地进行探索和研究。因此，只要安排得当，大学肯定能够独立肩负起发展科学的任务。①

---

① ［德］威廉·冯·洪堡：《论柏林高等学术机构的内部和外部组织》，《高等教育论坛》1987年第1期。

洪堡的观点代表了当时德国包括费希特、施莱尔马赫、谢林、斯泰芬斯等一大批知识分子的集体智慧。洪堡推崇科研，希望教学与科研融合统一的思想理念影响了德国乃至世界范围内大学的发展道路。20世纪初的美国著名学者亚伯拉罕·弗莱克斯纳也说："现代大学的最重要的职能，是在尽可能有利的条件下深入研究各种现象：物质世界的现象、社会世界的现象、美学世界的现象，并且坚持不懈地努力发现相关事物的关系。"① 大学建立的作用就是为学者提供良好的条件与环境，便于他们探寻真理，推动科学的进步。

我国著名学者蔡元培认为：大学一方面研究高深学问，一方面养成硕学闳才。蔡元培执掌北大，在重视教学的同时，积极推动大学科研。"所谓大学者，非仅为多数学生按时授课，造成一毕业生之资格而已，实以为共同研究学术之机关。"② 他提倡大学教学与科研并重，最好将二者有机结合在一起，"一个大学，若是分班讲授与专门研究能同时并进，固然最好；若不能兼行，与其专做分班讲授的机关，还不如单做专门研究的设备，所费较少，成效更大"③。可见，在蔡元培心目中科学研究对于一所大学的意义与作用，没有科研就没有高深学术，没有高深学术，如何培养硕学闳才，人才培养与科学研究本来就是一体的。清华大学校长梅贻琦亦坚持大学办学目的有二：一是科学研究，二是造就人材。他说："凡大学之使命有二：一曰学生之训练，一曰学术之研究。清华为完成此使命，故其发展之途径不徒限于有效之教学，且当致力于研究事业之提倡。"④ 相对于教学，梅贻琦尤重科研，在执校清华期间他一方面诚意延聘名师大家来校讲学任课，另一方面着力加强研究所建设。在他的倡导与支持下，清华大学先后创办航空、无线电、农业、金属等特种研究所，开展国际交流，增加学术刊物发行，购买充实图书、仪器、设备等。罗家伦担任清华

---

① 亚伯拉罕·弗莱克斯纳：《现代大学论：美英德大学研究》，徐辉、陈晓菲译，浙江教育出版社2001年版，第18页。
② 蔡元培：《蔡元培全集》（第3卷），中华书局1984年版，第210页。
③ 高平叔编：《蔡元培教育论著选》，人民教育出版社1991年版，第422页。
④ 黄延复、刘述礼编：《梅贻琦教育论著选》，人民教育出版社1993年版，第5页。

四 20世纪三四十年代西北高等教育中的边疆学术研究

大学校长时曾说:"研究是大学的灵魂。专教书而不研究,那所教的必定毫无进步。不但没进步,而且有退步。"[①] 他希望清华大学可以没有华丽的房子,但须有充盈之设备,一方面是仪器,一方面是图书。清华的师生可以运用这些设备,动手做研究。就职中央大学期间,罗家伦为了促进学术科研,呼吁创办学术刊物,《国立中央大学丛刊》《国立中央大学专篇》就此诞生。此外,罗家伦还加强与其他社会、学术机构的合作,共同推动大学科学研究的发展与应用。如进行淮河流域土壤分析、滇边地理科考、与中央棉产改进研究所合作进行种棉试验等。

在国内外推崇大学科研职能的大背景下,20世纪三四十年代西北高等学校一方面负有人才培养,特别是为西北边疆开发培养人才的重任;另一方面也有发展科学研究,带动边疆开发进程的职能。西北高校的这两种职能不是截然分立的,而是紧紧缠绕在一起。要培养优秀人才,为西北边疆开发服务,就必须加强科研,在教师与学生共同研究的氛围中,培养兴趣、提升能力,此时的科学研究演化成孕育优秀人才的途径,作为人才培养的重要手段。而人才培养过程本身必然促进科学研究的进步,譬如高校教师在人才培养中不断摸索与成长,就有效地促进了科学研究的发展。

自抗战爆发,高校西迁,三校合组,扎根西北,西安临时大学发展到国立西北联合大学,再发展到国立西北大学,外嵌式的建构模式逐渐被西北区域系统消解与同化,避难暂迁西北的这所大学逐渐融入西北社会。大学倡导科研、崇尚学术的传统被重新激活,在西北社会新的土地上慢慢开始重构。

1929年教育部颁布的《大学组织法》规定:"大学应遵照中华民国教育宗旨及其实施方针,以研究高深学术养成专门人才"为目标。可见研究高深学术,培养学生热爱科研、专心科研的旨趣与能力一直是大学教育的重要目标。这一时期西北地区各大学边疆学术研究的形式丰富,力求从多层面大力帮助教师培养学生、提升科研能力,为西

---

① 陈平原等:《民国大学:遥想大学当年》,东方出版社2012年版,第278页。

北开发与建设服务。

（一）创办各类学术研究期刊

从 1927 年到 1949 年，西北各高校积极创办各类学术研究期刊，既满足了师生科研成果发表的强烈需求，也创设了浓厚开放的学术研究氛围。

据史料佐证，本书研究所涉及的 11 所西北高校创办学术刊物至少 23 种，其中包括西安临时大学的《西安临大校刊》，西北联合大学的《西北联大校刊》，西北大学的《国立西北大学校刊》《西大学生》《西北学术》，西北工学院的《国立西北工学院院刊》《国立西北工学院月刊》《西工友声》，西北农学院的《国立西北农学院院刊》《西农院刊》，西北医学院的《国立西北医学院院刊》，西北师范学院的《国立西北师范学院校务汇报》《师说》，甘肃学院（包括兰州中山大学时期，以及甘肃大学时期）的《国民先锋》《兰大学声》《甘肃大学半月刊》《甘肃大学季刊》《甘院学声》《小园地》，新疆学院的《新芒》，西北技艺专科学校的《国立西北技艺专科学校校刊》，西北农林专科学校的《西北农专周刊》《农专学生》等。这一时期的西北各高校正是以这些学术刊物为载体，刊载发表学术文章，开展学术交流。

1937 年 9 月 10 日，北平大学、国立北平师范大学、国立北洋工学院三所院校迁至西安，组成西安临时大学。《西安临大校刊》创办于 1937 年 12 月 20 日这样一个战火纷飞的艰难岁月里，其发刊词写到：

> 凡校内规则、法令、文告、课程、训导方针以及全体师生之学术言论思想，悉选载之，以广传播，诚本大学"教育情报"之总汇也。临大合平大、师大、北洋，极有历史之校院，经过不少曲折历程，始在此西北重镇宣告成立，在教育史上实一创举。其因革损益变迁之迹，随非常环境而演化，在院系组织上，学科教

四 20世纪三四十年代西北高等教育中的边疆学术研究

材上,处处可以窥见。且为适应战时之特殊需要,特于课外厘订军事、政治、救护、技术等训练;并由教授指导学生组队出发,下乡宣传,以尽匹夫匹妇救亡之责。至于校内每日动态要旨皆教育上最稀罕之实践史料,不可不集之刊布,以贻留后人。日常遭遇事件百千,瞬息万变,惟本刊文字记载可永久覆按。诗曰:风雨如晦,鸡鸣不已!今日吾国抗敌战争不竟至此。大多数同事同学之故乡父老,已被芟夷虐刘一空,试问此时此日成何现象?本刊不幸在此时出版,随吾人之忧患以俱来,洵为黑暗时代之孤儿,愿吾人戮力同心,同舟同济,尽瘁此临时教育事业,以挽救当前民族之大危机,否则吾人将成为亡国士夫。本刊亦同于明夷待访录,岂非千古之惨痛哉![1]

西安临时大学是抗战中国民政府为保存与延续高等教育的权宜之计,不管环境多么艰苦,西安临时大学的师生们没有气馁,没有放弃,反而激发了他们为国家、为民族不断抗争的勇气。

《西安临大校刊》共出版12期,从时间上看,从1937年12月20日到1938年3月7日,伴随着临大更名为西北联大,历时不到半年。从内容上看,校刊主要刊载教育部训令、各项规章制度、课程教学、课外活动、社会服务、图书购置、校友情况等。西安临时大学是特殊时代背景下的产物,在战争的裹挟下,三校西迁合并,立足西安,虽然学校刚刚成立,繁杂事务众多,但从校刊中仍能看出师生崇尚学术、热衷科研的痕迹。李书田的《适应抗战期间之生产建置与工程教育》,齐璧亭(河北省立女师)的《天津失陷之经过及现在之状况》,周泽书的《中华民国二十七年新年的希望与准备》,周宗口的《抗战的回顾与前瞻》,陈剑翛的《从军与争取抗战的胜利》,陆咏霓的《国难时期的大学教育》,李季谷的《中国青年应有之反省》,贾成章的《如何支持长久的抗战》《为移民垦荒进一言》,吴英荃的《士大夫心理之纠正》等学术论文的发表,紧紧围绕抗战建国与青年

---

[1] 《西安临时大学组织系统图》,《西安临大校刊》1937年第1期。

教育，突出反映了战争时代的特殊需求。

《西安临大校刊》上有这样一则消息，其标题是"组织农学系讲师参观陕西棉产改进所"。

> 本校农学系讲师沈文辅先生，在美专攻棉作学，对于农业经济学亦颇有研究，现任陕西棉产改进所所长，陕西棉业赖以振兴，而将来之希望更未可限量也。二十六年十二月下旬本系舒聊莹助教等前往该所参观……沈组长说明该所调查经过，推广情形，指导方法，实验种类，棉业问题等。李技术员说明陕棉品质研究经过及分级情形，并慨赠该所刊物十六种，籽棉六种，惠借棉作标本八种，颇资本校棉作学讲授及实习之用。该所此种热心赞助之情，本校深表感谢，尚希将来双方进一步之合作，以从事于棉作之试验研究推广指导调查等工作，则于陕西棉业之改进及棉作学之研究，定有不少之贡献也。

可见，当时的西安临时大学有意愿与各科研所加强联系，共同研究推动西北社会农业及工业进步，只是囿于战争特殊时期各方限制，这种大学科研力量带动社会产业发展的形式受到了严重的制约。

还有一则校闻，其标题是"陕西建设厅委托本校代为调查陕南金矿"。

> 陕南安康一带，矿产丰富，建设厅前委员会派白技正前往调查，据查该处矿产甚多，其中尤以金矿为最有开采价值，惟将来如何开采，尚须详细研究，近该厅函请本校委派专家，前往调查研究，并代为设计。本校以长此抗战，端赖生金银之大量开采，以资抵补军需消耗之入超。在陕西省缺乏地质矿冶专门技术人才前往调查之现实，本大学工学院矿冶工程学系，尤宜责无旁贷，毅然担负调查研究计划之责任，前经常务会议议决，派该系教授率领学生，于日内出发，前往调查研究云。[①]

[①]《陕西建设厅委托本校代为调查陕南金矿》，《西安临大校刊》1937年第3期。

从上述史料中可以看出，虽然以科学研究直接促进产业发展的模式受到严重限制，但是西安临时大学还是积极配合政府各部门，勘探矿产，从而为西北地区开发、为抗战建国做出了最大努力。

此外，校刊中还有许多购买图书的内容，仅1937年12月的一次统计，就购买各类中文图书496册，其中涉及社会学、统计学、政治学、民族学、外交学、经济学、历史学、地理学、化学、物理、生物学、军事学、水利学、考古学、哲学、教育学、语言学、心理学等众多学科领域国内外前沿代表著作。① 后又购进西文图书73册。② 此后还有多次购买各类图书的记录。一方面，西安临大能在抗战期间购买大批图书，实属非常难得；另一方面，这些图书以及资料的购置，大力充实了学校教学与科研，通过这些书籍资料，临大师生可以更好地了解学科前沿，为师生开展科学研究提供了条件与基础。

如果说西安临时大学所处抗战特殊时代背景下，校刊不能全面代表西北大学边疆科研的水平与成就，那我们再来看《国立西北大学校刊》。1938年8月，西北联大解体，西北大学独立设置。根据资料搜集情况看，《国立西北大学校刊》创刊于1942年7月1日，至1948年12月都有出版。从时间跨度上讲，包括抗战中以及抗战胜利后共6年时间。校刊前期出版4期，后复刊出版40期，因史料保存不够完整，除中间缺失第23、24、27三期外，共搜集41期。

《国立西北大学校刊》有一个特点，基本上以1946年2月1日出版的复刊第20期为节点，前后有关西北大学科学研究材料有所差别。第20期以前出版的校刊科研资料较少，仅有的资料则以抗战为中心，例如复刊第1期赖琏的《卫学与卫道》，第10期曹国卿的《战时经济》，第11期黄文弼的《成吉思汗之战略及战术》，第15期张贻侗的《原子弹之探讨》，第16期岳劼恒、张佩瑚的《原子弹问题》，第18期龙际云的《原子炸弹的探讨》等，后面几篇科研文章都是探讨原子弹的，这与当时整个"二战"太平洋战场局势息息相关。这种

---

① 《本校图书馆新购中文图书》，《西安临大校刊》1937年第1期。
② 《本校图书馆新购西文图书》，《西安临大校刊》1937年第2期。

情况与西安临时大学相仿，抗战时期，举国上下众志成城，同仇敌忾，不论社会各个行业，包括高等教育在内，共同的目标都首先指向抗战建国。在这种情况下，西北高等学校科学研究也必然体现出抗战建国的需求，研究范围围绕抗战展开。复刊第20期之后，随着抗战结束，西北大学的科学研究也逐渐发生转向，回归到每位教授的专业科研领域。从复刊第20期周传儒的《梁任公先生之学术思想》，陈东原的《教育价值与历史修养》，第21期赵进义的《太阳黑点》，杨永芳的《抽象空间》，第22期许兴□的《蔡松坡与民初政治》，第25期杜元载的《论教育应否入宪与应否独立成章》，第28期黄文弼的《洮河流域考察之观感》，第29期赵进义的《宇宙射线》，第30期马师儒的《复员期间我国高等教育上所需之补救办法》，徐朗秋的《论乐教》，第31期任卓宣的《党政制度与中国》，第33期孙道昇的《意志作用中的多心现象与多心原则》，第34期霍自庭的《论大学训导》、关益齐的《历代石经平议》，第35期王子云的《敦煌莫高窟在东方文化上之地位》，第36期张西堂的《春秋旨要论》、国雨僧的《大学之起源与理想》，第37期冯永轩的《楚都考》、裴文中的《史前考古学略说》，第38期马师儒的《为学与做人》，第39期江绍原的《周易逐卦解》，第40期张西堂的《春秋慎微论》可见，随着抗战的结束，西北各高校科学研究逐渐回归正轨。

复刊第3期刊载了一篇院长在国父纪念周上的讲演："大学须养成学术研究风气"，文中提到蔡元培先生执掌北大，推行学术研究风气至全国。"各校师生皆以研究学术为目的而不为手段。日常接谈，均论国家社会世界各种问题，很少有人谈到个人的职业。当时学会林立，刊物极多，学生购阅书刊争先恐后。至于学术演讲每周必举行多次。"可是，这种良好的科研风气却因战争与政治等原因而消弭殆尽，特别是"抗战以后，大学受到物质环境生活人才的种种限制，学生又多以求学为升官发财之途径"，学术研究风气日趋单薄。"如何恢复学术研究风气呢？只要我们先认识大学教育的根本意义是以研究学术为目的，而不以为手段，升官发财的利禄思想是错误的，端正趋向，则自然而然地就可以养成新的风气了。"整篇文章都在呼吁大学应营造崇尚学术科研的良好风气,"大学的主要宗旨应为创造发明,探求真理"①。这种追求真理、崇尚科研的精神并非一家之识,而是西北大学乃至整个西北高等教育的理想与信念。

在这种理想与信念的影响下,西北大学大力购买图书及其他科研设备。1947年复刊第28期载文《各类西文参考书增订百余种》,"本校向国外订购之各院系所需专门书刊,已陆续到校。中外图书公司代购关于化学、地理及地质各类参考西文用书五十二种,业已由沪寄出。本校为加强学术研究,对各书参考类用,尽量添置,上月初继续委托中外图书公司增订西文书刊百余种。"另有一篇文章《小型发电机已购妥月内即运校装设》,该文披露,西北大学购买了交流发电机两座、煤气机两座、煤气发生炉及管子电线等,便于学术研究之用。②1947年复刊第29期刊载《新到图书积极编目理医仪器源源购置》一文,指出:"本校自迁设西安后,力谋充实图书仪器之设备。图书方面,截至本年三月底藏书已达四万余册,较在城固时(一万四千余册)增加两倍有奇……委托上海中和公司代办,期能于下年度开始时达到八万册图书之数。"③1947年复刊第32期有这样一则消息,其标题是"各科参考用书源源运到图书馆积极编目"。

> 本年暑期内图书馆收到大批购自国内外西文参考用书,种类甚多,兹秉志如下:(一)购自国外者,计到有外文系用书二十九种,历史系用书六种,教育系用书十二种,法律系用书十四种,数学系用书十六种,化学系用书六种,政治系用书八种,商学系用书八种,大英百科全书八巨册,医学杂志百余册。(二)购自国内者,计到有数学系用书五种,生物化学两系用书一一零册,政治、经济、商学三系用书一零六册。④

---

① 《大学须养成学术研究风气》,《国立西北大学校刊》1944年复刊第3期。
② 《各类西文参考书增订百余种》,《国立西北大学校刊》1947年复刊第28期。
③ 《新到图书积极编目理医仪器源源购置》,《国立西北大学校刊》1947年复刊第30期。
④ 《各科参考用书源源运到图书馆积极编目》,《国立西北大学校刊》1947年复刊第32期。

此外，国立西北大学校刊还有多处记载学校为发展学术研究购置设备、图书的内容。图书、仪器、设备等的相继充实，为西北大学师生开展科学研究奠定了基础，提供了保障。尤其是通过购买大量西文书籍，介绍了理论前沿，开阔了师生的研究视野。

《国立西北大学校刊》还记载了四次"讲演汇志"，记录了一部分教授学术演讲情况。1948年复刊第36期的"演讲汇志"详细介绍了傅种孙教授讲演"中英对照""数学之万法归宗"，高元白教授讲演"一个人生观"，王立礎的"心理健康"，孙殿卿的"□四世纪中国冰川问题"[①]。1948年复刊第37期"演讲汇志"主要内容包括秦佩珩教授讲"通货到哪里去"、虞叔毅教授讲"物理的五四运动"、田炯锦教授讲"现代政治趋势与当前吾国政治问题"[②]。复刊第39期"演讲汇志"内容为杨丙炎教授讲"省之法律地位"，孙道昇教授讲"心电感应论的理蕴和功用"[③]。复刊第40期"演讲汇志"主要介绍了林冠一教授的"帝国与民国"，初大告教授的"英国大学之学生生活"，陈梦家教授的"文史研究与现代科学"，董绍良教授的"如何寻求世界和平"，马师儒教授的"先进中国教育改进上之重要问题"，赵和民教授的"美苏关系与中国"，袁若愚教授的"民主制度之演进"，傅庚生教授的"文学的风俗"，张光祖教授的"中国往哪里去"等[④]。这四次"演讲汇志"中不仅有本校各系知名教授，如傅种孙、高元白、王立礎、秦佩珩、孙道昇、马师儒、袁若愚等，还有如孙殿卿先生，他是国立中央研究院地质研究所研究员，应西北大学地质学会诚邀来校讲演；国立清华大学教授陈梦家应邀来校讲演等，可见西北大学对学术研究的重视程度，在战争岁月里，仍想方设法开展学术交流，促进师生科研的不断进步。另外，这些学术演讲基本上来自西北大学各个学生社团的邀请。这些学生社团包括学生自治会、地质学会、课外活动组、科学月报社、法学研究会等。遥想当年艰苦岁月，

[①]《讲演汇志》，《国立西北大学校刊》1948年复刊第36期。
[②]《讲演汇志》，《国立西北大学校刊》1948年复刊第37期。
[③]《讲演汇志》，《国立西北大学校刊》1948年复刊第39期。
[④]《讲演汇志》，《国立西北大学校刊》1948年复刊第40期。

衣食堪忧，西北大学师生仍能以此热情专研学术，实在令人敬佩与感动。

《西安临大校刊》与《国立西北大学校刊》是这一时期西北高等学校出版刊物的代表。此外，其他西北高校都出版了各类学术刊物，其中一些为学生团体出版物，诸如甘肃学院（包括兰州中山大学时期，以及甘肃大学时期）的《国民先锋》"为兰州中山大学学生会宣传科所编，于1929年4月1日创刊，当年出了10期，除两个假期外，每月1期。它是学生们发表言论的园地，办刊动机是引导学生与青年，振作精神，做民众的先锋。该刊主要栏目有'论文'、'研究'、'文艺'等。以其'创刊号'为例，'论文'栏发表《甘肃民众运动之过去及未来》、《我希望于先锋月刊的种种》、《旧道德与新文化》、《民众识字运动》4篇文章；'研究'栏发表《中国之家庭问题谈》、《列强在中国各设势力范围之缪点》、《论国际法是否为法律》3篇文章。'文艺'栏发表《他的隐恨》、《风餐》、《读荆轲传》、《书遗山集》、《罂粟》5篇文章。这个刊物也出有专刊，如1929年出版的《五月专号》，发表文章24篇。"[①] 虽然整体种类数量不多，有些刊物创办刊发时间断断续续，维持时间不长，但是，正是这些学术期刊的发行，鼓舞了西北高校师生坚持科学研究、服务西北社会的勇气和担当。

（二）深入开展边疆学术调研

这一时期，西北地区各大学多方面组织各类实地勘测与考察，一方面，期望在行动与实践过程中，培养与提升师生科学研究的能力；另一方面，通过各类考察与勘探，了解西北社会真实情况，以科学研究促进西北开发的进程。但是，需要注意的是由于战争原因以及西北高等学校自身发展的局限，这种科学研究并没有真正形成产学合一的有效路径，而是带有强烈的学术气息。

---

① 张克非主编：《兰州大学校史》（上编），兰州大学出版社2009年版，第68页。

国立西北联大历史系考古委员会认为，汉朝博望侯张骞为中国历史上不可多得之民族英雄，决定整理、修缮其墓冢，以为表彰。1938年5月20日，学校常委徐诵明、李蒸、李继谷、黄文弼等14位专家及男女学生数十人，赴陕西城固张骞墓进行考察。同年7月3日、8月24日，西北联大考古委员会对张骞墓展开挖掘整理工作，清理墓前石刻与文物，并增修墓道。事后考古委员会提议为张骞遗物增设展览馆，"于今日一致唤醒民族意识，对外实行抗战之际，必有极大之裨益。"① 次年，张骞墓冢文物得于西北联大考古室陈列展览。

1938年3月19日，国立西北联大历史学会组织本校历史、史地两系师生，赴阳关、马超墓、定军山、褒城石门等地考察。考察团瞻仰了我国一流政治家之祠墓，也察得汉砖、汉瓦等证明其地为汉代建筑遗址，但此行之意义并非仅限于此，学生通过考察，了解汉中的历史文化、领略汉中的风土人情，激发其对西北大地的热爱，也培养了学生对西北自然环境、物产资源、历史文化、民族宗教等问题研究的兴趣。

城固时期，国立西北大学地质地理系地质组师生，为调查汉中盆地地质构成，踏遍整个盆地，由东口黄金峡至西缘定军山，再由秦岭南麓至巴山北坡，搜集提取了地质样本，获得了许多宝贵的资料，回校后整理撰写，成文《汉中盆地地质》，具有较高的学术价值。同时，地理组也组织师生对汉中盆地的人文自然状况进行了详细的考察。②

1944年，国立西北大学边政系成立之初，遂组建边疆考察团，选定青海循化县为考察区域，由杨兆钧教授带领考察团对循化维吾尔族、撒拉族风俗、历史、文化、生活等开展调查研究，此次考察历时两月，收效良好。③ 1947年6月，西大边政系十多位师生组成甘、青考察团，先后赴甘肃、青海实地考察调研边疆宗教、政治、风俗、语

---

① 何士骥、周国亭：《发掘张骞墓前石刻报告书》，《西北联大校刊》1938年第1期。
② 李永森、姚远主编：《西北大学史稿上卷（1902—1949）》，西北大学出版社2002年版，第303页。
③ 李永森、姚远主编：《西北大学史稿上卷（1902—1949）》，第297—298页。

四　20世纪三四十年代西北高等教育中的边疆学术研究

言等，沿途收集有关边政之原始珍贵史料，了解当地风土人情，历时3月。①

1948年暑假，边政系阎锐、谢再善、朱懿绳三位先生组织该系四年级学生21人，赴新疆一带考察见习。本次考察见习之内容包括习练维文、县政实习、拜访各族领袖、调查新疆教育、参观民族文化协会、研究各民族之间交互之社会关系、探讨新疆维族伯克制度及新疆蒙族蒙旗制度、查看新疆伊斯兰教之潜力、探究游牧民族社会组织、观察维汉哈蒙各族生活实况、体验各族人民之习俗、调查迪化地志、测绘旅行线路、拍摄沿途照片、采访各类民族传说与故事等。此次考察，"实地探访天山天池、哈密回王墓、迪化红雁池、焉耆唐代遗址、库车千佛洞、黑孜而千佛洞、博斯腾湖、温宿故园、阿克苏果园、疏勒耿恭台、香妃墓、大礼拜寺、敦煌莫高窟等多处，皆具有地理、历史、经济、文化之极大价值，且多为人迹罕至之处。亦向不为人所注意者。该团得能实地考察，实与所学辅益至巨"。"该团在迪化喀什举行各族青年文化座谈会，讨论新疆问题，尤属创举。"②

1942年5月、6月，国立西北师范学院派遣黎锦熙、郝耀东、王心正等考察甘青宁三省国民教育师资情况。

> 考察的总目标：用通信调查及实地考察方法研究甘宁青三省国民小学教师的来源、分配、待遇及训练机关及社会文化及地理背景，并附带研究边民语言的种类和边疆小学国语教学改进等问题。考察项目包括：1. 人口分布及密度；2. 种族宗教类别及在社会上的势力；3. 职业种类及分布；4. 土地利用及财产来源；5. 计年度各项支出决算及三十一年度各项支出预算；6. 教育经费来源；7. 学龄儿童入学者与未入学者所占百分数的比较；8. 文盲在人口中所占的百分比；9. 三十年度小学学生及教师人

---

① 李永森、姚远主编：《西北大学史稿上卷（1902—1949）》，第390页。
② 《边政学系边疆见习团返校》，《国立西北大学校刊》1948年复刊第40期。

数统计；10. 现任小学教师资源分配；11. 现任小学教师待遇及生活状况；12. 国民师资训练机关的设备；13. 边疆小学国语教材及教学法；14. 国民师资训练机关国文科教材及教学法；15. 边疆特殊语言的种类；16. 方言与方音的调查。调查方法：1. 通信调查；2. 实地考察；3. 访问；4. 观察；5. 调阅有关文献和记录。①

1942年5月至1945年9月，国立西北师范学院学生利用暑期实习开展科学考察。

> 国文系调查方言、谚语及地方通俗文艺；考察并考订古迹、古物及名胜。史地系学生分为历史、地理两组，历史组考察关中道，包括宝鸡、凤翔、岐山、扶风、武功、礼泉、咸阳、西安等地的遗址、壁书、陵墓等。地理组考察兰州等地：城固—汉中—褒城—双石铺—徽县—天水—秦安—通威—定西—榆中—兰州—洮沙—临洮—顺洮—谷至—岷县—西固—武都—康县—略阳—城固。考察项目包括：1. 地形之发育及利用；2. 水泽与交通之关系；3. 小气候区之考察；4. 土地利用之调查；5. 地下资源之勘查；6. 人口分布与聚落形态；7. 交通与商业之关系；8. 未来之展望。

此外，公民训育系、数学系、理化系、博物系等均参与科研调查。"家政系调查本地各种漂染方法、营养食品、本地儿童之疾病及死亡率、五年来本地服装之变迁等。劳作系考察城固家禽数与产数及人口比例、各作物生产量、果产情形、木工业及其他小工艺情形等。"②

---

① 《边政学系边疆见习团返校》，《国立西北大学校刊》1948年复刊第40期。
② 《国立西北师范学院学生假期参观实习计划、经费、名册及有关文献》，中国第二历史档案馆，全卷宗号五，案卷号5795，第5页。

四 20世纪三四十年代西北高等教育中的边疆学术研究

1944年7月,国立西北师范学院设计"河西一带史地考察计划书"。

> 乌鞘岭以西,祁连山之北,河西走廊,天然为一地理单元,其在历史上之演变,既极重大而自然环境又极复杂,以往科学家前往考察者,固络绎不绝,但均为片面的调查与研究,至就整个西北史地、地形、地质、土壤、气候、植物、矿产、实业、交通、水利、民族、文化、社会、风俗、语言、宗教、教育、古迹、古物、文献、防护等等作综合之观察,以阐述人地相互之关系,而探讨吾西北居民对于环境之适用利用与改良者尚乏其人。本系有见及此,故除负责培养西北优良师资以外,兼负研究高深学术,以谋推进西北边疆教育、边疆文化以符于中央颁定之史地教育为国防教育中心科目之至意,派遣历史地理教授各二人,亲往该区作全面的考察以期求得其地理特征与历史演变,而作一综合的有系统的研究。具体考察内容包括中心地点之详尽考察与研究、地方教育之辅导、历史方面者、地理方面者等等。[①]

国立西北技艺专科学校办学特色鲜明,目的在于开发西北生产而培植建国基干人才,从社会实际需要出发,理论联系实际,着重培养学生的实践能力,希望学生通过所学,切实推动西北实业发展与进步。西北技艺专科学校教师袁义生曾发表文章《洮河上游之天然林》,通过细致调查洮河上游林木种类及分布状况,发现林木采伐方式过于粗放,人工砍伐对森林破坏极其严重,呼吁农林部及地方管理部门应科学严格管控,为西北工业发展做好准备。[②] 1942年3月,干兆凤受学校派遣,调查兰州市木材商况,目的是"明了一般木材商况之情形,及其与国民经济之关系,复根据实际资料,加以探讨,做营林上取舍之依据,进而供开发西北资源之参考也。"就兰州市木材的

[①]《国立西北师范学院学生假期参观实习计划、经费、名册及有关文献》,中国第二历史档案馆,全卷宗号五,案卷号5795,第54页。
[②] 袁义生:《调查研究:洮河上游之天然林》,《国立西北技艺专科学校校刊》(7、8),1942年,第1—2页。

来源、砍伐及运输情形、树种及用途等展开了全面调查，提出：

> 兰州市木材商业日渐发达，而投资于该项事业之人员，亦日益增多，惟砍伐及取峡时木材损失之巨，伐后之更新，尚少有注意者。为避免无谓牺牲，应及时限制砍伐点之高度，沿河峡口彻底加以修建，修建时由各木厂集资，由政府派技术人员协助之，如此则运输无阻，木材成本自可降低，其裨益于建设者，诚非浅鲜。伐秉后之更新为刻不容缓之事，按兰州所来之木材，全系天然产品，木商租山伐木，每以该山伐光为止，诚危险事也。为使木材不可胜用计，除小木材仍须留置林地外，政府应强制各木商及山主，于伐木时选出健壮之母树多株留于迹地，以便繁殖，虽属粗放面不具体之办法，然不失为救济之一策。设立一简单木厂，以便减少木材体积，而省运费，更就各种木材之性质，市场之需要，以制成各种适当尺寸之成材，使其使用价最大，此不但可以简省工资，便于买卖，亦经济利用之道也。①

西北技艺专科学校喻衡等教师对兰州附近实用百合进行了初步调查，调查内容包括栽培历史及分布状况、自然环境、品种及性状、栽培方法等，得出结论：

> 兰州产百合区域之风土，对百合之栽培极为适宜，品质之佳，不但驰名西北各省，亦堪称全国之冠，因受粮食缺乏影响，其售价低落，故一般经营者，放弃种百合，而改种马铃薯等食用作物，但西北日趋繁荣，人口逐渐增多，交通建设，将来对百合之需要，必呈供不应求之势，故从事于百合之栽培，仍不失为有利事业之一也。②

---

① 王兆凤：《兰州市木材商况初步调查》，《国立西北技艺专科学校校刊》（7、8），1942年，第3—7页。
② 喻衡：《兰州附近实用百合初步调查》，《国立西北技艺专科学校校刊》（13、14、15），1943年，第7—11页。

四　20世纪三四十年代西北高等教育中的边疆学术研究

这一时期西北高校也积极与西北地方其他研究部门合作，开展科研考察。例如1938年1月10日，西安临时大学工学院矿业工程系受陕西省建设厅函请，组织矿冶研究队赴陕南一带探查各类矿藏。① 西安临大矿冶系主任魏寿昆领导探矿队于1月22日到达安康，探测结果是："长枪岭砂砾层无成岩沙砾者不含金。砂砾层含金者，俱有多数之火成岩沙砾，证明金之来源，得自火成岩，而非得自安康附近岩层之石英矿脉。"② 1939年12月至1941年4月，国立西北技艺专科学校就曾与西北经济研究所合作，调查西北农村经济。"合作从事于西北农村经济之调查工作在研究所方面由兰州办事处负责，在技专方面由农业经济科负责。工作人员除技专指定农业经济科教员兼任研究所研究员外，其余职员均以由技专调用为原则。"③ 1942年，西北技艺专科学校与财政部贸易委员会西北办事处，合作推进兰州市物价调查工作，合作办法为："一、双方合办之工作，以调查甘肃之批发物价指数为限，必要时，经双方之同意，得扩大范围。二、双方合办之工作，由双方派定专人，共同办理之。三、派定专人之薪旅费，由双方个别负担之……"④

西北各高校科学考察与调研活动的开展，紧紧面向西北边疆需求，着力从各个方面全面深入了解边疆状况。也尝试以高校智库的方式提出各种专业推动西北各行业、各领域开发的策略，有些策略是非常具体的，有很高的可行性。但是，我们不得不承认，当时西北各高校的这种科研考察反哺社会实业发展的途径局限很大，效果也不显著。这与当时全国时局有关，也与西北高等教育自身发展有关。

国立西北农林专科学校筹设伊始即开展科学考察活动，1936年学校成立，出版了《西北农业考察》一书。《西北农业考察》一书详

---

① 《本校矿冶系赴安康勘矿队已抵汉中》，《西安临大校刊》1938年第7期。
② 《本大学安康探矿队报告》，《西安临大校刊》1938年第12期。
③ 《国立西北师范学院呈报甘宁青三省国民教育师资考察计划》，中国第二历史档案馆，全卷宗号5，案卷号12407，第1—2页。
④ 《本校与贸委会合作办理调查批发物价》，《国立西北技艺专科学校校刊》（7、8），1942年，第11页。

细记录了西北农林专科学校的考察目的、考察经过、考察结论、考察后的建议，呈现出为了解西北边疆农业状况，为开发西北培养人才而开展的此次科考的全貌。

> 夫西北原为吾中华民族之发祥地，徒以其地处边僻之西北，今乃成为中华民族之一大生命线。于是开发之高潮，沸腾海内，举凡政治，经济，文化种种事业，经纬万端，靡不各抒言论亟待改建，而西北纯属农业社会，则农业之改进，尤为治本之图，农业受地域限制甚大，改进之道，在乎培植当地人材，以改造当地环境，则开辟资源庶可发展而收事半功倍之效。是故中央创办国立西北农林专科学校于陕西武功，校长于右任更提倡推广筹设甘青宁三省农业试验场之旨趣，俱在乎斯。陕西校本部尤为开发西北之大本营，则甘青宁三省农场之设，犹如实施开发工作之先锋部队也。
>
> 开发西北，其事体大，而推行步骤有三：一考察、二研究、三建设，即看、谈、干是，设不看而谈，徒托空言，是为闭门造车未必有合实际；或不谈而干，则见解容有不是，研究容有未精，贸然行之，物质精神，两俱浪费，故看（考察）之步骤，厥为研究西北（谈）及建设西北（干）之基本工作。因是西北农校在筹设甘青宁三省农场之先，爰有考察西北农业之举，此项考察目的，概有下列二端：（一）考察西北农业实况，作为研究改进之资料；（二）寻觅农场适宜场址，以作改进农业之根据地。
>
> 民国二十三年夏，西北农林专科学校特派赴西北各省考察农业并筹设甘青宁三省农场之责，乃会同调查员李自发、李林海、李伯瑜三君，一行四人，由西安出发，于同年终返陕，前后达五个月，途径万三千余里，考察遍及甘青宁三省，选定农场地址六处，任务粗完，不无所得。[①]

[①] 安汉、李自发编著：《西北农业考察》一册，国立西北农林专科学校，1936年。

四 20世纪三四十年代西北高等教育中的边疆学术研究

西北农林专科学校此次农业考察以西北开发为目的，深入甘青宁三省了解农业发展现状，包括水利设施建设、农村经济状况、农作物种植、园艺、畜牧、垦殖等情况，总结西北三省农业发展中所遭遇的困难，提出改善与解决的措施，等等。表4-1是此次西北农业考察目录。

表4-1　　　　　　　　《西北农业考察》目录①

第一章"自然环境调查"	第一节"形势" 第二节"气候" 第三节"地质与土壤" 第四节"耕地种类"
第二章"农田水利调查"	第一节"甘肃农田水利（雨量、水车、各县水利灌溉、已完成之主要水渠、拟开水渠）" 第二节"宁夏农田水利（各大干渠之改革、各河渠现状、拟开新渠及修浚旧渠计划）" 第三节"青海农田水利（水利沿革、各县水利现状、各县水利计划）"
第三章"农业经济调查"	第一节"地价" 第二节"农民负担" 第三节"农村借贷" 第四节"农工待遇" 第五节"人民生活"
第四章"农作物调查"	第一节"甘肃农作物种类" 第二节"青海农作物种类" 第三节"宁夏农作物种类" 第四节"作物品种" 第五节"作物产量" 第六节"耕作方法" 第七节"作物播种期及收获期" 第八节"轮作制度"
第五章"园艺调查"	第　节"青海园艺" 第二节"甘肃园艺" 第三节"附甘肃森林调查"
第六章"畜牧调查"	第一节"青海畜牧概况（家畜种类、畜舍、饲料、饮料、畜疫畜产、青海畜牧改进意见）" 第二节"甘肃畜牧概况（各县畜牧状况及畜产估计、羊毛质量、蓄牲价值、畜疫）" 第三节"宁夏畜牧概况"

① 安汉、李自发编著：《西北农业考察》一册，国立西北农林专科学校，1936年。

续表

第七章"肥料调查"	第一节"青海肥料概况" 第二节"甘肃肥料概况" 第三节"宁夏肥料概况"
第八章"垦务调查"	第一节"甘肃垦务（垦务沿革、垦务现状、各县耕地荒地面积及垦务情形）" 第二节"青海垦务（垦务沿革、垦务现状、各县耕地荒地面积及垦务情形）" 第三节"宁夏垦务（荒地面积统计、垦殖计划区域、整理耕地之经过）"
第九章"结论"	
第十章"筹办甘宁青农业试验场计划"	
附录	国立西北农林专科学校甘宁青三省筹设农业试验场调查办法大纲

经过对甘青宁三省农业状况的全面调查，得出结论：

> 根据以上三省情形。一、因天灾人祸，农村破产。二、因富源未开，产生减少。昔日借黄河运输之利，今以沿河匪患，不能畅行。而陆路通达各地，昔日借人力及骡马骆驼之运输销售于各地之货物，亦因土匪劫扰而停滞，以致土产物品，无处销售，经济不能调剂。故此地有余，彼地不足，逐致有民终年劳苦而不得一饱者。若不设法救济，人民为饥寒所迫，势必铤而走险。前途隐患，可虑实多。兹就管见所及，举救济办法如次：第一救济西北。救济方法有二种。一、须先肃清地方零星土匪，使农民安居乐业。再免除苛捐杂派，凡各地驻军军饷，由中央或省政府直接发给，不宜拨县款以充军费。如是则农民减少许多负担。自能维持其一切事业。二、须筹设农民金融贷款机关，以低利贷款，为救济西北人民之关键，非此不能救济多灾多患之西北农村。第二移民垦殖。西北人口平均每万里不及三人，而东南各省平均每方里竟有二三百人之多，为调剂人口起见，一方面由国家提倡国营垦殖事业。一方面由国家奖励公共及私人团体垦殖事业。就甘青宁察绥五省而论，荒地有二万万亩之多。若一人垦地五十亩，能

容四百万人，每亩收益以五万计算，每年有两万之收入。如是既能增加生产，调剂经济，又能充实国防，以御外患。实为强国富民最有效力之办法。第三改良农业。在农业方面，由中央提倡，在西北适中地点，创设大规模农业试验场。用科学方法，改良品种及耕种方式，是为当务之急。在林业方面，提倡大规模育苗造林，使水旱风沙为害最烈之西北，不致再受天然之灾侵。在畜牧方面，除畜种亟宜改良外，最要是防疫，西北各省人民，以牲畜为主要生产，若能防治畜疫，无异保护生命。第四建设西北。当此国难严重之日，国防为我国最大问题。东南富庶之区，随时可受敌人威胁，西北疆土既大，富源亦厚，又深入内地，一切新兴经济建设，不致受帝国主义经济侵略，如西北各种矿业之开发，棉毛纺织工厂之设立，水利之兴修，文化教育事业之振兴，交通公路之完成皆为西北之急务。再就应对世界大战而言，建设西北，更为重要。假如世界二次大战发生，在天平洋我国之海洋交通，必为敌人封锁。彼时我国沿海沿江各省同胞，或为强炮轰击，势必逃往西北。事先若无经济建设之准备，使其生产增加。将以何应对。谋国者不可不以为绸缪也。再就其他方面推测，二次大战爆发，我国海洋交通封锁，平常仰赖于欧美之各种物品，彼时必一无所有，瞻念前途，不堪设想，事须沟通陆路交通，由西北与欧洲发生直接关系，方能求得另一出路。但现在西北交通，困难如此，一切富源，又尽弃于地，应即分别推行，一面从事于交通，一面从事于农垦，以收兼营并进之功。[1]

通过认真而深入的调查研究，不仅发现了西北社会农业凋敝的症结，而且针对问题，提出了改进西北农业生产的具体方法，其中特别强调了抗日战争爆发后，西北社会开发对全国局势的作用，强调了西北经济，特别是农业发展在抗战建国中的重要地位。

在此基础上，西北农林专科学校提出了"筹办农场之必要"。

---

[1] 安汉、李自发编著：《西北农业考察》一册，国立西北农林专科学校，1936年。

> 如何可以振兴西北之实业，如何可以增加生产，犹不能不从事研究与试验。农业既为西北各省经济及人民生活基础，则研究与试验之需要，首在农业。此就甘青宁三省本身而言，农业试验场之开办，诚为当前要图。再者酝酿中之世界的二次大战，果然爆发，我国精华所聚之东南各省，行将沉陷于炮火中，而战时前防之接济及全国人之衣食与一切生活资料，仰赖于西北各省者颇巨。青海居长江黄河之发源地，沃野千里，宜农宜牧；宁夏为黄河独富之区，夏麦秋禾，物产丰饶；甘肃位于中国版图之真正中部，古有"金城""玉门"之设，今有"陇上天府"之称，总地会称南京为"海都"，兰州为"陆都"，全国铁路中心亦在兰州。然则三省地理形势如此重要，面积如此广大，天然环境又如此优美，苟从农业着手，急图振兴，则不难变为我中华民族之一大生命线。此就全国大势而言，三省农场之开办，更觉其迫不及待矣。①

依据上述分析，考察组提出详细的农场设置计划，包括青海、甘肃、宁夏三省农场选址与设立，农场工作方针及大纲，农场组织系统及职员，农场布置及设备，农场经费预算等。其中，"农场工作方针及大纲"规定：

> 农场试验场之工作方针，应根据推广区域之农业情形而定，始可收因地制宜之效。如青海农场既以旧道属湟水流域诸县为试验与推广之范围，则其工作方针当以农作物为主，畜牧为副，园艺、森林次之。兰州农场以黄河流域为推广范围，则其工作方针当以园艺及农作物为主，森林畜牧为副。天水亦然。平凉与酒泉均应注重农作物与森林，园艺畜牧次之。宁夏农场既以境内黄河流域各县为推广范围，则其工作方针，注重农作物与畜牧之外，对于森林园艺，亦有并重推行之必要。此外农村经济之改

---

① 安汉、李自发编著：《西北农业考察》一册，国立西北农林专科学校，1936年。

善，与夫农事教育之推进，在甘青宁三省，无处不在迫切需求中，而以改良整个农业，复兴农村及促进乡村社会之现代化为最终目的焉。①

考察组的工作做得非常细致，例如在"农场工作大纲"农艺方面计划开展作物育种、土壤试验、肥料试验、农具试验等，仅就农艺方面来说，包括作物育种、土壤试验、肥料试验、耕作方法试验、农具试验、作物病虫害研究及防除等，其中"肥料试验"的具体内容，"如土壤有何种缺点，当以何种肥料改良之，何种作物适宜何种肥料，及化学性肥料与有机质肥料之比较试验，与夫当地农民错施肥料之纠正等，须经详细之试验。此外如青海兽骨颇多，利用科学方法，制成磷酸肥料，用以肥田或运销东南各省，乃为最有利益之工作。"②

虽然，上述西北农业考察建议与农场筹办计划没有得到全面落实，但是西北农林专科学校成立后，随即建立了各种附属林场、农场、园艺场，积极开展科学研究活动。例如学校农艺组"位于三道原杜家坡东西二堡之间，先后落成试验室一座、挂藏室一座、贮藏室一座、农具室一座、职员宿舍一座，农工宿舍一座，畜舍一座、温室一座。场中备有轧花机、小麦脱粒机器、喷雾器、脱粒机、昆虫饲养箱及各种农具共四百八十余件。"③森林组设有附属林场："（一）郿县分场，现有井索沟、车厂凹、磨石沟等苗圃，计总面积二百八十亩，内有播种苗圃四十一亩余。现有苗木一百八十一万四千五百二十一株。其种类为白椿、白榆、楸树、中槐、皂角、辩白、椰榆、华山松、柿子、怛柳、橡树、监虞木、桑树、核桃、洋槐、榉树、合欢、白杨、桃、杏、李、漆树、枚枈等，造林地面积约三千零三十八亩余，植树成活株数，约五十六万七千一百零二株，种类亦如苗圃中所述者。（二）咸阳分场，现有周陵苗圃，计面积约二百三十九亩余，

---

① 安汉、李自发编著：《西北农业考察》一册，国立西北农林专科学校，1936年。
② 安汉、李自发编著：《西北农业考察》一册，国立西北农林专科学校，1936年。
③ 《国立西北专科学校一览》，1936年，第20页。

内有播种苗圃九十四亩余。计有苗木一百零九万七千九百余株。河滩苗圃，计面积约一百六十亩，内有苗木约十四万八千五百株。育苗种类为椿、榆树、楸、槐树、桃、杏、扁柏、皂角、核桃、白杨等，周陵造林面积约一千五百九十一亩余，植树成活株数，约三十一万八千三百三十八株。河滩植树成活株数，约五万七千二百七十一株，其种类亦如苗圃中所述者。"① 除此之外，森林组还设有武功分场等。可见，西北农林专科学校通过对西北甘青宁三省农业细致深入的调研与考察，了解了西北三省农业发展的真实境况、问题与需求，提出的建议包括如何改良农业、如何实践探索，以及如何建设西北各农场、林场等实验基地，等等，这些都在以后的学校设置与发展中得到了体现。学校积极通过各种农业试验开展科学研究，切实为西北农业开发做出了贡献。

此外，这一时期西北各高校涌现出许多热心西北科研考察的教授，这些教授多有海外留学经历，学识渊博。如果说上述以西北各高校为中心开展的各项考察囿于经费、战乱等局限，仍旧缺乏真正的科研意蕴，那么，西北各高校教授自觉组织、参与的勘测与科考却具有极高的科研价值，为西北经济开发，历史、地理资源整合，文化进步等贡献巨大。

1937年12月，应陕西省政府要求，西安临时大学工学院矿冶系教授魏寿昆、张伯声、雷祚雯带领19名学生积极开展深山勘矿。1938年5月，探矿队以国立西北联合大学工科研究所的名义，出版了研究报告第十六号《勘查安康行政区砂金矿简要报告》，其报告推翻了此前"该处矿产甚多，其中尤以金矿为最有开采价值"的结论，认为"安康区砂金区域虽广，但含金量太低，较之世界一般之砂金量每吨二三钱者，相去太远，但以我国人工贱，生活程度低，择一二较富裕矿带小规模经营，尚无不可"。但是，他们认为"石泉富矿带"之砂金生成状态迥异，有科学研究价值；陕南洋县、城固、南郑等地，

---

① 《国立西北专科学校一览》，1936年，第30页。

均产砂金（每吨四五厘），对其来源、矿床成因，有详细勘探之价值。①后有学者评价道："这是一次高水平的科学勘矿考察和实地试验。三位教授分别从冶金工程角度、地质地层学角度、采矿角度密切配合，发挥各自所长。他们首次在西北地区运用淘金船淘采法（gold dredging）、Keystnoe Dril No. 3 with Standard Casing、打孔法、试井支柱法（Sheet Piling or Cairon method）等国外先进的科学勘探方法，对陕南汉江流域略阳、阳平关、洋县、城固等10余县域的砂金矿做了实地踏勘、实地试验和调查研究，纠正了过去的一些错误结论甚至地图错误。"②张伯声教授在此次勘察的基础上，再行考察，确定了汉南花岗岩的确切年代，发现了我国第一个太古与远古地层间的不整合界面——"嵩阳运动"界面，至今仍被地质界公认和沿用，彻底改变了学界对秦岭中段南部地区地壳构造属性的认识，从"中生代活动带"变为"前震旦纪古老地块"，即后称的"汉南地块"，从而为中国区域构造基本理论以及西北开发中的矿业与工程建设作出了重要贡献。

魏寿昆教授"1937年10月17日，与国立西安临时大学教师一道，在西安南部秦岭的南五台山野外考察；1938年11月，又勘察陕西凤县、甘肃两当一带矿产地质，发表《凤县地质矿产初勘报告》。可以说，魏寿昆教授虽然在国立西安临时大学、国立西北联合大学不到一年半时间，却用差不多三分之一的时间踏遍秦岭中、西、南部，尽职于探矿事业"③。

刘慎锷教授是我国著名的植物分类学家，植物地理、历史植物地理学与森林生态学的主要奠基人和开拓者，他本是国立北平研究院植物学研究所所长兼专任研究员，后抗战爆发，国立北平研究院并入成立西安临时大学。早在1931年，刘慎锷教授曾参加中法西北科学考察团，发表《中国西南部植物地理》等论文，填补了中国植物学领域的空白，为新疆、青海等西北地区植物分类、地理分布、植被区系、植被区划等

---

① 魏寿昆、雷祚雯：《勘察安康行政区砂金矿简报（1938—11—16出版）》，《矿冶半月刊》1938年第7期。
② 姚远：《衔命东来：话说西北联大》，西北大学出版社2018年版，第252—259页。
③ 姚远：《衔命东来：话说西北联大》，西北大学出版社2018年版，第259页。

提供了科学研究的依据。1936年11月18日,国立北平研究院与国立西北农林专科学校合建西北植物调查所。刘慎锷多次前往西北各地挖掘苗木、收集花木,筹建了武功植物园。1938年,《西北史地杂志》发表文章《中国西北之植物地理》,在文章中刘慎锷教授将西北分为内西北(陕、甘)、近西北(蒙古包括察、绥、宁)、远西北(新疆及西藏),再从中加以详细分类,基本按照地势地形,划分总结西北植被状况。他认为:"植物之自然地理,乃综合地势气候与植物之自然分布为依据。三者相合,而居民之生活,风俗习惯,甚而至于语言,农产,亦莫不随之而转移。植物自然地理之重要性,如此可见一般。"①

黄文弼教授是我国著名考古学家、西北史地学家。1938年他担任国立西北联合大学教授,1939年赴四川大学任教,1942年复任西北大学(西北联大分解后成立)历史、边政两系系主任。黄文弼教授一生四次赴新疆进行考古调查,足迹遍布天山南北,是在新疆考察时间最久、范围最广、发现遗址类型最多的学者。在西北任教期间,其主要工作是授课与整理此前考察文献资料,1938年在《西北史地季刊》与《西北论衡》上发表文章《西汉通西域路线之变迁》《两汉通西域路线之变迁》。1942年在《边政公论》上发表文章《新疆地形概述》。1943年在《说文月刊》《边政公论》与《西北日报》上发表《波斯古史及中国文化之关系》《论匈奴之起源》《高昌国历史与文化》。1944年在《说文月刊》《边政公论》《西北史地论丛》《边疆研究论丛》上发表文章《史记流源及其体例》《汉西域诸国之分布》《西域诸国之种族问题》《楼兰土著民族之推测》。上述文章的撰写大多来自多年西北考古经历。在黄文弼教授四次新疆考察中,有一次是在他西北任教期间,1943年他受西北大学委托,随国父实业计划考察团第三次赴新疆考察。"此次考察重点在北疆,足迹遍及镇西(巴里坤)、木垒、奇台、浮远(吉木萨尔)、阜康、昌吉、呼图壁、玛纳斯、乌苏、精河、伊宁、博乐、额敏、塔城、布尔津、承化(阿勒泰)等地。除北疆外,黄文弼又考察了南疆的托克逊、焉耆、库车、

---

① 刘慎锷:《中国西北之植物地理》,《西北史地》1938年第1期。

沙雅、阿克苏、阿瓦提、乌什；回程则转至库尔勒、吐鲁番和哈密进行考察，1944年返校。"① 这一次新疆考察没有出版考察报告，主要是为填补第一、二次考察的空白，但一样具有重要的价值与意义。

20世纪三四十年代战乱频仍，高校资金多被挪为军费，开支拮据，加上西北地区经济发展滞后，高校基本没有其他经费来源，在这种条件下，西北高校师生克服种种困难，努力开展各类考察与调研活动，实属难得。西北地区地处偏远、交通不便，经济、社会、文化较为落后，抗日战争爆发前鲜有学者、政府要员关注西北社会。抗战爆发后，随着东北沦陷、华北失守、东南沿海频遭轰炸，西北地区战略地位凸显，开发西北、建设西北呼声日高，国人才开始关注西北，组团考察。但这种考察远远不够，西北社会有其独特的地理、历史、文化、民族、宗教、经济、政治环境，官方或者其他大学、学者的考察，多半流于形式，没有发挥实质性的作用。实际情况是西北地区需要的考察与调研，其一是接触与了解，其二是理解与包容，其三是保护与延续，最后才是更新与发展。开发西北、建设西北的重任实则落在西北地区高校培养之各类人才肩上，只有让西北各高校师生体验西北现实生活，了解西北各地、各族文化历史，直面社会实际需求，才能生成学生学习科研、发展科研的原动力，也是这种动力得以持续的保障。

（三）鼓励教师边疆研究成果发表

在社会动荡、科研经费窘迫的艰苦环境下，各校仍积极营造科研氛围，鼓励教师写作与发表科研成果。科研成果凝结了西北高校教师的智慧，一方面，以学术研究的视角来看，其本身就是对学科研究的推进与发展；另一方面，科研成果中那些与西北边疆社会开发紧密联系的思考与探索，尤其可贵。表4-2是1941年统计的西北师范学院教师著作情况。

---

① 朱玉麒、王新春编：《黄文弼研究论集》，科学出版社2013年版，第111页。

表4-2　　　　　　　　　　国立西北师范学院教职员著作

职别	姓名	著作名称	出版处所	出版年月
院长	李蒸	美国一教师学校组织之研究，民众教育演讲辑要，其他教育论著	见各教育刊物	
教务处主任兼国文系主任	黎锦熙	总部：书目新答问（举例，附录）	北平师大文学院（排印本，定价一角半）	1935年
		中等学校国文选本书目提要	北平师大文学院（三角）	1937年
		大学国文课程指导（即部颁大学及本院国文系科目表实施纲要）	城固西北大学（油印本。又载《高等教育季刊》第一期）	1940年
		哲学：宋元明思想学术文选（第一辑）	北平著者书店（五角五分）	1933年
		宋元明儒学案序录注略	北平师大（油印本）	1935年
		近思录释词（附索引）	稿本（存北平）	1931年
		太极图说新证	稿本（存北平）	1936年
		近代西洋哲学笔记	钞本（存北平）	1920年
		宗教：佛教十宗概要	北平著者书店（四角八分）	1934年
		经坛纪闻（二十卷）	钞本（存北平）	1921年
		社会科学：教育丛稿（并入《黎锦熙文存》）		
		新著国语教学法大纲	城固西北师院（油印本）	
		中学国文教学改革案	城固西北师院（排印本。又载《中等教育季刊》第一期）	1940年
		学校读经问题	北平国语周刊本	1936年
		政治论评汇存	湖南公报排印本	1912年
		语言文字学：国语运动史纲	商务印书馆（一元。又万有文库本多缺误不可用）	1934年

四　20世纪三四十年代西北高等教育中的边疆学术研究

续表

职别	姓名	著作名称	出版处所	出版年月
教务处主任兼国文系主任	黎锦熙	注音汉字（国语史纲续编之一）	商务印书馆（三角）	1936年
		注音符号发音表	重庆中国文化服务社（石印单张）	1940年
		国音字母拼音练习表	重庆中国文化服务社（石印本）	1940年
		扫除文盲注音符号合音例字表	重庆中国文化服务社（石印单张）	1940年
		扫除文盲与注音符号	重庆中国文化服务社（排印本）	1940年
		国语罗马字（国语史纲续编之三）	北平国语周刊本	1937年
		国语罗马字模范读本（首册）	中华书局（三角）	1926年
		佩文新韵（一名国音分韵常用字表）	北平佩文斋书店（九角）	1934年
		中华新韵十八部表	城固西北大学（油印本）	1941年
		北京入声字谱	商务印书馆东方文库本	1922年（1924年征订）
		审音通说（举例）	北平中国大辞典编纂处（排印本，一角）	1932年
		说文音韵古纽韵表（音符即形声字之某声）	城固西北大学（油印本）	1941年
		新成均图（古音研究）	西安临时大学（石印本）	1937年
		新切韵执掌图（广韵研究）	西安临时大学（石印本）	1938年
		国语方言音系图（以上三种，合成《观音图》）	西安临时大学（石印本）	1938年
		国音广韵通表（上册）	城固西北大学（油印本）	1939年
		广韵四表	城固西北大学（石印本）	1938年
		全国方音注音符号总表	教育部国语推行委员会草案本	1941年
		音韵学丛稿	北平国语周刊本	1936年

续表

职别	姓名	著作名称	出版处所	出版年月
教务处主任兼国文系主任	黎锦熙	新著国语文法	商务印书馆（壹元肆角）	1924年（1933年订正附索引）
		国语文法纲要六讲	中华书局（二角五分）	1925年
		比较文法	北平著者书店（八角）	1933年
		中国古今文法研究提纲	城固西北大学（油印本）	1941年
		"笑"之图解	北平文化学社（二角）	1926年
		"天下为公"（礼记礼运篇一章之图解及译白）	城固西北师院（排印本。又载四川省《中等教育季刊》第一期）	1939年
		各体文法实习法及例题汇录	城固西北大学（油印本）	1939年
		中国文法丛稿	北平国语周刊本	1937年
		三百篇主述倒文钩例	师大文学院（排印本一角）	1933年
		三百篇虚助词释（一名《诗绵》）	稿本（存北平）	1930年
		三百篇之"之"（即《三百篇虚助词释》之一篇）	燕京学报排印本	1931年
		复合词构成方式简谱（附歧义及偏义）	北平中国印辞典编纂处（排印本，一角）	
		复合词丛稿	上海国语月刊本	1924年
		近代语研究举例（一名《国语文学之训话研究》，《中国大辞典长编》之一）	北平中国大辞典编纂处（二角）	1933年
		古今名物考辨举例（《中国大辞典长编》之二）	北平中国大辞典编纂处（一角五分）	1935年
		古今虚助词考释举例（一名《中国语言之变迁》，《中国大辞典长编》之三）	北平中国大辞典编纂处（一角五分）	1931年
		训话丛稿（附方言。以上四种，合成《方雅说名》）	北平国语周刊本	1936年
		六书新说（一名中国语文之历史演进）	油印本	1934年

四　20世纪三四十年代西北高等教育中的边疆学术研究

续表

职别	姓名	著作名称	出版处所	出版年月
教务处主任兼国文系主任	黎锦熙	简体字（《国语史纲续编》之二）	北平国语周刊本	1936年
		汉字新部首	北平国语周刊本	1936年
		古今语文形音义及词类文法通典（举例）	稿本（选载商务印书馆文史杂志）	1939年
		国语四千年来变迁潮流图	北平文化学社（四角）	1926年
		怎样研究国语	《商务印书馆读书指导》第一辑	1933年
		国语学讲义（又英文译本）	商务印书馆（各四角）	1919年
		国语讲坛	中华书局（四角）	1920年
		语文杂稿汇存	北平国语周刊本及钞本	
		文学：建设的大众语文学（即《国语史纲序》）	商务印书馆（二角）	1934年
		修辞学比兴篇	商务印书馆（三角）	1935年
		辑雍熙乐府本西厢记曲文	北平立达书局（三角）	1934年
		西厢记释词（一名厢雅）	北平油印本	1932年
		元杂剧总集曲目对照表	北平图书馆学季刊排印本	1933年
		京本通俗小说考评	北平努力学报排印本	1928年
		锦熙文在【存】	钞本（存北平又续本）	1937年
		流浪集、乐城集、蜀游集（诗稿）	油印本	1937—1940年
		史地：方志今议	商务印书馆（七角）	1939年
		钱玄同传	城固帅大办事处（排印本，非卖品）	1939年
		感逝集（传记、诗稿等）	北平国语周刊本	1936年
（附注）以上"出版处所"一栏中所注"城固西北大学"皆系与本院合印本				
体训育主主任任兼	袁敦礼	体育原理	勤奋书局	1933年
		教育部、卫生部暑期卫生体育讲习会讲演录	两部自印	1930年

157

续表

职别	姓名	著作名称	出版处所	出版年月
国文系教授	谭戒甫	墨经易解	上海商务印书馆	1935年五月
		论晚周形名家	武汉大学文哲季刊	1930年
		墨辩轨范		
		墨辩论式源流		
		经说释例		
		大取校释		
		小取校释		
		校吕遗谊		
		思孟五行考		
		二老研究		
		史记老子传考正		
		中庸考略		
		周易卦爻新论		
		董武钟□考		
		怎样研究目录学	商务出版周刊新二百十六号	1936年八月
		荀子正名篇讲记	东方杂志卅二卷七号	
		彭祖传说之伪变	天津大公报史地周刊	1937年七月
		孔子学易问题商兑	南京国立编译馆图书评论二卷九期	1934年
		庄子天下篇校释	自印	1935年十月
		公孙龙子形名发微	武汉大学出版社	1929年
英语系教授	包志立	Platearus and the cvnve of feaning in maton Shiee Psgchlaguae manographs		
公民训育系主任	王凤岗	A Study on the Teaching Method of Chinese Language（国语教学法之研究）	美国斯坦福大学出版	1928年
		China's Education Reform and Japan（中国教育改革与日本）	北平著者书店	1923年
		Noteson the Curriculum（课程论）	武汉大学出版	1939年
		Outline of Vocational and Edvocational Guidance（教育与职业指导）	武汉大学出版	1940年
		课程编制之理论	武汉大学出版	1940年
		导师制之研究	武汉大学出版	1940年

四　20世纪三四十年代西北高等教育中的边疆学术研究

续表

职别	姓名	著作名称	出版处所	出版年月
数学系教授	傅种孙	编著：初中混合数学六册	中华书局	
		高中平面几何一册		
		初等数学研究基础篇一册，作图篇二册		
		译述：罗素算理哲学	商务印书馆	
		黑柏提几何原理	商务印书馆	
		论文：大衍求一术	母校数理杂志	
		循环小数之方乘及方根		
		Malbatti问题之108解	中国数学会宣读	1936年
		循环排列问题	印刷中	
教育系主任	李建勋	美国民治下之省教育行政	商务印书馆	1928年
		天津市小学教育之研究	文化学社	1934年
		其他短篇论文	散见于师大教育丛刊，师大月刊，教育杂志教育通讯	
		战时与战后教育		
教育系教授	程克敏	The influence of oral propaganda on students attitudes（宣传对学生态度之影响）	美国哥伦比亚大学	1933年
教育系教授	金澍荣	Research on the influence of middle school subjects on Students' extracurricular life（中学学科对学生课外生活影响之研究）	美国纽约保罗印刷局	1934年
		An analysis of English writing errors of secondary school graduates（中等学校毕业生英语写作错误之分析）	国立西北师范研究所	1939年

续表

职别	姓名	著作名称	出版处所	出版年月
教育系教授	金澍荣	初中英语课本之比较研究		1941年夏
		西北中等学校师资之改进		
教育系教授	马师儒	老子的政教原理（Palitische and padogogische pringipicre Von faotye）	译文在瑞士出版	
		文化与教育	前北京大学出版社	
教育系教授	郝耀东	天才的研究	北平晨报	1924年
		美国陆军用的智力测验	商务印书馆	1923年
		自知之术	黎明书局	1932年
教育系教授	鲁世英	乡村教育	文化学社	1920年
教育系教授	高文源	The influence of the former and the latter on the meaningless sounds（前扬音与后扬音对于无意义字音的影响）	美国密歇根大学	1932年
教育系教授	胡国珏	教育测量［译自《美国教育会议年鉴》］	北京高师	1922年
		心力（The Power of the Mind）	商务印书馆	1925年
		心理学	百城书店	1928年
		教育心理学	河北女师学堂	1935年
教育系教授	唐得源	教育领域图解	大公报	1939年
		美国对我抗战之舆论	合众书店	1940年
家政系主任	齐国梁	《中国女子教育》及《个性之差别及教育上之适应》论文各一，前者约三万言，后者约十二万言		

资料来源：《国立西北师范学院院务概况》1941年第6期。

表4-2所列西北师范学院教职员科研论著是一个整体统计,包括截至1941年6月前师院教师所有的科研成果,所以有一些不是西北联大、西北师范学院时期的著作。西北师范学院是一所高等师范院校,其最大的责任就是为西北地区培育优秀的中等学校教师,同时也负有改造文化的任务。基于此,西北师范学院开展的科学研究首先是各科师范教学方面的深入研究,当然也包括教师个人科研兴趣的不断深入。除此之外,我们仍可以看到师院教师以自己的独特方式研究西北边疆问题的转向与路径。如金澍荣的《西北中等学校师资之改进》,鲁世英的《乡村教育》等。此外,各系教师着眼现实问题,探讨中外教育差异,针对当时的中国,尤其是抗战中、抗战结束后师范教育如何改造与发展等问题的研究对西北边疆教育事业的推进也有积极的辐射作用。

除国立西北师范学院外,西北其他各高校同样重视教师科研成果的撰写与发表,表4-3是国立西北医学院教师研究著作一览。

表4-3　　　　　　国立西北医学院教师研究著作一览

姓名	研究著作	出版社
王同观	妇产科学	同仁会出版
	简明妇产学	特印
	妊娠早期诊断之我见	
	慢性淋病与Vaccin	
董克恩	Spalteholy	
	Anatomie	
	Sonntag-Chirurgie	翻译,计划出版
	Orator-Chi	
	Rurgie	
	其他Schmiden-Chirurgie	翻译,计划出版
毛鸿志	病理学大意	存北平
	肺癌发生之研究	稿存
	日本九州帝国大学抗战后返国未及携返	
	RÖSSLE氏剖检术	已翻译
	其他译注	北平医刊发表

续表

姓名	研究著作	出版社
陈作纪	Histologische Untersrchrng ÜberTuberkeln Und Gummata ImMilygewebe	
万福恩	S. G. O. Archire of surg. J. A. M. A. Biet. J. Y surg.	
陈学修	Augenarztliche Therapie Franke Ernst.	翻译
	新实用眼科学	译著
	沙眼原因及根治办法	
	虹膜切除及角膜移植对于改进视力之比较	
周昱	医学学刊 传染病一回	世界书局出版
	论文（六种）	
赵清华	皮肤科学	
	男子生殖不能	译述
王友竹	生物化学	
徐佐夏	肝内蛋白溶解酵素之提取	德国生物化学杂志
	滤纸对于酵素之吸收作用	德国生物化学杂志
	细胞内游子平衡	德国生物化学杂志
	异性与同性凝结现象	德国免疫学杂志
	温热对于蛙心之影响	德国药理学杂志
	浮萍之研究	德国研究院杂志
	高根与吗啡之结合作用	德国研究院杂志
	NOVOCAiN	德国研究院杂志
	Cardiazol, co	
	Ramin 及樟脑等作用	

资料来源：《国立西北大学教员著作一览表及西北、广西医学院等院教材课文目录及有关文书》，中国第二历史档案馆，全卷宗号5，案卷号1353，第54—65页。

西北医学院教师的上述著作许多是当时国外优秀作品的翻译，

四 20世纪三四十年代西北高等教育中的边疆学术研究

还有一些是教师根据自己的阅读与临床实践不断探索的体悟与经验。特别是这些珍贵的有益探索,多数与西北地区卫生医疗的特殊实际相结合,这种结合为西北边疆医疗事业的发展,为提高西北边民身体素质与养成卫生习惯等贡献尤为重要。举一个具体的例子。西北医学院教师慕稽发表的一篇专论《传染病概要》,内容包括传染病的定义与分类,根据传染病处理的方法将传染病分为呼吸系传染病、胃肠传染病、昆虫传染病、性病、其他传染病等。该文总结了传染病的共同点:"1. 由细菌、滤过性毒、变形虫,或寄生虫等侵入人体而发生的疾病。2. 起病急骤,病愈亦速。3. 有季候性。4. 有地方性或流行性。5. 第一次患病后,大多产生暂时的,或永久性的免疫性。6. 传染病大都可以预防。"该文揭示了传染病经由饮食、间接接触、飞沫、昆虫叮咬等多种途径散播,即发生的原因;提出了传染病防治的策略,包括提前预防注射,避免传染媒介,减少接触机会,注意食物清洁及卫生事项。此外,要加强个人卫生教育,应注意:"1. 常用肥皂洗澡,保持身体清洁;2. 饭前便后必须洗手;3. 不使手接触不洁净的器物,不用他人用过的东西;4. 不用公共的或不洁净的澡巾、面巾、梳篦、茶杯、饭碗及烟嘴等;5. 避免多人聚处。"[①] 20世纪三四十年代的西北社会贫穷落后,普通民众基本无卫生观念,致使传染病肆虐。在这种情况下,西北医学院教师针对社会实际的研究的确有十分重要的作用与价值。上述对传染病的研究成果,对培养边民卫生健康习惯,加强对大面积传播疾病的预防与治愈等都是有益的探索。

另一个例子是关于我国著名的水利专家李仪祉先生的。李仪祉,陕西蒲城县人,1915年毕业于德国丹泽工业大学,获"特许工程师"荣誉称号。1932—1936年任陕西省水利局局长,1934年任西北农林专科学校水利组主任,并执教于该校。表4-4是这一时期李仪祉先生发表的部分文章及著作统计。

---

① 慕稽:《传染病概要》,《国立西北医学院院刊》1941年第8期。

表4-4　　　　　　　　　　李仪祉部分科研成果一览

文章及著作名称	发表刊物	发表时间
永定河改道之商榷	华北水利月刊	1928（1）
黄河根本治法商榷	华北水利月利	1923（2）
森林与水工之关系	扬子江水道月刊	1929（4）
华北之水道交通	华北水利月刊	1930（3）
泾惠渠管理意见	华北水利月刊	1930（9）
陕西水利工程之急要	华北水利月刊	1930（12）
沟洫	华北水利月刊	1931（5）
陕西泾惠渠工程报告	华北水利月刊	1932（7）
陕西水利工程十年计划纲要	陕西水利月刊	1933（1）
关于变迁河床河流治导之模型试验	陕西水利季报	1933（7）
导渭之真谛	黄河水利月刊	1934（2）
治黄意见	陕西水利月刊	1934（3）
治理黄河工作纲要	陕西水利月刊	1934（7）
黄河治本的探讨	黄河水利月刊	1934（7）
蓄水	黄河水利月刊	1934（8）
后汉王景理水之探讨	华北水利月刊	1935（6）
巩固堤防策	黄河水利月刊	1935（6）
论德国堵塞决口法	黄河水利月刊	1935（6）
固定黄河河床水位应以何水位为标准	黄河水利月刊	1935（8）
纵论河患	陕西水利月刊	1935（9）
整治洞庭湖之意见	陕西水利季报	1936（1）
功学	上海商务印书馆	1938
论引泾　李仪祉先生遗著	陕西省水利局	1938
再论引泾　李仪祉先生遗著	陕西省水利局	1938
黄河治本计划概要叙目　李仪祉先生遗著	陕西省水利局	1938
淮河流域之水道交通．李仪祉先生遗著	陕西省水利局	1938
对于治理扬子江之意见	陕西水利季报	1940（1）
论涸湖垦田与废田还湖	陕西水利月刊	1940（3）

从表4-4中不难发现，李仪祉先生一生致力于水患治理。尤其是在西北期间，对黄河整治更是苦心钻研，独有建树。他积极借鉴国外先进的科学技术，注重结合我国古代的治水经验，创造性地提出了

一整套治黄理论，撰写了《导治黄河宜注意上游》《治黄关键》《黄河概况及治本探讨》《黄河水文之研究》等40余篇论文、报告及著作，提出了全流域并重的治理黄河的思想，兼顾防洪、灌溉、航运与水电等各个方面，彻底改变了从古到今单纯着眼于黄河下游的治水策略。此外，李仪祉先生在综合开发与利用黄河，特别是在水土保持理论方面开创了先河。李仪祉先生将自己的科学研究与治水实践紧密结合，1935年完成泾惠渠工程，成为当时中国现代化水利工程之典范。1934年至1937年洛惠渠主体工程基本完工。1935年到1936年底又完成了渭惠渠一期工程。梅惠渠也于1936年开工，到1938年完成。他制定了《陕西水利工程十年计划纲要》，筹划了关中八惠：渭惠、泾惠、梅惠、洛惠、涝惠、黑惠、沣惠、泔惠，计划在十年内使水利惠及陕西全省。至1938年李仪祉先生逝世，泾、渭、洛、梅四渠已初具规模，灌地180万亩。可以说，李仪祉先生对当时西北边疆的水利建设贡献极大，泽被至今。

（四）各种科研机构的成立

西北各高校科研氛围日渐浓厚，不仅创设了正规的研究所，培养高级科研人才，而且在学校中出现了许多以系、所为单位或者以学生社团为基础组织成立的各种研究会。这些类型多样的研究机构，选择的研究问题多与当时西北社会的实际需要结合紧密，积极解决西北边疆开发中所遭遇的具体问题，在一定程度上为西北边疆建设做出了贡献。

国立西北联合大学曾于师范学院下设师范研究所，医学院下设医科研究所，联大后分立为西北五校，包括国立西北大学、国立西北师范学院、国立西北工学院、国立西北农学院、国立西北医学院。分立后，师范研究所依存国立西北师范学院继续发展，而国立西北医学院不再下设医科研究所。此外，国立西北工学院于1938年秋添设了工科研究所，下设矿冶研究部及工程学术推广部一所。矿冶研究部又分设采矿、冶金、应用地质三组，培养硕士研究生，学程两年，需修满24学分，导师由矿冶工程学系教授担任。据统计，工程研究所曾先后招收了46名研究生，修业期满者11人。[①] 另外，1939年5月，工程学术推广部附设化学实验工厂，利用陕南巴山漆树子炼油，研制成蜡烛，后又研制了肥皂。1939年6月，工程学术推广部组织师生赴广元、昭化等地调查金矿，探得矿区，并开始试采。1942年，教育部拨款1.5万元，令矿冶研究部调查西北矿产，历时半年，石心圃、马载之教授撰写了《佛坪县铁矿调查报告》，认为佛坪县铁矿矿质纯净，含硫磷极低，为炼钢之上品。石心圃教授还草拟了《改良土法炼铁之说明及试验计划》，以解决抗战及西北边疆建设之急需。[②]

西北联大时期创设于师范学院下的师范研究所，是南京国民政府基于抗战建国的需求，一方面为限制学生出国留学，另一方面为建设我国研究生培养体系，分别饬令各院校筹设而来。后西北联大解体，师范研究所继续下设于国立西北师范学院，该所以研究高深教育学术，训练教育学术专才及协助师范学院所划区内教育研究机关，研究教育问题，并改进其教育设施为目的。招收"国立省立及已立案之私立大学教育系毕业曾在教育界服务两年以上者；国立省立及已立案之私立大学文理学院各系毕业曾在中等学校服务两年以上者；师范大学教育系毕业曾在教育界服务一年以上其总平均成绩在七十五分以上教育统计教育心理教育哲学教育行政四科平均成绩在八十分以上者免考；师范大学他系毕业生在中等学校服务一年以上志愿研究各科教材教法其总平均及教育必修科之平均成绩在七十五分以上本系主科平均成绩在八十分以上者免考。"招收的研究生学程"至少两年，考试及格者授予硕士学位"[③]。表4-5是师范研究所招收研究生的统计。

[①] 陶秉礼主编：《西北工业大学校史》，西北工业大学出版社1995年版，第42页。
[②] 陶秉礼主编：《西北工业大学校史》，第45页。
[③] 《国立西北师范学院师范研究所一览》，1941年，第64—84页。

四 20世纪三四十年代西北高等教育中的边疆学术研究

表4-5　国立西北师范学院师范研究所部分研究生一览表

姓名	性别	年龄	籍贯	学历	经历	备注
刘泽	女	30	辽宁辽中	河北省立女子师范学院史地系毕业	曾任河北省立沧县中学、山东省立女子中学及国立第六中学史地教员	
郝明琴	男	33	河北平由	国立北平师范大学教育学系，民国二十四年毕业	北平师大教育学系助教二年（民国二十四—二十六年），西北联大助教二年（民国二十六—二十八年），任本院教育系助教	助教兼研究生
许椿生	男	30	河北清苑	国立北平师范大学教育学系，民国二十四年毕业	河北省立正定师范教育教员二年（民国二十四年八月至二十六年七月），民国二十七年十二月起任本院研究所助教	助教兼研究生
佘增寿	男	31	河北唐县	国立北平师范大学教育学系，民国二十八年毕业	任本院研究所助教	助教兼研究生
凌红龄	男		江苏泰兴	国立北平师范大学体育系毕业	曾任国立西安临大、西北联大及师范学院助教	
张柏林	男	27	辽宁辽中	国立北平师大理学院物理系毕业	曾任国立第一中学物理教员	
庄肃襟	男	28	山东莒县	国立西北师范学院教育系毕业	任本院教育系助教	
韩温冬	男	33	河北行唐	国立西北师范学院教育系毕业	任本院研究所助教	
郭世豪	男	25	河北正定	国立西北师范学院教育系毕业	任本院公民训育系助教	
杨少松	男	29	河北清河	国立北平师大教育学院教育系毕业	任本院体育系助教	
梁钟浴	男		河北无极	国立西北师范学院体育系毕业	任本院体育系助教	休学
苏竞存	男	26	云南剑川	国立西北师范学院体育系毕业	任本院体育系助教	
刘培桐	男	25	河南浚县	国立西北大学理学院地质地理学系毕业	任本院史地助教	休学
赵兰庭	男	28	山东福山	国立西北大学文学院国文学系毕业	任本院国文系助教	

资料来源：《本研究所研究生一览表》，《国立西北师范学院院务概况》1941年第6期。

西北师范学院师范研究所开设的课程包括两大部分：一为学识之培养，一为技能之训练。学识之培养需要按规定修习教育学科，20学分；技能训练则另需撰写带有创造性的论文一篇。表4-6为部分师范研究所研究生论文汇总。

表4-6　　国立西北师范学院师范研究所部分研究生论文汇总

论文题目	研究生姓名	指导教师姓名	备注
三民主义与本国国文教材	刘泽	郝耀东	已得硕士学位
中国古代团体竞赛运动	凌红龄	郝耀东、金澍荣	已得硕士学位
影响学业成绩之重要因素	佘增寿	郝耀东、金澍荣	已得硕士学位
秦汉两代之民族英雄及其影响	李天祜	郝耀东、金澍荣	已得硕士学位
中学国文精读教材	贾则复	郝耀东、金澍荣	已得硕士学位
中心国民学校行政效率之研究	韩温冬	李建勋	已得硕士学位
中学生生活	李之璞	李建勋、金澍荣	送教育部审核
中学生心理卫生之研究	郭士豪	李建勋、胡国珏	
县（市）教育行政主管人员	陈侠	李建勋	
专科以上学校的设置	许椿生	李建勋	
甘青宁三省之国民教育师资	郝鸣琴	李建勋	
吾国大学之共同必修科	宋福僧	李建勋	
专科以上学校训导工作实施之分析	庄肃襟	李建勋	
师范学校辅导中心学校之研究	高振业	李建勋	
小学常识教材	杨少松	金澍荣	
汉中盆地区之方音及矫正	艾弘毅	李建勋	
大学入学试验之评价	沈庆华	李建勋	
小学教师教学成功因素之分析	孙天泰	李建勋	
先秦诸子之道德教育理论	蒋信	金澍荣	
初中物理标准测验	张柏林	金澍荣、李建勋	

资料来源：《国立西北师范学院教育研究所专题研究及硕士论文清册》，甘肃省档案馆，全卷宗号5，33-001-0318（内容经整理）。

20世纪三四十年代，尤其是抗战期间，西北边疆教育研究的重心是大力普及教育，提高边民的文化素质，宣传并养成民众的爱国与民

四　20世纪三四十年代西北高等教育中的边疆学术研究

族精神。国立西北师范学院因此也侧重于中等教育各科的深入研究，在李建勋先生的主持与推动下，1941年后半年集中开展了对中学教材与教法的分科研究。表4-7是师范研究所部分课题与成果整理。

表4-7　国立西北师范学院师范研究所部分课题与成果整理

课题与成果名称	研究者	发表刊物及时间
中等学校毕业生英语写作错误之分析	金澍荣、尹赞钧	研究所专刊第一种第一册，1939年8月
战时与战后教育	李建勋、许椿生	研究所专刊第二种，1942年6月
西北中等学校师资之改进	金澍荣、杨少松	研究所专刊第三种，1942年7月
初中英语课本之分析	金澍荣、尹赞钧	研究所专刊第一种第二册，1942年
中学数学教材教法之研究	刘亦珩、刘汉江	教育部出版社，1946年
高中英语课本之分析	金澍荣、李庭芗	研究所专刊第一种第三册，1945年
师范学校教育行政教材教法研究	李建勋、韩温冬	研究所专刊第五种，1946年2月
师范学校教育行政课本	李建勋、韩温冬	中华书局，1948年
中学国文因素分析教学法与普通教学法之比较	李建勋、贾则复	
教师之人格特质	鲁世英、杨少松	
师范学校教育通论教材教法之研究	金澍荣、许椿生	
教师之职业道德	李建勋、景时春	
智慧之因素及其活动条件	胡国珏、杨少松	
中学行政效率评点表	李建勋、韩温冬	
师范学校公民史地科课程专业化	金澍荣、陈侠	
教育哲学教材教法研究	慈谆炤	
青年期之特性与教育	郭鸣鹤	《中华教育界》1947年第11期
现行国民教育制度推行实际困难之分析	郭鸣鹤	
教学辅导之理论与实际	陈侠	
师范学校家事科教材教法	齐国梁	
战时民众组织与训练	王镜铭	
西北师院小学成绩测验	胡国珏等六人	

资料来源：《国立西北师范学院教育研究所专题研究及硕士论文清册》，甘肃省档案馆，全卷宗号5，33-001-0318（内容经整理）。

国立西北师范学院师范教育所科研课题与成果紧紧围绕西北中小学各科课程、教材、教法展开，旨在推动西北边疆教育普及与发展。

1947年，西北大学筹设经济研究所，目的在于"促进学术发展、培植高级学术专才，为改进世界、中国及西北经济问题做学理上之准备"，招收研究生。经济研究所下设经济哲学组、经济理论组、经济史组、经济政策组、国际经济组、经济大辞典组。该所计划开展西北经济研究及经济调查，具体包括"西北工业调查、矿产调查、水利调查、畜牧调查、农业调查、边疆经济调查、金融调查、物价调查、商业调查、劳动调查"等，并对西北地区各项经济指标开展统计整理。[①] 同年，西北大学以研究及促进数学学术为目的，准备成立数学研究所，分为解析学组、几何学组、代数学及数论学组，招收各大学数学系毕业生，学制两年。[②]

这一时期，西北各高校不仅着力建构上述正规的科研院所，培养高级研究人员，而且涌现出了许多以学系为单位或以学生社团为基础的各类研究机构。

西安临大农业化学系学生，鉴于抗战中食品问题的重要性，组成了"战时食品问题研究会"，共有学生20余人，赴东关十八陆军医院及各分院，调查抗日受伤将士及难民营养状况。[③] 后又对学生及洋车夫食品问题开展调查，进展顺利。[④]

1937年，国立西北农林专科学校成立西北植物调查所，调查研究西北植物分布状况："该所自成立以来，积极建设，现由北平运来书籍及标本一百余箱，研究室建筑地点业已择定，不久即可投标开工，植物园之筹备，年底约可粗成。现已在太白山移来野草苗木五千余株，暂植二道原临时苗圃内，以备植物园内之布置，此项移植工作

[①] 罗仲言：《国立西北大学筹设经济研究所计划书》，《国立西北大学校刊》1947年复刊第28期。

[②] 刘亦珩：《国立西北大学筹设数学研究所计划》，《国立西北大学校刊》1947年复刊第30期。

[③] 《农业化学系同学组织战时食品问题研究会》，《西安临大校刊》1938年第8期。

[④] 《农业化学系战时食品问题研究会工作近况》，《西安临大校刊》1938年第9期。

仍拟继续推进,本年采集计划,已决定以秦岭山脉为中心,采集人员,五六月间即可出发。"①

1942年,国立西北技艺专科学校设置农业经济研究室,"为研究西北各地农村经济,设立农业经济研究室。本研究室计划为(1)调查青海宁夏两省农业经济;(2)调查西北农村物价;(3)出版西北农村物价月报;(4)调查西北农村特产;(5)编辑农经科教本;(6)出版农村经济半月刊;(7)编制各项统计表;(8)整理甘肃省农村经济之调查;(9)其他"②。此外,西北技艺专科学校还设立了生物研究室。以下是研究室当年工作计划:

一、调查采集工作:昆虫之调查与采集;植物与植物病调查与采集。二、试验研究工作:1.杀虫剂之试验:(1)醉马草杀虫效力之试验结果在整理中——季士□;(2)西北利亚羽茅杀虫效力之试验在进行中——季士□;(3)兰州制造肥皂杀虫效力之比较在整理中——季士□;(4)烟草水□杀蚜虫效率之研究在进行中——张□乾;(5)皂荚棉油乳剂初步之研究——本校刊物西北森林第二期发表。2.昆虫方面之研究工作:(1)陕南树木害虫之研究——季士□已发表于本校西北森林;(2)杨叶毛虫生活史之研究——刘十魁;(3)杨叶蜂生活之观察与防除法之研究——刘十魁;(4)蝶类之研究——张□乾。3.研究结果及著作:(1)昆虫分类学大纲——季士□著;(2)农用药剂学——季士□;(3)植物病理学——正在编著中,李承先著;(4)昆虫实习法——刘十魁。③

西北技艺专科学校成立的这两个科学研究室,为西北边疆社会经济现状与改善策略的拟定,以及西北植物病虫害的防治等做出了很大

---

① 《西北植物调查所近讯》,《西北农专周刊》1937年第1卷第5期。
② 《本校成立农业经济研究室》,《国立西北技艺专科学校校刊》1942年第1期。
③ 《生物研究室概况》,《国立西北技艺专科学校校刊》1943年第19、20、21期。

的贡献。

国立西北大学法律系生员为推动与发展我国特别是西北地区司法事业，乃发起组织法律学会，借以探讨研究相互砥砺，以期对国家有所贡献。该学会自成立始，每两月召开一次会议，每学年开始及终了各召开一次全体会议。①1945年4月，国立西北大学文物研究室成立，其主要目的在于"发扬西北固有文化、收集文物资料、从事整理，以备本校有关学系之研究参考"②。研究室拟定详细工作计划，分期推行：

> 一、展览会：本室成立之始，拟先将接受艺文考察团之各类成绩，作初步整理，分期举行专题展览，借以宣扬西北古代文物之优美，所定专题为：1. 敦化艺术展览，2. 佛教艺术展览，3. 金石拓片展览，4. 汉唐陵墓艺术展览，5. 西北风物展览，6. 中国装饰展览。二、文物馆：本室第二步之发扬工作，为成立永久性之西北文物馆。就西北特有之文物资料逐渐扩充，务使后列各类文物均能单独有一时代系统，以发扬其教育价值：1. 雕刻类，2. 壁画类，3. 铜器类，4. 陶器类，5. 砖瓦类，6. 货币类，7. 金石文字类，8. 铜版艺术类。三、编辑出版及模制：为西北文物集刊编辑出版及西北古代雕刻之模具复制。关于文物集刊，拟就西北特有之文物资料分类整理编纂，如古代图案、汉唐艺术、佛教艺术、陵墓石刻、西北金石、敦煌壁画、西北史迹，均分别汇辑，为丰富完美之专业，以发扬固有文化。③

1941年，国立西北医学院成立地方病研究所："抗战时期卫生问题不但前方极端重要，后方亦然，查上次欧战因忽略卫生致各国因病

---

① 《校闻二则》，《国立西北大学校刊》1942年第4期。
② 《西北文物研究室近讯》，《国立西北大学校刊》1946年复刊第19期。
③ 《本校西北文物研究室概况》，《国立西北大学校刊》1947年复刊第29期。

伤亡之数，实为惊人。现值我国抗战胜利在迩后方卫生实为重要。本院有鉴及此，故每于假期派学生赴各城乡宣传或施诊惟，以陕南文化较低人民多不讲卫生，因之地方病之种类甚多，本院上年度对于陕南地方病之调查，虽略具端倪，惟对于治疗及消弭之方法，则尚待研究，闻不久即成立地方病研究所，一面继续调查，一面从事研究，以求得生病之原因再求消弭之法，已聘请本院热带病教授周海目先生负责筹备。"①

截至1942年2月，国立西北工学院水利、矿冶、纺织、化工、电工、机械、土木工程学会及边疆问题研究会相继成立，科研氛围浓厚。

1948年，国立兰州大学筹备设立社会科学研究室，"其工作计划，先着手资料之征集、整理，并编订期刊日报、索引、摘要、事类表，及统计数字等项"②。资料整理工作尤以西北边疆文史资料为重。

这一时期，西北各高校各类学术机构与团体的设立与运行，对于提升师生科研能力意义非常。学术机构与团体，不论其性质归属校办还是师生自发组织，通过建立相应组织机构、设置专门管理人员，都是大学中学术与科研的中心。正规的学术科研机构的成立，通过定期召集会议，开展师生间、学生间的研讨，学术交流以课外活动的形式得以继续，非课堂式的学习更具灵活性，学术氛围也更加轻松、热烈，更能激发师生热爱科研的兴趣。高校师生依托科研院所以及各类研究会开展研究，培养高级研究人才，充分发挥高校智库优势，解决西北边疆社会开发中的实际问题。

（五）开展边疆学术讲座

西安临大在建立伊始就注重开展各类学术演讲活动。1937年12月20日，学校邀请曾任北平大学教务长的焦实斋先生为学生演讲分

---

① 《成立地方病研究所》，《国立西北医学院院刊》1941年第4期。
② 《筹设社会科学研究室》，《兰州大学校讯》1948年第1卷第3期。

析抗战发展局势，鼓舞师生爱国救亡之精神。① 12月29日，学校工学院邀请国内著名隧道工程专家、陇海铁路西段工程局副局长兼副总工程师李乐知先生演讲"隧道工程"②。《西安临大校刊》第二期载："本校开课以来，第二院因有东北大学礼堂之便利每周均请校内外专家学者演讲，统计如下：本校地质学教授张伯生先生'西北地质'、本校土木工程教授刘德润博士'土壤工程'、导渭工程处总工程师刘钟瑞先生'导渭工程'、陕西民政厅厅长彭昭贤先生'不得了，了不得'、陕西省水利局局长李仪祉先生'抗战力量'、华北水利委员会工程队队长徐宝溥'在东北战场办理军事工程之经过'、航空委员会第十三科科长顾校书先生'防空工程'、陕西省建设厅厅长雷宝华先生'求学态度与抗战时期应有之修养和准备'。"③ 表4-8是国立西北大学1947—1948年学术演讲统计。

表4-8　　国立西北大学1947—1948年学术演讲统计

时间	主讲教授	讲题	举办单位
1947年			
2月17日	黄川谷	英语学习法（为全校一年级学生讲）	
2月21日	黄文弼	洮河流域考察之观感	边政学会
2月22日	吴澄华	纵论当前国家紧急经济措施	经三级会
3月15日	周传儒	国际干涉	史二级会
3月22日	马道宏	宗教与人生之关系	边政学会
4月7日	赵进义	宇宙射线	总理纪念周
4月26日	郑资约	西南沙群岛问题	地理学会
5月4日	赵进义	神秘的宇宙——星云	科学月报社
5月10日	马师儒	复员期间我国高等教育所急需之补救办法	教育学会
5月17日	冯永轩	中国货币之沿革	考古学会
5月20日	郑励俭	地理的野外工作	地理学会
5月26日	许兴凯	假使我管理中华民国	政治学会
12月19日	吴澄华	从美苏对立看世界局势与中国局势	训导处

---

① 《纪念周演讲》，《西安临大校刊》1937年第2期。
② 《工学院敦请李乐知先生讲演隧道工程》，《西安临大校刊》1937年第3期。
③ 《第二院每周敦请校内外专家演讲》，《西安临大校刊》1937年第2期。

四　20世纪三四十年代西北高等教育中的边疆学术研究

续表

时间	主讲教授	讲题	举办单位
1948年			
3月17日	傅种孙	中英对照	学生自治会
3月25日	高元白	一个人生观	学生自治会
3月29日	王立础	动乱时期之心理健康	课外活动组
4月3日	傅种孙	数学之万法归宗	数学学会
4月23日	秦佩珩	通货到哪里去	课外活动组
5月4日	虞叔毅	物理的五四运动	科学月报社
5月17日	田炯锦	现代政治之趋势与当前吾国政治问题	政治学会
6月1日	杨炳炎	省之法律地位	法学研究会
6月7日	孙道升	心电感应论的理蕴和功用	学生自治会医学分会
11月11日	林冠一	帝国与民国	学生自治会
11月12日	初大告	英国大学之学生生活	课外活动组
11月19日	董绍良	如何寻求世界和平	课外活动组
11月20日	马师儒	现今中国教育改进上之重要问题	学生自治会
11月25日	赵和民	美苏关系与中国	学生自治会
12月3日	袁若愚	民主制度之演进	学生自治会
12月9日	傅庚生	文学的风格	课外活动组
12月11日	张光祖	中国往哪里去	学生自治会
12月18日	杨钟健	从中国现有版图看中国边疆问题	学生自治会

资料来源：李永森、姚远主编《西北大学史稿上卷（1902—1949）》，西北大学出版社2002年版，第398—399页。

从表4-8可以看出，西北大学学术演讲主要以抗战救国为主题，也涉及单纯的学术研究。在抗战后的一段时间里又围绕战后建国、民主制度等主题展开，但也穿插许多学术探讨，如这一时期国立西北大学演讲内容多次涉及原子弹制造、太阳黑子等。1947年以后，西北各大学举办的各类学术演讲内容更加丰富，包括文学、历史等人文社会科学及政治、经济、时局问题的讨论，也包括自然科学各学科发展的前沿及学习、教育、人生哲理等各个领域。既充分发挥了综合大学学科门类齐全、各类专家名流齐聚、各种思潮与学派交相辉映的长处，也反映了西北各大学教授、学者潜心治学的丰硕成果。

此外，西北大学特设边政学系，学术演讲内容着重西北边疆研究，如"边政学会"举办的"边疆问题十讲"，由校内外关于边疆民族、历史、风俗、社会、政治、经济制度等相关领域的专家学者讲演，讲题有"边疆之婚姻""新疆十四民族""新疆中苏国界问题""拉卜楞——西北的一个宗教中心"等。①

甘肃学院学生自治会为充实学生生活，商请学校当局延请兰州市品学兼优之名人，来院做学术报告。学校当局欣然应允，请了甘肃农村合作委员会总干事孙友农先生演讲"甘肃农村之前途"，并请甘宁青监察使戴愧先生讲"怎样救中国的贫"②。

西北农学院院刊1946年第三、四期刊载的学术演讲包括农经系教授熊伯蘅讲"农业建设与土地改革"、兽医组教授罗清讲"我国兽医机构及其事业"、农化系教授黄瑞采讲"中国土壤之分布及其概性"、陕西省农业改进所所长李国桢讲"陕西省农贷与农业改进之关系"等。

西北技艺专科学校也曾邀请四川大学校长程天放来校演讲"太平洋战争与我国抗战之前途"。另外，校长曾济宽先生也多次讲演，题目诸如"国防科学技术运动与农业科学化""治水与治山"等。

西北师范学院教授张云波曾为学院师生演讲"边疆教育"，他认为，发展边疆教育之前应首先传授普通的技能。学校教育更应顾及边疆民众的生活、宗教等特点。教材的选用应以乡土教材为主，师资需设专门的边区师范学校，施以边教的专门训练，方能长期服务边疆。③西北师院教授黎锦熙、金澍荣、李建勋、胡国珏、邓翠英等也都先后为师生演讲，内容涉及教师的社会责任、师范教育的重要性与独特性等。

从总体上看，其一，学术演讲开阔了学生的眼界，为学生提供机会接触国内乃至国际各学科研究的新进展、新成果。其二，演讲活动

---

① 李永森、姚远主编：《西北大学史稿上卷（1902—1949）》，西北大学出版社2002年版，第298页。
② 《本院延请名人演讲》，《甘院学生》1937年第5卷第3期。
③ 《边疆教育》，《国立西北师范学院校务汇报》1941年第37期。

四　20世纪三四十年代西北高等教育中的边疆学术研究

激起了学生科学研究的兴趣，有助于培养学生爱好科研、投身科研的志向。其三，活动中，西北各大学学者的学术研究重点关注西北地区文化、宗教、经济、交通等，通过演讲的方式，教师学术研究的西北转向也影响到学生学术研究选择之方向与路径，在培养与提升学生科研能力的同时，也实现了引导学生发展科学研究，服务西北边疆社会的人才培养目标。

20世纪三四十年代，西北高等学校鼓励师生开展科学研究，尤其注重与抗战建国以及开发西北边疆实际需要相联系，期望科学研究成果能够反哺社会经济进步、政治文明与文化复兴。西北各高校立足学校类型与办学特色，通过创办各类学术研究期刊、深入开展边疆学术调研、鼓励教师边疆研究成果发表、成立各类科研机构、开展边疆学术讲座等方式推动科学研究，并在科学研究中努力寻找服务西北社会的途径与方法，使科学研究的成果能够切实助力西北边疆社会的开发与建设。从整体上看，西北各高校大力倡导科学研究，在物质条件极端简陋的状况下积极创设条件，竭尽全力推动科研的努力实在值得赞许。也正是因为有这样一群有责任与担当的西北高校科研工作者，才会呈现出当时西北高校科学研究的繁荣景象。但是，我们不得不承认这一时期西北高校科学研究的发展仍然相当缓慢，许多方面的研究都只是承继国内外的先进成果，鲜有独树一帜的发明与创造。另外，科学研究的成果在西北边疆开发实践中的转化与应用少之又少，对西北边疆开发的支持力度实有不足。

五 20世纪三四十年代西北高等教育面向地方社会服务活动的开展

社会教育泛指学校教育外的通俗教育或民众教育,"以社会及全体民众为对象,以促进社会之不断发展为目的,范围甚广,责任重大"[①]。有学者指出:"社会教育是一个流变的概念,外延十分宽泛,随当时教育实践形式的变化而有所不同。"[②]

南京国民政府成立后,颇为重视发展社会教育事业。1929年4月颁行的《中华民国教育宗旨及实施方针》明确规定社会教育之目标在于提高民众知识、培养民众常识、增进民众智能、健全民众身心、陶铸民众道德等。[③] 国民政府具体围绕创办民众学校、开展识字运动等展开社会教育工作。抗日战争爆发后,国民政府推行"战时须作平时看"的战略总方针,继续推进社会教育,开展大规模扫盲运动。1938年5月教育部公布《各级学校兼办社会教育办法》,规定除六年级以下小学外,各级学校须兼办社会教育。

(一) 西安临时大学面向西北地区的社会服务

1937年7月7日,北平"卢沟桥事变"爆发,平津相继于7月29日、30日沦陷。教育部于8月制定《设立临时大学计划纲要草

---

① 李溪桥主编:《李蒸纪念文集》,中国社会科学出版社1996年版,第119页。
② 于述胜:《民国时期社会教育问题论纲——以制度变迁为中心的多维分析》,《北京大学教育评论》2005年第3卷第3期。
③ 沈云龙主编:《第二次中国教育年鉴》(第1编),文海出版社1995年版,第6页。

案》,"为使抗战期中战区内优良师资不至无处效力,各校学生不至失学,并为非常时期训练各种专门人才以应国家需要起见",决定筹设若干所临时大学。其中第一区设在长沙;第二区设在西安;第三区地址在选择中。各区临时大学之筹备,由政府组织筹备委员会办理之。筹备委员会办理"临时大学校址之勘定,科系之设置,师资之吸收,学生之容纳,已有各种设备之利用及新设备之置设,其他应行筹事项"。筹备委员会设主席一人,由教育部长兼任。设秘书主任一人,常务委员三人,分别负责秘书、总务、教务及建筑设备四部事务,人选由教育部在筹备委员中指定之。常务委员合组常务委员会,依照委员会计划纲领,商决一切具体事务。8月31日,教育部将准备筹设临时大学相关内容电告陕西省教育厅,命令限期找好校址,以便派员前往筹备。至31日,来陕借读学生办理登记者已达600余人。陕西省教育厅厅长周伯敏于9月6日与中央社记者谈话,说教育部为救济战区各地失学大学生,决定在西安设立临时大学,以北平大学、北平师范大学、北洋工学院等校为基干,并派徐诵明、李蒸、李书田、童冠贤、陈剑修、周伯敏、辛树帜为西安临时大学筹备委员,管理中英庚款会应教育部之请,拨50万元,做临时大学开办费(其中长沙临时大学与西安临时大学各获得25万元经费)。北平大学、国立北平师范大学(现北京师范大学)、国立北洋工学院(原北洋大学,现天津大学)三所院校于1937年9月10日迁至西安,组成西安临时大学。

1937年11月,陈剑脩在西安临大校刊发刊辞上即呼吁全体师生"为适应战时的特殊需要,特于课外制定军事、政治、救护、技术等训练;并由教授指导学生组队出发,下乡宣传,以尽匹夫匹妇救亡之责。"[1] 同月,西安临大常务委员会颁布了《组织宣传队分赴陕境各县宣传的决定》,指出"训练民众,组织民众,为动员全国军民,最重要之工作"[2]。该决定规定,战时西安临大除女生与体质较弱的男生外,都有下乡宣传抗战的义务,其目的是"唤起民众及灌输抗战常

---

[1] 陈剑脩:《发刊辞》,《西安临大校刊》1937年第1期。
[2] 《组织宣传队分赴陕境各县宣传》,《西安临大校刊》1937年第1期。

识,以期民众之组织化及发挥自卫能力"①。宣传队以两到三周为一期,每期出发四个队,每队成员20—30人不等,学校指定一名学生为队长,两人为队副。另外,学校还为每一个宣传队安排了一至三名指导教师。由于彼时东北大学南迁至西安,同样建立了学生抗日宣传队,加之陕西省政府也设立了政府抗日民众宣传机构,本着节约人力,不重复劳动的原则,西安临大将其抗日宣传的重点区域放在陕南各县区。宣传的材料参照抗敌后援会与陕西省民政厅的材料样本制作,以简明的图画与简短的小册子为主,内容包括抗敌情况、服兵役、服工役、公民常识、防空常识等。宣传方法采用谈话的方式,若条件许可,还可采用大会演讲、化妆表演等形式。应该说,西安临时大学校方很重视这项面向基层民众、服务抗战的宣传工作,所有报名参加宣传团的人员在出发前都需要接受为期一周的训练。在工作过程中,要求所有成员每三日提交一份工作报告,"一切宣传经过地方情形,均需记载"②。此外,出于维护学校形象以及锻炼学生的考虑,校方对宣传团成员下乡期间的行为举止、工作方式等也做了严格的规定,如宣传队除向地方当局请求必要的帮助外,"不得接受任何招待,对民众必须有最谦和之态度……在宣传期间,应充分利用机会,锻炼耐苦"③能力。对于成绩优良、行为妥适的成员,学校给予奖励。对于"有重大过犯者,虽开除学籍,亦不姑息"④。

由于担心宣传团成员放不下读书人的架子,无法深入群众。时任西安临大教授的罗根泽还特地撰文向各宣传团的成员提出要求:一是衣食住行,力求平民化。使得听众"视为同路人,同路人的言论,当然感觉着亲切有味,容易接近"⑤。二是要求宣传团成员注意自己的言行举止,"须适合民众观听,就是言语要通俗,行动要规律……

---

① 《组织宣传队分赴陕境各县宣传》,《西安临大校刊》1937年第1期。
② 《组织宣传队分赴陕境各县宣传》,《西安临大校刊》1937年第1期。
③ 《组织宣传队分赴陕境各县宣传》,《西安临大校刊》1937年第1期。
④ 《组织宣传队分赴陕境各县宣传》,《西安临大校刊》1937年第1期。
⑤ 罗根泽:《下乡宣传的最低条件》,《西安临大校刊》1938年第12期。

（若）你的行为令他们怀疑，你的言论也不会叫他们相信了"①。三是要求各成员对于抗战事业的正义性和艰苦性有正确的认识，"绝对不作不利于抗战的宣传……（向他们宣传）中国政府向他们征发，是替他们防御日本强盗，替他们保护生命财产"②。

西安临时大学常委，曾担任社会教育司司长的陈剑翛也为宣传队专门讲解宣传的技术，"所发言论必须要简单，确当而丝毫不游移，又在大部分时候必须带有强烈的丰富的情感"③。要求宣传团的成员积极运用感情感染、说服当地民众积极投身到抗战救国的运动中去。

西安临时大学组织的宣传队是以抗日宣传，动员民力支援作战为中心，具体工作分为社会训练与当地民众调查访问两部分。

西安临大校方派出了董守义、余坤珊、罗根泽、徐佐夏、王同观、郭俊卿等教授作为宣传队的指导教师。师生共百余人分赴凤县、留坝、褒城、南郑、沔县一代宣传，"除携来陕西抗敌后援会所发之宣传材料，依照原定计划宣传外，并协助地方办理壮丁训练，保安队体育训练，社训机关之体育指导等工作"④。

西安临时大学下乡宣传队在汉中城西15里处的龙岗寺举办抗日壮丁训练营，在两周的训练时间内，培养了170名壮丁奔赴抗日前线。训练营以"锻炼强壮之身体，启发奋斗之精神，培养爱国之思想，增进抗敌之力量，以挽救国家民族之危亡"⑤为目标，以体育活动、竞赛类游戏来训练壮丁奋斗、牺牲、合作、服从等精神。以演讲、话剧等方法灌输战时各种常识及国家观念与民族意识，树立爱国思想。受训壮丁早上进行正常的军事训练，午饭后即要求到达龙岗寺训练营地集合。宣传队提前拟定好每日的训练内容，通常是"先教以雄壮之军歌，继之以激烈奋斗之活动，最后讲话（每日讲一题目）。

---

① 罗根泽：《下乡宣传的最低条件》，《西安临大校刊》1938年第12期。
② 罗根泽：《下乡宣传的最低条件》，《西安临大校刊》1938年第12期。
③ 陈剑翛：《宣传的技术》，《西安临大校刊》1938年第7期。
④ 《本大学下乡宣传队近讯》，《西北临大校刊》1938年第6期。
⑤ 《本大学下乡宣传队近讯》，《西北临大校刊》1938年第6期。

并将宣传材料变成故事，以通俗之叙述法讲述之。"① 宣传队在两周的时间内共发表了 14 次演讲，内容包括中国史地常识（疆域演变及国耻史）、抗日时局报告与分析、我国必获最后胜利的原因、日寇残杀我同胞的惨痛故事、爱国故事、民族英雄故事、拥护领袖、我们的责任、军民合作、矫正错误思想（矫正流言）、国家观念与民族意识、防空常识、服兵役与服工役、铲除汉奸等。对于训练的成效，无论是临大师生还是军训的负责人员都认为"成绩颇佳"，同时，宣传队也总结反思了自己的工作方法，以期能在以后的工作中"获得更大之宣传效果"②。

继壮丁训练营后，西安临时大学下乡宣传队在汉中城内汉府街举办社训军体育指导训练营。在两周的训练时间内，共培养了 85 名社会训练工作人员。训练营以"培养爱国思想与民族意识，养成团结奋斗之精神，锻炼刻苦耐劳迅速敏捷之习惯，以期增长其作战效能"③为目标。以精神训练、身体训练与领袖才能训练为主，开设长跑、体操、障碍技巧、游戏与球类等项目，在进行锻炼活动前，向所有参训人员说明该活动的意义和价值，激发大家的参与热情。在活动过程中随时讲解卫生常识，养成卫生习惯。训练较为成功，参训人员"开始时多感动作迟缓，精神散漫之病，至结束时队员之身体与精神均有显著之进步"④。

同时，西安临大下乡宣传队在汉中文庙保安第三队训练场举行为期两周的保安队体育训练。该训练以"在精神方面，借体育发扬其勇敢、奋斗、牺牲、耐苦等精神，增长其民族意识及国家观念。在技术方面，借体育活动增强其体能，训练动作之敏捷性、机巧性及耐久性"⑤为目标，每日按预先制定好的教案，将 350 名受训者分为三组，通过赛跑、竞走、跳远、准确掷远、攀岩、球类竞赛、战斗游戏

---

① 《本大学下乡宣传队近讯》，《西北临大校刊》1938 年第 6 期。
② 《本大学下乡宣传队近讯》，《西北临大校刊》1938 年第 6 期。
③ 《本大学下乡宣传队近讯》，《西北临大校刊》1938 年第 6 期。
④ 《本大学下乡宣传队近讯》，《西北临大校刊》1938 年第 6 期。
⑤ 《本大学下乡宣传队近讯》，《西北临大校刊》1938 年第 6 期。

五 20世纪三四十年代西北高等教育面向地方社会服务活动的开展

竞赛等形式进行训练,在午间及晚间休息之时,"以通俗之语言讲演民族英雄与聪明战士之故事,并注重精神与纪律之训练"①。

除去组织各类训练营等活动之外,西安临大下乡宣传队还代表县政府制定了农村俱乐部成立筹备事项与工作组织计划。"宣传队对于训练民众,组织民众工作不遗余力,深得地方民众之信任云。"②

民众调查工作由西安临时大学下乡宣传二队担任,工作地点在宝鸡县和褒城县等地区。工作队最先分为七个小组,后因到达宝鸡后各乡之间距离较远,工作量极大,遂将全队分为九组,分赴各乡,立即开展工作。"各组初到一地,即着手测验当地民众知识水平。"③ 如向当地小学生及部分成年人询问"中国目前是否仍有皇帝""我国的首都在何处"等问题,部分民众回答目前仍有皇帝,首都位于南郑。该地区的文化水平之低,由此可见一斑。各组宣传员根据实际情况向该地群众做出详细解释,由浅入深,"务期启发了然始止"④。宝鸡县县长对西安临大宣传队所作的抗日宣传极为热诚,将全县知识分子交由西安临大宣传队集中训练一个月,以期能扩大该地区抗日宣传的效果。

宣传队到达褒城地区后,工作更加紧张。每个队员必须遵守队内规定的起居作息时间,每日完成规定工作,还须参加附近学校举行的升降旗典礼,并轮流发表升旗时的精神讲话。同时,宣传队还负责褒城地区学生集训的政治训练工作,每名宣传队员每天至少需要授课两小时,晚间还需要出席学生集训小组讨论会议。褒城县县长还将救亡周刊的筹备工作交给宣传队负责。

西安临时大学第二宣传队在宝鸡与褒城地区召集民众举行抗日宣传集会,主要的题目有抗战期应有之认识、平津陷落后之所见、训练民众的重要性、促进生产建设、日本之勃兴及对华之侵略、中日战争之前瞻、汉奸问题、抗敌与全国团结、有钱出钱有力出力、中国必胜论等。宣传效果极佳,每次听众六七百人至千余人不等,尤其是在联

---

① 《本大学下乡宣传队近讯》,《西北临大校刊》1938年第6期。
② 《本大学下乡宣传队近讯》,《西北临大校刊》1938年第6期。
③ 《本大学下乡宣传队近讯(续)》,《西北临大校刊》1938年第7期。
④ 《本大学下乡宣传队近讯(续)》,《西北临大校刊》1938年第7期。

乡的一次演讲，到场群众达两千余人，其中学生占十分之三四，农民占十分之六七，"鹄立前台，谛听讲演。散会时合唱'义勇军进行曲'及'牺牲已到最后关头'等救亡曲。民众兴奋，与讲演毕，高呼'打倒日本鬼子'、'打倒汉奸'、'拥护中央'等口号，其热烈情绪与夫民族意识之勃发，匪言可喻"①。

除了向民众作抗日精神演讲外，宣传队还参加"接谈民众""各界谈话会""向优秀分子作精神讲话"等活动。内容主要分为三个部分：一为目前国际之大势，主要包括世界各国与中国之间的关系；各国对日本的态度；中日之间政治、军事、经济等形势的比较分析。二是民众的切身问题，包括鸦片对身体的危害及列强是如何用鸦片毒害中国的过程。另外向民众说明妇女缠足的危害，使身体衰弱，甚至遗传影响子孙。最后向民众阐明迷信行为的不合理，若沉迷误信，足以阻止一切事业之进步。三是向民众提倡早起勤劳及运动，以培养良好习惯。宣传队"用最通俗之语言讲述与战争相关之事件，此种谈话所接近民众数目，惜不甚多，而彼此能交换意见，引起兴趣，确实不少"②。根据西安临大宣传队统计，接谈者一部分为知识分子，另一部分为老弱妇孺。宣传队在与他们谈话时，"多为之释疑决难，效果甚佳"③。经过宣传谈话，民众首先对于日本军国主义有了较清楚的认识，每当提起日寇的暴行时，莫不摩拳擦掌，极为愤慨，抗日情绪，逐渐高涨。其次，民众对于抗战应取的态度，也有了较为深刻的认识。谈到汉奸卖国之时，在场群众莫不深恶痛绝。最后，当地部分知识分子听完宣传慷慨悲歌，垂涕而道："设使政府有计划有组织长期启牖民众，使民众在政府领导之下，一致奋勇，参与游击战争，或为后方准备工作当有无限希望。"④

西安临大下乡第二宣传队"每日行程四五十里不等，宣传时常滞居一处数日，所至之地，有贫瘠异常甚至晚间购一蜡烛或别种燃料而

---

① 《本大学下乡宣传队近讯（续）》，《西北临大校刊》1938年第7期。
② 《本大学下乡宣传队近讯（续）》，《西北临大校刊》1938年第7期。
③ 《本大学下乡宣传队近讯（续）》，《西北临大校刊》1938年第7期。
④ 《本大学下乡宣传队近讯（续）》，《西北临大校刊》1938年第7期。

五 20世纪三四十年代西北高等教育面向地方社会服务活动的开展

不可得者,亦有前数年经土匪严重扰乱,迄今仍谈虎色变者。但对于该队队员到达均表达欢迎……于此可见民众之希望宣传组织参加抗战之热忱也"①。

除去宣传活动外,西安临大各学院还积极利用自身的科研资源,贡献到当地的经济建设中。陕西自古为兵家必争之地,在当时又是支援前线抗战的战略要冲,"国防建设、资源开发、汽车养护技术,均至关重要"。而西安临大自到陕之日起,各学院教授"纷纷顾问,应接不暇"。工学院土木工程系主任周宗莲"尽力于临近飞行港之扩充"。刘德润教授负责勘估商雒公路,矿冶工程学系主任魏寿崐教授、张遹骏教授、雷祚雯教授"因陕西省建设厅之邀请前往调查探淘安康区砂金矿"。机械工程学系教授应陕甘运输管理局的邀请"研究改善可以就地铸造之汽车零件"②。西安临大对当地的智力贡献不仅仅体现在经济建设方面,"自迁陕成立以来,遂以复兴西北古代文化自任"。不仅将工作重点放在"所辖区内之中小学教育及训练失学民众"上,更是要"使西北一切新学术新思想皆以本大学为中心"。由此,西安临大选派部分知名教授"赴天水、兰州、西宁等处考察,相度地宜,衡量人事,并探查天然资源,以为计划发展本大学及西北教育之根据"③。

各学院各系的学生也纷纷利用课余或者假期的时间进行社会服务活动,"化工系四年级学生赴咸阳酒精厂实习,地理系学生赴泾阳渠附近作农村调查,文理学院女生六十余人由教员率领赴咸阳一带乡村参观"④。这些顾问与服务活动均是西安临大师生自觉自愿参加的,学校方面也给予了极大的支持。

在抗战艰难时刻,西安临大师生抱着"国虽破,山河尚在"的决心与勇气,积极投身于当地的建设之中,为陕南地区的经济文化建设贡献了极大的力量,也间接支援了抗战。

---

① 《本大学下乡宣传队近讯(续)》,《西北临大校刊》1938年第7期。
② 《工学院教授各方纷纷顾问》,《西北临大校刊》1938年第6期。
③ 《本大学派员赴甘青两省考察》,《西北临大校刊》1938年第11期。
④ 《各系学生纷往外县参观实习》,《西北临大校刊》1938年第12期。

（二）国立西北联合大学面向西北地区的社会服务

1938年3月2日，日军占领风陵渡，陕西门户潼关暴露在日寇的铁蹄之下。3月16日，西安临时大学被迫决定再次南迁至汉中，至4月初，师生全部抵达汉中。

1938年4月3日，教育部发布训令："国立北平大学、国立北平师范大学及国立北洋工学院，原联合组成西安临时大学，现为发展西北高等教育，提高边省文化起见，拟令该校逐渐向西北陕甘一代移布，并改称国立西北联合大学。"

由于原西安临时大学院系众多，经过校方与当地政府的积极沟通，终于形成了一个相对稳定的格局：在城固县考院（黉学巷贡院旧址）设立校本部及文理学院；在文庙设教育学院（后改为师范学院）；在小西关外原简易师范旧址设法商学院；在古路坝天主教堂设工学院；在南郑县（今汉台区）中学巷内设医学院（后因飞机轰炸而迁至城外）；在沔县武侯祠等处设农学院。

抗战渐入最困难的时期，西北联合大学师生在安定下来后也开始以各种形式为抗战胜利与西北地区文化事业的发展贡献力量。

1. 抗敌后援会的建立及工作

首先是在西北联大内部成立了陕西省各界抗敌后援会西北联合大学校支会，这种形式的地方性宣传抗日的组织在西安临大时期就建立过，但是"过去的抗敌后援支会，也许是参加工作的人太少，也许是经费的困难，所以不见有多少好的成绩表现"[①]。根据《陕西省各界抗敌后援会大学校支会简章》的规定：全校教职员工及在校学生皆为抗敌委员会的成员。执委会设委员15人，其中主任委员由校务委员会推举一人担任。当然委员三人，由校教务处主任、训导处主任和秘书处主任担任。教职工委员三人，由全体教职员选举产生。学生委员

---

① 《本大学校本部本学期第九次纪念周记录》，《西北联大校刊》1939年第11期。

五 20世纪三四十年代西北高等教育面向地方社会服务活动的开展

八人,由全体学生选举产生。委员会下设总务股、组训股、宣传股、募捐股和调查股,分别完成各项工作。①

1939年1月19日,陕西省抗敌后援会西北联合大学支会正式成立,委员会执委会主任委员由徐轼游先生担任,当然委员由胡春藻、张少涵、黎锦熙三位先生担任,教师委员为李蒸、杨据梧、张北海三位先生,学生委员由陶鹏、莫鸿桂、王蕙生等八名学生组成。② 在执委会第一次会议上,议定了委员会经费来源:学生会员每学期收费一角,由学生在新学期注册时缴纳。教师会员每月缴纳10%的津贴作为会费。同时,由学校常务委员会每月拨款法币40元作为活动经费。后援会的主要工作包括义卖献金、慰劳前线将士家属、为前方将士征募鞋袜、扩大兵役宣传、协助地方训练壮丁等。③

委员会自成立后便积极投入各项既定工作,在1月30日举行西北联大第十次总理纪念周大会上,校务委员杨立奎向全校师生报告了委员会开展的工作:"参加民众训练,已经开始。慰劳出征军人家属,已经托县政府调查,一经查实清楚,就和扩大兵役宣传同时举行。募集鞋袜运动和义卖运动,正制定募捐计划办法,不久就要开始。"④ 关于后援工作的社会服务意义,杨立奎先生指出:"借后援工作,提高当地文化水准……借宣传的机会,深入民间,多多联络访问,把他们的生活及文化水平,都改善提高。"⑤

西北联大师生在抗敌后援会的动员下,积极参与为抗日战争早日取得胜利的节约献金运动,"甚为踊跃"⑥。

在淞沪抗战爆发七周年纪念会上,西北联大抗敌后援会在陕南各地举行扩大宣传活动,并招待各界征询当地民情风俗,交换意见,以资宣传。在主办的纪念晚会上,西北联大教师杨立奎、许兴凯、李季

---

① 《陕西省各界抗敌后援会本大学校支会简章》,《西北联大校刊》1939年第10期。
② 《本校抗敌后援会支会正式成立》,《西北联大校刊》1939年第10期。
③ 《本校抗敌后援会支会执行委员会第一次会议记录》,《西北联大校刊》1939年第10期。
④ 《本大学校本部本学期第十次纪念周记录》,《西北联大校刊》1939年第11期。
⑤ 《本大学校本部本学期第十次纪念周记录》,《西北联大校刊》1939年第11期。
⑥ 《本校节约献金运动》,《西北联大校刊》1940年第14期。

谷三位先生作抗日宣传演讲，"会场抗敌情绪，极为紧张"①。

西北联大抗敌后援会利用假期在南郑筹备举办游艺会，计划在丰富当地居民文化生活的同时，宣传抗战，为前线将士募集鞋袜。游艺会于1940年3月24日至25日在汉中大戏院举行，"敦请祝司令绍周②任名誉会长，本校常委兼该会主任委员徐归明先生任会长，该会委员杨立奎先生任副会长。由本校振中中国剧社、新生话剧团担任表演，所有游艺项目，均极精彩，深得各界好评，此次游艺会售票成绩甚佳……（募得资金）一千余元……汇交军政部，为前方将士购置鞋袜云"③。

抗敌后援会利用西北联大五四青年节与"五五"国民革命政府纪念日的假期，动员全校师生组成兵役宣传与慰劳队分赴城固县各地区进行抗日宣传，"于五月四日清晨出发，携带宣传品，计布漫画二十幅、标语十种共一千五百张、纸印漫画三百六十张，此外尚有宣传大纲并报表等。慰劳物品为现金"④。宣传过程以个别谈话为主，结合讲演、唱歌、演话剧等形式吸引民众，"此次宣传，收效极大"⑤。令人感动的是，师生们在探访抗日军属的过程中，目睹了这些保家为国者的家人拮据的生活环境后，纷纷慷慨解囊，将自己身上不多的钱财赠予他们。西北联大校方从本不宽裕的经费中拨出法币700余元支持兵役宣传。在师生返校后所举行的抗日献金运动中，学生们又将自己结余下来的钱捐出，共募得法币1348.79元。⑥值此国难之际，西北联大师生用行动在精神与物质两方面尽最大努力支援抗战，而无人出一言"苦"或"不愿"，实乃中国高等教育史上的一座不朽的丰碑！

---

① 《本校抗敌后援支会工作近讯》，《西北联大校刊》1939年第11期。
② 时任鄂陕甘边区警备总司令兼汉中警备司令。
③ 《本校抗敌后援会为前方将士募集鞋袜在南郑举行游艺会》，《西北联大校刊》1940年第14期。
④ 《本校抗敌支会第二次扩大兵役宣传并慰劳出征军人家属》，《西北联大校刊》1940年第16期。
⑤ 《本校抗敌支会第二次扩大兵役宣传并慰劳出征军人家属》，《西北联大校刊》1940年第16期。
⑥ 《本校抗敌支会举行同学献金运动续志》，《西北联大校刊》1940年第16期。

2. 社会教育的推广

社会教育泛指除学校教育以外的通俗教育或民众教育，它是学校反哺社会、惠及民众的重要方式之一，"以社会及全体民众为对象，以促进社会之不断发展为目的，范围甚广，责任重大"①。有学者指出，中国社会教育的发展必须遵循扶植社会生存、延续民族生命、发展国民生计、充实人民生活等原则和宗旨，贯彻近代都市及农村生活之常识、家庭经济改善之技能、公民体育之发展、国民自治必备之资格、保护公共事业及森林园地之习惯、养老恤贫、防灾互助之美德的实施方针，在实施社会教育的过程中个人和社会不得偏废、必须兼顾。② 随着近代中国民族危机的步步加深，一些有识之士进一步认识到只有全面提升国民的知识素质、依靠民众的力量才能真正实现中国救亡图存的重任。尤其是在日寇入侵，国家处于危亡的关键时刻，社会教育的落后，使得抗战进程愈加艰难。

发展社会教育事业，有两条基本路径：一是大力兴办专门的社会教育机构，添置社会教育设施以承担民众教育的重任。二是由学校兼办社会教育。专门的社会教育机构的运行需要大量的人力物力，使得本就被战争损伤得千疮百孔的中国难以承担，而由学校，尤其是高校兼办社会教育，不仅能克服上述弊端，还能打破学校与社会之间存在的壁垒与鸿沟，使得两者齐头并进。

全面抗战爆发后，国民政府教育部制定了"战时须作平时看"的战略总方针。教育部部长陈立夫提出"学术程度之提高，不再醉心欧化，高谈学理，而在洞悉国情，切合实际，学校师生深入民间，则社会受学校之益，而除旧布新，学校受社会之益，而扫其迂阔，益臻精当。社会学校交相受益，互为策勉，学术之进步恰如水涨船高，德行之化人必如风行草偃"。由此，1938年5月，教育部颁布《各级学校兼办社会教育办法》，规定除初等学校之外，各级各类学校都需要兼

---

① 李溪桥主编：《李蒸纪念文集》，中国社会科学出版社1996年版，第119页。
② 高阳：《社会教育实施目标及方法之商榷》，《教育与民众》1930年第1期。

办社会教育，其中大学各学院各就专长，兼办各式各类社会教育，以求提高民众素质，争取抗战胜利。①

国立西北联合大学社会教育的推行主要集中于陕西省城固地区。当时，城固县属于陕西省汉中区，除高校外，一部分西迁的单位、物资、人员等集中于此，属于陕西国统区的重镇。西北联大教师高振业通过翔实的考察，撰写了一篇关于城固地区风土人情及在该地区施行社会教育可能性的调查报告。该报告提到当地居民居住环境"地域偏僻，交通阻隔，居民缺乏外来刺激，故生产方式不能进步"。地域的褊狭造成了当地人保守的性格特征，"民性保守，缺乏事业欲望与冒险精神，中学校卒业者，多不肯远走他方，负笈求学。大学卒业者甘愿枯守田园或在县作新兴绅士，而不肯向外发展"。在西北联大到来前，城固地区的社会教育（民众教育）情况亦是十分糟糕，"民教机关，只有民众教育馆一所，附设民众学校两处……实为短期义务学校……而影响，亦为微小，仅供历史文献而已"②。所以"城固所需之教育……需供相差太多。欲想法补救，必须重新计划，开始推行"③。

在此背景下，西北联大成立了社会教育推行委员会，选举胡庶华、李建勋、许诵明、王景槐、黎锦熙、刘拓、许寿裳、李蒸等教授为西北联大社交推行委员会委员，李蒸任主席。在推行委员会第一次会议上，李蒸阐述了战争期间高等院校推行社会教育的使命意义；"培育人才与服务社会并行；以先知觉后知，推广学术至于社会；深入社会，交相受益；参加抗战建国，交相受益……"④ 会议还通过了《各学院拟定兼办社会教育事业实施计划及开办日期案》与《国立西

---

① 民国政府教育部对高校指定的社会教育内容有：（1）学术讲座；（2）暑期学校；（3）函授学校；（4）民众识字学校；（5）民众读物编辑；（6）职业补习学校；（7）农业推广；（8）合作指导；（9）民众法律顾问；（10）地方自治指导；（11）电影及播音科学技术传习；（12）防空防毒知能传习；（13）救护训练；（14）公共卫生指导；（15）地方水利及土木工程指导；（16）各种展览会；（17）其他为地方各学校所专长而切合社会需要之教育。各学校须按规定至少兼办两种以上社会教育项目。
② 高振业：《抗战期间城固县之民众教育》，《西北联大校刊》1939年第11期。
③ 高振业：《抗战期间城固县之民众教育》，《西北联大校刊》1939年第11期。
④ 《社会教育推行委员第一次会议》，《西北联大校刊》1938年第2期。

五　20世纪三四十年代西北高等教育面向地方社会服务活动的开展

北联合大学二十七年度兼办社会教育计划大纲》，暂定由文理学院主办国语及注音符号讲习班（办理两期，每期一个半月）、防空防毒讲习班（办理两期，每期一个月）、科学常识讲习班（办理两期，每期一个半月）、成立研究组调查陕南地区城固县与南郑县风俗民情，并协助两县政府改良当地陋俗。由法商学院主办法律常识讲习班（为期两个月）、地方自治讲习班（为期两个月）、商业补习班（为期三个月）。由师范学院主办小学教员讲习会（暑期举办，为期一个月）、小学教员通讯研究部、民众学校（指导学生办理）、体育训练班（为期三个月）、民众业余运动会（春季举办一次）、家事讲习班（为期三个月）。医学院主办救护训练班（为期一个月）、公共卫生训练班（南郑、城固各办一期，每期一个月）、乡村巡回诊疗队。①

表 5-1　　1938 年国立西北联合大学社会教育事业负责人名单

社会教育事业	负责人
国语注音符号讲习班	黎锦熙
防空防毒讲习班	刘拓
科学常识讲习班	刘拓　张贻惠　郭毓彬
调查城固、南郑两县风俗民情及协助各县改良陋俗	李季谷　黄国璋
法律常识讲习班	张北海
地方自治讲习班	王治焘
商业补习班	李宜琛
民众学校	杨立奎　黄思敬　王镜铭
小学教育通讯研究处	李建勋
体育训练班	袁敦礼
民众业余运动会	袁敦礼
家事讲习班	齐国梁
救护训练班	蹇先器
公共卫生训练班	蹇先器
乡村巡回诊疗队	蹇先器

资料来源：民国电子档案 33 号全宗 75 卷 12 件，1938-12-28。

①《国立西北联合大学二十七年度兼办社会教育计划大纲》，《西北联大校刊》1938 年第 2 期。

20世纪三四十年代西北开发中的高等教育问题

1938年8月,国立西北联合大学在陕南城固、洋县、西乡、南郑、褒城、沔县等地举办陕南六县小学教师暑期讲习会。举办该讲习会的目标有三:"一、增进小学教师教学之知识及技能;二、增进小学教师组织及训练民众之能力;三、增进小学教师之抗战意识。"[①] 讲习会以各县县长为会长、以各县教育局局长或县政府教育科科长为总干事,参加讲习人员的训育与军训等工作由各县负责,具体授课及活动由西北联大负责组织安排,讲习时间按各县实际情况,两至三周不等。讲习会开设科目见表5-2所示。

表5-2　　　　　陕南六县小学教师讲习会科目

开设科目名称	讲习科目开设时数 二周	讲习科目开设时数 三周	备注
精神讲话	2	3	
学术讲演	4	4	由西北联大教授担任
战时教育问题	4	4	
防空防毒常识	4	4	由西北联大教授担任
小学教育	8	8	
各科教材及教法	40	40	内分国语、算数、理化、史地、生物5科,每科8小时
学校卫生	不设	9	
民众组训	4	4	
注音符号	不设	12	
体育	6	18	
军事训练	24	36	
乐歌	不设	12	

资料来源:《西北大学西北联大研究所编·西北联大史料汇编》,西北大学出版社2012年版,第204页。

除正常授课外,每日上午五时至六时还需要参加升旗仪式及运动健身活动,逢周日还有远足及游艺活动。

[①]《陕南六县小学教师暑期讲习会简章》,《西北联大校刊》1938年第2期。

五　20世纪三四十年代西北高等教育面向地方社会服务活动的开展

此次讲习活动，西北联大共派出 16 名教授参与，除了讲授相关课程外，还分赴各县巡回指导，并举行公开讲演与讨论活动。其余课程在"本届毕业、品学兼优、思想纯正之学生中选充，由有关讲习各科目之系主任就本系学生中选派之，每人派往一县或二县，并须指导课外活动及作业"①。表 5 - 3 和表 5 - 4 为西北联大教授参加讲习会学术演讲活动名单及各科讲习教师名单。

表 5 - 3　　陕南六县小学教师暑期讲习会学术演讲人员一览

姓名	别号	年龄（岁）	籍贯	担任题目	讲习地点	备考
李蒸	云亭	44	河北滦县	战时小学兼办民众教育之方法	南郑	联大常务委员
李建勋	湘宸	55	河北清礼	小学行政	南郑—城固	联大教育学院院长
黎锦熙	劭西	48	湖南湘潭	注音符号国语运动	南郑—城固	联大国文学系主任
刘拓	泛驰	39	湖北黄陂	防毒	城固	联大文理学院院长
赵进义	希三	37	河北束鹿	科学价值	洋县—西乡	联大数学系主任
黄国璋	海平	43	湖南湘乡		沔县—褒城	联大地理系主任
袁敦礼	志仁	44	河北徐水	学校卫生	南郑—西乡	联大体育学系主任
周宗莲	泽书		湖南汉寿	防空		联大土木工程学系主任
杨立奎	据梧	51	安徽怀远	青年训练	洋县—西乡	联大物理系教授
郭毓彬	灿文	46	河南项城	遗传与环境	沔县—褒城	联大物理系教授
许重远		45	河北饶阳	国际近势	城固—西乡	联大历史系教授
殷祖英	伯西	42	河北房山	史地教育与抗战	城固—洋县	联大地理系教授
高文源	味根	35	陕西米脂	儿童心理	沔县—褒城	联大教育学系教授
胡国钰	仲兰	44	河北大兴	精神生活	沔县—褒城	联大教育学系教授
虞宏正	叔毅	43	福建闽侯	防毒	褒城—沔县—南郑	联大农业化学系教授
王景韩		37	河北深县	防毒	洋县—西乡	联大农业化学系讲师

资料来源：西北大学西北联大研究所编：《西北联大史料汇编》，西北大学出版社 2012 年版，第 205 页。

---

①《陕南六县小学教师暑期讲习会简章》，《西北联大校刊》1938 年第 2 期。

表 5-4　　陕南六县小学教师暑期讲习会学术讲师一览

姓名	籍贯	年龄	担任科目	讲习地点
徐国棨	江苏东台	29	战时教育问题	城固—洋县—西乡
张述祖	山西保德	26	战时教育问题	褒城—沔县
张集	山西保德	30	小学教育	城固—南郑
苏光禄	察哈尔阳原	28	小学教育	洋县—西乡
李祖寿	江苏高邮	25	小学教育	褒城—沔县
高振业	河北元氏	24	民众组训	城固—褒城
余增寿	河北唐县	28	民众组训	洋县—西乡
孔繁信	河南西华	28	国语教材及教法注音符号	城固
张敬	吉林永吉	28	国语教材及教法注音符号	洋县—西乡
艾弘毅	吉林伊通	26	国语教材及教法	褒城—沔县
李著昭	河北静海	26	国语教材及教法	城固
蔡英藩	辽宁海域	23	算术教材及教法	洋县—西乡
王毓彪	河南扶沟	22	算术教材及教法	褒城—沔县
苗世沛	山东桓台	29	理化教材及教法	城固
李志嘉	河北束鹿	26	理化教材及教法	洋县—西乡
张栻	河北安次	23	理化教材及教法	褒城
董兰麟	河南滑县	25	理化教材及教法	沔县
牛传钦	河南拓城	24	史地教材及教法	南郑
郑象铣	安徽寿县	23	史地教材及教法	洋县—城固
吉作哲	山西猗氏	22	史地教材及教法	褒城
王毓梅	山东东河	28	史地教材及教法	沔县—西乡
王琪	山西太谷	28	生物教材及教法	褒城—沔县
白国栋	河北定县	29	生物教材及教法	洋县—西郑
包桂潘	浙江绍兴	30	生物教材及教法	褒城—沔县
魏振武	河北大城	33	体育健身运动卫生	城固
杨宏论	安徽怀远	23	音乐	城固
李鹤鼎	河南太康	25	体育健身运动	南郑
张汝汉	河北霸县	26	体育健身运动	南郑
史麟生	河北迁安	25	体育健身运动	洋县
袁琮	河北正定	26	体育健身运动	褒城
李国堂	吉林延吉	24	体育健身运动	沔县
唐岱砺	山东莱阳	27	理化教材及教法	南郑

资料来源：西北大学西北联大研究所编：《西北联大史料汇编》，西北大学出版社 2012 年版，第 204 页。

在西北联大师生的共同努力下，陕南六县小学教师暑期讲习会收效甚好，受到了当地小学教师的一致好评。

除去举办讲习会提升当地小学教师水平外，西北联大各学院还依据自身情况成立了各式各样的民众文化补习机构，充分发挥了高校在启发民智、提升民力方面的作用。

西北联大师范学院教育系成立了"小学教育通讯研究处"，研究处的任务主要有："一、征集研究小学教育实际问题；二、解答小学教员所提出关于小学教育之疑难问题；三、通讯处指导现任小学教员之进修；四、通讯指导小学教育之实验；五、发行通讯研究刊物。"研究处旨在"研究及解答小学教育实际问题，辅导小学教员进修借以改进小学教育"。联大师范学院小学教育通讯研究处设指导教授一人，负责一切学术研究事项，研究员三到五人，"商承本处指导教授及干事研究小学教育实际问题，由指导教授于教育系卒业，或三四年级学生中推选提请常务委员派充之"。研究处规定："凡现任小学教职员，对于小学教育具有研究兴趣缴纳规定之费用后，经本处审查合格者，均得为本处研究生。"① 1939年1月7日，西北联大小学教育研究委员会召开第一次会议，出席会议的西北联大教授有胡国钰、高文源、郭鸣鹤、鲁世炎、余增寿、韩温冬、李建勋等，会议由李建勋先生作报告，阐述了小学教育通讯研究处成立的原因与意义，"以冀对于本师范区内——陕西、河南、甘肃、青海、宁夏、新疆六省小学教育之改进有所贡献"。会议议定了研究处开设普通教学法、小学各科教材及教学法、儿童心理、教育心理、民众教育五大类科目，采取函授的办法解决西北数省小学教师所遇到的教育问题，并决定"每年发行刊物一次，其名称定为'小学教育实际问题研究报告'"②。

文理学院中国语文学会成立了"国语注音符号讲习班"。该讲习班共开设妇女、儿童、成人三个班次，每班20人至40人不等，凡年

---

① 《本大学师范学院教育系小学教育通讯研究处组织规则》，《西北联大校刊》1939年第10期。

② 《小学教育研究委员会第一次会议记录》，《西北联大校刊》1939年第10期。

龄在8岁至40岁的不识字的当地民众皆可报名参加。讲习班费用由西北联大承担，师生们还积极动员劝说一些不愿学习文化知识的人前来参与。讲习班设立的目的在于"民众意识之培养；抗战形势之认识；使民众明了个人与国家社会之关系，同时辅导其身心发展，以养成忠诚勤朴，负责任，守纪律之良好国民"。训导要点分为：一是关于国家之观念，及国民应尽之义务。主要包含：（1）国民与国家之关系；（2）拥护领袖；（3）信仰政府；（4）忠爱国家；（5）服兵役（有力出力）；（6）纳捐税（有钱出钱）。二是关于抗战之认识。主要包含：（1）抗战之意义及目的；（2）抗战的经过；（3）敌人的暴行；（4）敌我实力的比较；（5）坚持必胜信念。三是个人生活与修养。主要包括：（1）讲卫生；（2）破迷信；（3）戒嗜好；（4）勤勉；（5）诚实；（6）敏捷；（7）自由；（8）礼貌；（9）互助；（10）服从；（11）负责任；（12）勇敢；（13）坚忍；（14）进取；（15）劳动；（16）廉耻；（17）公德；（18）合作；（19）守规；（20）家事。讲习班一般每日就一个小问题展开，采用讲故事的形式使得大家易于接受。讲授方式还包括个别谈话、公开讲演、问答启发、共同阅读等，将认识并使用注音符号与识字结合于其中。通过两到三周的学习，使得大部分学员具备了初步的阅读能力。[①] 文理学院的师生还自办了农民小报供当地居民阅读，小报包括国内外简明新闻，地方新闻，普通常识，妇女知识，故事及歌谣等，编辑原则是"依据民众之现实情形，及切身利害"，采用简单的文字与注音符号并用的形式，深受当地居民的喜爱。[②]

国立西北联合大学在利用社会教育运动传播文化、启发民智的同时，还充分考虑到抗日战争的实际情况，指派化学物理两系师生开设防空防毒讲习班。第一期开设成人及妇孺两班，班额在50人以内，凡年龄在10岁以上的男女皆可以报名入学。每期授课时间1月左右，

---

① 《本大学中国语文学会成立国语注音符号讲习班概况》，《西北联大校刊》1939年第11期。

② 《农民小报编辑大纲》，《西北联大校刊》1939年第11期。

五 20世纪三四十年代西北高等教育面向地方社会服务活动的开展

讲授内容见表5-5所示。

表5-5　　国立西北联合大学防空防毒讲习班教授内容细目

课程类别	课时数	课程内容
精神讲话	4小时	讲述民族英雄之史略，以鼓舞其爱国心。分析我敌优劣，以坚定其抗战必胜、建国必成的信念
防空常识	8小时	(1) 飞机之种类、功能及其辨别办法。(2) 地上防空部队（照空灯、高射炮、高射机枪、阻塞气球、防空哨之设置）。(3) 防空网之组织。(4) 我敌空军实力之比较。(5) 遇空袭之处置。(6) 空袭时保甲长及军警应有之注意。(7) 防空壕。(8) 防空洞
防毒常识	16小时	(1) 毒气概论（毒气之解释、毒气之一般性质、毒气之种类及其特性、毒气之威力、敌人使用毒气之趋势）；(2) 防空（毒气之识别法、遇毒气时之处置、利用日常物品以为防毒器具、一般防毒器具之用法、集团防毒）；(3) 治疗（中毒后之症候、人工呼吸法、简单治疗法）；(4) 消毒（身体衣物等之消毒、饮水食物等之消毒、房屋用具等之消毒）；(5) 防火（烧夷弹①之性质、冷水救火法、细砂救火法、隔断救火法）

资料来源：《本校社交推委会成立防空防毒讲习班概况》，《西北联大校刊》1939年第11期。

西北联大还积极开设自然科学讲习班，由物理、化学、生物三系系主任共同负责办理，由三系三、四年级的学生担任讲习员。当地居民报名参加讲习班者共80余名，其中女性26名。讲习班于1939年2月6日正式开班，讲授内容见表5-6所示。

表5-6　　国立西北联合大学自然科学讲习班讲授内容细目

课程类别	课程内容
物理学常识	飞机之原理及简单构造、枪炮概述、炸弹及手榴弹之构造及用法、滑车之原理及应用、天枰及杠杆之原理及应用、闪电及雷鸣之现象、雨雪露霜及冰冻之现象、风之原因、虹之现象、彗星现象、避雷针之制法、电话及电报、钟表、罗盘针及北斗星之观察、摩擦生热之现象、热之传导与辐射、荧光及磷光

① 燃烧弹的旧称。

续表

课程类别	课程内容
化学常识	食物营养及维他命、食物保存法、水之清洁及消毒法、嗜好品之害处（鸦片、茶、酒）、食物之制法、农作物之病虫害及其预防法、衣物之消毒及漂染、造纸法之改良、蜡烛肥皂墨水浆糊牙粉鞋油等之制法、其他化学品之制造常识、淘金及新式采金法、毒气之种类性质及其防御法、毒气之急救法及消毒法
生物学常识	健康与疾病、微生物、人体寄生动物、传染病之范围及感染、感染病之预防、结核病、花柳病、疟疾、砂眼、皮屑病、狂犬病、麻风病

资料来源：《本校社交推委会成立自然科学讲习班概况》，《西北联大校刊》1939年第11期。

国立西北联合大学是在国难背景下西北高等教育的一个临时产物，又由于各种各样的原因导致其实际存在的时间并不长，但西北联大的师生位卑未敢忘忧国，在刻苦学习的同时积极投身到西北抗战救国建设中去，正如其校歌所唱的那样：并序连黉，卅载燕都迥。联辉合耀，文化开秦陇。

（三）国立西北农学院面向西北地区的社会服务

西安临时大学农学院的前身是国立北平大学农学院。学校迁陕之处，农学院在西安通济坊进行教学工作。后又随临时大学迁往陕西城固地区，农学院设在勉县武侯祠。1938年6月，西安临时大学奉教育部令将农学院分出独立，成立国立西北农学院，并将西北农林专科学校和河南大学农学院畜牧系并入其中，由原西北农林专科学校校长辛树帜担任院长，择定咸阳武功为其校址。西北农学院"接枝移植，撷取众长，形成人才的集中、学术的融合"①。作为西北地区第一所农学专业的高等学府，国立西北农学院崇尚实用、面向群众、服务地方。将课程建设、学生实习与社会服务有机结合在一起，为西北地区的农业技术推广做出了巨大的贡献。

① 周伯敏：《纪念本院三周年》，《国立西北农学院院刊》1942年第1期。

五 20世纪三四十年代西北高等教育面向地方社会服务活动的开展

国立西北农学院自建校之初起即结合西北地区实际,将提高西北地区粮食作物产量,改善当地农民生活条件视作己任。"采集西北各省之品种及征集中外优良小麦品种,用纯系育种法育成优良品系,以适应西北之天时地利,推广于西北各省农民,使农家用较少劳力和资本,获得较多之收益。"① 由于西北地区干旱少雨,灌溉系统亦不完善,西北农学院的师生在实验中培育了耐旱品种小麦武功27号,并联合陕西省农业改进所、泾阳西北农场一起开展小麦育种推广工作。农学院在扶风、宝鸡、武功、凤县、临洮、武威、宁夏等地建设了推广小麦品种试验田。通过试种,西北农学院培育出的小麦品种展现出了产量高、品质优、抗冷、抗旱、耐病的优点。② 该麦种于1940年冬开始在陕西省推广,据西北农学院预计,"拟推广二万亩左右,计分配凤翔八千亩,武功七千亩,蓝县、眉县、乾县一千亩。"③

表5-7　　国立西北农学院针对西北地区农业推广试验

试验名称	试验结果
小麦播种期试验	蚂蚱麦于农历九月下旬播种为好 碧玉麦于农历十月下旬播种为好
小麦促短生产试验	促短生长可以补救小麦之播种误期
小麦中耕试验	中耕对小麦产量无显著影响
小麦播种量试验	以每亩一市斤为适宜
小麦播种法试验	撒播与条播无显著差异
棉花摘心、去叶试验	各处理无显著影响
棉花铃树试验	以不摘铃者为最好
棉花深耕试验	深耕及浅耕无显著差异

资料来源:《西北农学院概况辑要》,《国立西北农学院院刊》1942年第1期。

---

① 沈学年、史奇生:《西北农学院麦作改进与推广之过去及将来》(二),《农业推广通讯》1941年第7期。
② 沈学年、史奇生:《西北农学院改良麦种之成就——蚂蚱麦(武功二十七号)之育成与推广》,《西北农学院麦作改进与推广之过去及将来》(二),《农业推广通讯》1942年第4期。
③ 沈学年、史奇生:《西北农学院改良麦种之成就——蚂蚱麦(武功二十七号)之育成与推广》,《西北农学院麦作改进与推广之过去及将来》(二),《农业推广通讯》1942年第4期。

在良种小麦推广成功的同时，西北农学院还成立了农业推广处，内分农村合作、生产指导、农村教育和编辑宣传四组。推广处向当地居民传授科学的牲畜及家禽的养殖技术，"指导农民牵引农家饲养之母畜与畜牧场之优良畜交配，以改良其子代之品种……以增加其畜养副业之收入"。另外，应宝鸡中国农民银行的邀请，农学院向自己督导的杜家寨、穆家寨、南留村等十三处麦棉生产合作社介绍与指导贷放生产资金，"共达二百零七万六千元……裨益农家资金之周转甚大"[①]。据统计，在陕西省扶风与武功两县，西北农学院指导当地农民科学种植、养殖，并培育其合作精神，仅麦棉生产合作社就成立了170余个，信用合作社256个，社员人数达到3251人。[②] 西北农学院举办农产展览会，1941年2月27日至3月1日，由农艺系5名教授组织、农艺系全体学生参与的农产展览会，在武功县杜家坡学校农场举办，附近农民1000余人参加了农产展览会。1947年2月4—6日，由学校推广处与西北区推广繁殖站及西北役畜改良繁殖场合办的农产展览会，在学校附小举办。展览会邀请了武功、周至、扶风、兴平、乾县、眉县6县农民万余人参加，共收集农、园、牧、林等产品及农村副业、农家工艺产品944种，同时，还陈列了学校的标本、图表、种畜及优良的农、园品种和农具、仪器等910件，供农民观摩评比。农民选送之农产品及役畜经本会聘请专家分别评定优劣，优者给予奖励，计获特等奖者3名，甲等奖者12名，乙等奖者29名，丙等奖者26名，丁等奖者35名，戊等奖者50名，共155名。在农业生产技术推广的同时，国立西北农学院还积极为当地农民办理民众学校、民众夜校及农业科学培训班等社会教育组织，这些培训学校为当地农民带来了急需的农业科学、生产技术、农业合作理念等重要知识。这些社会教育组织特别受当地农民的欢迎，对当地农业增产、经济的发展也起到

[①]《各系近况——农业推广处》，《西北农学院院刊》1946年第4期。
[②] 关联芳：《西北农业大学校史（1934—1984）》，陕西人民出版社1986年版，第30—32页。

了积极的作用。

"西北农学院对国家已尽其力，每年一批批的专门技术人才贡献给国家去作生产建设的工作，对抗战增加不少力量。"不仅如此，西北农学院自建院之日起就树立了服务西北、改善民生的使命与信念，"西北各种作物品种的改良试验，肥料的改良实农艺系化学系同学的责任。新疆、兰州、天水等各地广大园艺的改良及加工是园艺系的责任。发展畜牧改良品种是畜牧兽医系的责任，病虫害系负了扑灭农业病虫的专责。西北农田水利的建设是水利系的唯一责任……责任不仅是建设，而且要将西北自然现象加以精细的研究，造成中国科学独立基础。"[①]

西北农学院不仅将办学重心定位在为国家培养农业人才上，而且放眼整个西北地区，将先进的农牧业技术、灌溉业技术、养殖业技术向西北地区居民推广，即使在经费极其稀缺的情况下也不改初衷。西北农学院在20世纪三四十年代于西北的农业社会服务，使得西北地区农业技术水平在一定程度上获得了提高，也从侧面支援了抗日战争的进行。

（四）国立西北师范学院面向西北地区的社会服务

1938年7月27日，教育部自武汉发布训令，将国立西北联合大学教育学院改为师范学院，设教育、体育、国文、史地、数学、理化、英语、家政八系及劳作专修科。1939年8月，国立西北联合大学师范学院从联大分出，独立为国立西北师范学院。校址仍在汉中城固文庙旧县学内。这一时期"西师与西大隔壁为邻，可以说未能完全处于合而为分的状态"[②]。1940年，西北师范学院拟迁甘肃兰州，由院长李蒸赴兰州勘定校址。1941年，国立西北师范学院分

[①] 陈宗和：《国立西北农学院》，《陇铎》1940年第10期。
[②] 姚远：《国立西北联合大学的分合及其历史意义》，《西北大学学报》（哲学社会科学版）2012年第3期。

院在兰州黄河北岸十里店开学,同年城固校本部停止招生。1942年,西北师范学院校本部迁往兰州,城固改称分院。1944年,城固学生全部毕业,西北师范学院城固分院撤销。抗战结束后,西北师范学院遵国育部令,仍在兰州招生办学,相继设立国语、史地、英语、理化、数学、教育、体育、家政八系以及国文、史地、理化、劳作、国语、体育六个专修科。建立了师范研究所,招收和培养教育类的硕士研究生。设立附中、附小、附中师范部、劳作师资班、优良教师训练班和先修班。"西北师范学院为陕南地方文化与西北文化作出过重要贡献,奠定了西北地区高等师范教育的基础。"[1] 在面向西北地区的社会服务方面,国立西北师范学院立足国情、校情和当地物质文化需求,积极开展各式各样的社会服务与建设,师生共同书写了一部可歌可泣的开发建设西北地区的奋斗史。

1. 开展社会教育以启发民智

1941年,教育部划定了全国七所师范院校的社会教育"辅导区",其中,国立西北师范学院的辅导区包括豫、陕、甘、宁、青、绥六省。事实上,无论是从抗战局势,还是从西北师范学院自身力量而言,西北师范学院的社会教育与服务都很难辐射到上述六省。但西北师范学院仍旧竭尽最大的努力在城固与兰州地区开展社会教育活动。

1941年1月19日,西北师范学院在陕西城固郊区的邠留乡成立了"乡村社会教育施教区"(后改为社会教育实验区),施教区工作目标为"强抗战建国力量;建立本院社会教育研究及实验场所,供给本院辅导区内各校兼办社教之参考"[2]。施教区工作计划见表5-8所示。

---

[1] 姚远:《国立西北联合大学的分合及其历史意义》,《西北大学学报》(哲学社会科学版)2012年第3期。
[2] 《国立西北师范学院乡村社会教育施教区组织纲要》,《国立西北师范学院校务汇报》1941年第18期。

五　20世纪三四十年代西北高等教育面向地方社会服务活动的开展

表5-8　　　　　西北师范学院城固乡村教育施教区工作计划

工作计划	具体内容
扫除文盲	设立成人班及妇女班；辅导区各小学兼办民校；动员区内知识分子扫除文盲；设导生传习处以济学校之穷；推行注音符号，增进扫除文盲效率；举办识字运动，布置识字环境，使文盲彻底肃清
民众组织	根据新县制组织纲要及战时民众组织法令拟分为基本组织、高级组织及动员组织三种。基本组织以年龄性别分别组织长老会、壮丁队、妇女少年团。高级组织依民众需要及兴趣组织乡集会、合作社等。动员组织依战时工作需要，分别组织自卫队、特务队、运输队、慰劳队等，以期将每个民众均纳于各项组织之中，以集体力量参加抗战工作
民众训练	干部训练；妇女训练，包括道德训练及家事训练；各项技能训练（动员组织各项自卫队、特务队、慰劳队，分别施以防匪、锄奸、慰劳等技术训练）
社会服务	本区民众待受训之后，分别按组织性质施以各项社会服务指导，如指导民众慰劳出征军人家属，欢迎壮丁入伍，推行劳动服务，实行公共造产等，以期在工作中开展民众组训，培养民众社会服务精神
推行公共卫生	协助举办户口调查及出生死亡登记；举行普遍的卫生宣传，唤起民众对卫生的认识；实施疾病的治疗与预防使民众享受卫生实惠；指导卫生生活增进民众健康；造成村卫生环境，养成民众卫生习惯

资料来源：《国立西北师范学院乡村社会教育施教区组织纲要》，《国立西北师范学院校务汇报》1941年第18期。

表5-9　　　　　国立师范学院城固乡村教育施教区预算

预算名目	预算经费（元）	备注
津贴	120	其中津贴为副总干事30元；干事三人，每人15元；专任助理一人，30元；工友一人，15元。副总干事及干事均拟商由战区中小学教师第一服务团借聘，酌给津贴，以期以最少经费获较大效果 开发费另拨500元
文具邮费	15	
印刷费	8	
杂费	7	
事业费	30	
设备费	20	
总计	200	

资料来源：《国立西北师范学院乡村社会教育施教区组织纲要》，《国立西北师范学院校务汇报》1941年第18期。

这是中国西北地区历史上第一个乡村社会教育组织。为此，西北师范学院举行了盛大的开幕仪式，借机扩大宣传社会教育的重要性。开幕式吸引了周边居民及师院师生共1000余人参加，李蒸先生致开幕词，阐明了社会教育的重要性及其与抗战救国的关系。会场周边布置了许多标语、漫画和壁报，都是与民众生活切身相关的内容。如"念书识字可以写信看信""念书识字可以看懂布告""念书识字可以万事不求人""肮脏的生活是疾病的根源""合作社可以减轻奸商的剥削""要免得人家骂睁眼瞎子，快到社教区民众学校去！""要写契约书信，快到施教区代笔处去！""有病请到施教区诊疗所去！"等等，另外，还张贴了一些鼓励师院学生投身社会教育服务中去的标语，如"振起精神为农民服务！""将教育送到农民面前""师院同学要深入农村办理社教！""到农村去认识问题研究问题"等。另有一些贴于城内外街道的标语，如"提高为农村文化、改良农民生活""为实施社会教育奠定抗战基础！""以社会教育唤起民众""以社会教育实现三民主义""推行社会教育完成县政建设"等。另外，师院师生还用"极新颖的形式，极适合乡民需要的教材，极通俗的语句，极生动的笔调"编辑了大量的壁报，主要有《告诉你们我们要干什么》《农民认识自己伟大的力量》《后方民众如何抗战》《一个不认识字的害处的故事》《抗战救国大鼓书》《老百姓如何救国》等。"除有关抗敌宣传，各项常识外，还对本区工作做较详细介绍，初识文字乡民看了获益匪浅。"[①]

开幕式结束后，师院还主办了一个展览，"男女老幼乡民纷纷前来参观，由男女同学分负招待讲解责任，成年农民对各种农产品观察非常仔细，妇女对家政系出品颇感兴趣"[②]。

为了克服资金与人力短缺的问题，师院乡村教育工作师生因陋就简，结合当地实际，设立了服务民众的机构（见表5-10）。

---

① 《本校乡村施教区报告》，《国立西北师范学院校务汇报》1941年第23期。
② 《乡村社会教育施教区开幕典礼纪实》，《国立西北师范学院校务汇报》1941年第20期。

五 20世纪三四十年代西北高等教育面向地方社会服务活动的开展

表5-10　　　　　西北师范学院城固施教区民众服务机构

机构名称	服务内容
乡民代笔处	为出征军人家属及普通乡民代写信件及文契
乡民问事处	乡民对国家时事、各项战时法规以及其他问题来馆内询问者均由该处给予解答
乡民体育场	将办事处旁一块空场，扩充为乡民体育场。内设适合于民间体育需要之秋千及杠子等器具，以供乡民闲时练习
简易诊疗所	对当地流行之各种病症，给予预防及治疗，对于出征军人家属予以免费优待
游艺室	室内设乒乓球、象棋及箫笛等乐器，使乡民闲时享受正当娱乐
阅览室	内有报纸及民众抗战书、儿童科学书等200余册，以供乡民中粗通文字者阅读，并做学校教育的补充与继续
中心民众学校	设中心民众学校一所，内分儿童部、成人部、妇女部，以做全民教育实验

资料来源：《本校乡村施教区报告》，《国立西北师范学院校务汇报》1941年第23期。

西北师范学院在城固地区的社会教育活动得到了当地政府的大力支持，当地政府不仅从紧张的财政预算中尽力周转支持，还派员积极参加社会教育推进工作，数名政府官员更是成为社交推行委员会的校外委员。[①]

截至1941年7月，西北师范学院城固地区社会教育活动取得了较突出的成绩，其中扫除文盲运动共招收学员208人，采用教育部编订的《民众课本》第一册和黎锦熙先生编订的《扫除文盲急读合音表》作为教材，使民众具备了基本的读写能力。[②] 合作训练共培训合作社社员和职员255人；[③] 来乡民问事处咨询兵役法规、合作组织办法、军粮摊派及国家时事者共200余人，乡民代笔处给200余乡民写信、写呈文及写对联；简易诊疗所共诊治秃疮、疥疮、普通破伤等250人；游艺室供青年学生、农民及合作社社员来打乒乓球、下象

[①] 《乡村社会教育施教区协进会委员会委员名单》，《国立西北师范学院校务汇报》1941年第24期。
[②] 朱宪祖：《我们的扫除文盲工作》，《建进》1941年第7期。
[③] 王会文：《我们的合作训练工作》，《建进》1941年第7期。

棋、奏各种乐器等共 500 余人；来阅览室借书者共计 380 余人；乡民体育场共有 1000 人来打秋千。①

表 5-11　　国立西北师范学院乡村社会教育协进会委员会委员名单

	姓名	职务
校外委员	丁耀中 王展如 余元章 俞学渊 余仙洲 杨伯勋 曹茂岑 胡超吾 王德懋 张立则 梅凌冬 赵文彦 俞学渊 薛锦荣 王葆如 刘立三 樊庆伯	城固县县长 城固县民政科科长 城固县教育科科长 城固县建设科科长 城固县军事科科长 国民兵团副团长 警官 城固县党部书记长 分团部书记长 县民教馆长 卫生医院院长 城固县合作指导员 省立农业推广所主任 中国银行驻汉中区农业合作贷款主任委员 邯留乡乡长 中心学校校长 乡农会总干事
校内委员	李湘宸　王凤岗　齐壁亭　黎劭西　方永蒸　金澍容　胡仲澜　鲁岫轩 郭闻远　冒兴汉　章荷生　李元复　龙博山　陈子明　袁志仁　易静正 李云亭　贺范理　王镜铭　刘新傅	

资料来源：《本校乡村施教区报告》，《国立西北师范学院校务汇报》1941 年第 23 期。

鉴于社会教育开展情况较好，西北师范学院于 1942 年暑假成立了学生暑期乡村社会服务团，由王镜铭负责计划办理。服务工作于当年 7 月 21 日开始，为期三周。服务团共分为五组：第一组驻宝山邯留中心学校分校；第二组驻柳家寨国民学校；第三组驻翟家寺中心学校；第四组驻张家村国民学校；第五组驻杜家槽西京图书馆。师院学生将工作重心放在社会调查、青年补习教育、民众组训上。成立了初高中补习班、儿童班、成人班、妇女班，"且于晚间举行月下座谈会，

---

① 《国立西北师范学院乡村社会教育施教区二十九年度下期报告书》，《建进》1941 年第 7 期。

参加民众尤为踊跃。"① 师院对此次暑期乡村服务极为重视，李蒸院长与袁敦礼主任还分赴各服务点进行视察，"地方士绅举行盛大的欢迎会，到男女老幼二百余人，异常热烈。士绅及民众除对同学服务表示感谢外，并请延长服务期限，态度极为诚恳"②。

西北师范学院乡村社会教育服务团的辛勤工作得到了当地居民的极大认可与支持，服务期满后，"民众纷纷设宴饯行，情绪极为热烈"，部分民众自愿捐助伙食津贴，请求服务团延长工作时间。服务团离开之时，"民众整队送出郊外，爆竹之声震野"③，他们将学生的行李送回学校，并问"先生何时再来？再来时可否多住些日子？"④一位参加完补习教育的甲长表示："费你们先生的心，把三民主义给我们讲清楚了，我们也知道什么叫三民主义了，要不然我们老死也不知道，三民主义是什么呢！"⑤ 王镜铭在总结西北师范学院在城固地区的社会教育成绩与经验时说："本区服务地点的文盲减少三分之一。兵役动员明显进步、合作社普遍设立，贫农普沾低利贷款实惠，乡民卫生保民会议定期召开，乡行政人员贪污不公现象渐行敛迹，一般乡民这样说：'从前开会我们都不敢说话，社教区来此后，我们都敢说话了'。"⑥ 在得知西北师范学院将迁往兰州时，城固邯留乡"民众于热情挽留后，赠送本区'善教爱民'锦旗一面，以资纪念"⑦。

西北师范学院在城固地区所举办的社会教育活动，不仅受到了当地民众的欢迎与褒奖，还使得附近各校学生对社会教育工作也产生了浓厚的兴趣，"政治系学生、汉中师范、文治中学学生，曾由师长率领前来本区参观，对社会服务均有正确认识，陕南青年社会服务的风

---

① 《本院学生暑期乡村社会服务经过》，《国立西北师范学院校务汇报》1942年第46期。
② 《本院学生暑期乡村社会服务经过》，《国立西北师范学院校务汇报》1942年第46期。
③ 《本院学生暑期乡村社会服务经过》，《国立西北师范学院校务汇报》1942年第46期。
④ 王镜铭：《西北师范学院暑期乡村社会服务团工作介绍》，《建进》1942年第7期。
⑤ 张开运：《我们的甲长训练工作》，《建进》1942年第7期。
⑥ 王镜铭：《国立西北师院城固社会教育试验区二年余工作介绍》，《甘肃民国日报》1943年11月8日。
⑦ 西北师范大学校史资料编研组：《国立西北师范学院史料摘编（1937—1949）》，中国文史出版社2014年版，第575页。

气，本区的影响实匪浅鲜"①。

西北师范学院本部由陕西城固迁往甘肃兰州后，将社会教育实施区的地点定在兰州孔家崖和十里店，并于当年11月12日正式成立。在成立大会上，李蒸院长发言阐述社教区成立的意义，"语重心长，台下民众颇为感动"。次由兰州市政府代表"讲演，详述师院市政府政教合作推行国教之意义"。再由社教区总干事王镜铭报告筹备经过及工作计划，"略谓本区成立典礼，与三年前在城固邯留乡举行成立典礼相同，当时余曾谓成立典礼，是本院师生与邯留乡民众拜朋友典礼，今日亦为本院师生与十里店附近民众结拜朋友典礼"。师院社教工作目标是培养"新农民、新工人、新商人及完成管教养卫四大建设"。"台下听众情绪异常热烈。"②

成立大会后，在十里店中心学校举办了各项展览会，包括科学知识、国防知识、农业知识及西北师范学院城固社会教育实验区各项工作报告等，"十里店各校学生、商民、工人、士兵及附近乡村乡民，男女老幼，摩肩接踵，鱼贯而入。午饭后附近乡村民众，更如潮似涌，络绎不绝，参观民众在六千人左右"③。晚间，师院联络教育厅电化教育服务处，在公路局制造厂操场公演电影，"来观者尤众，约余万人……电化教育从此扩展至乡村云。"④

社会教育工作要想很好地推行，招生问题是重中之重。由于社会教育课程往往安排在暑假进行，正值农忙时节，当地民众多不愿意前来参加学习。鉴于此，师院师生免费向民众赠与书籍与学习用品并展开多种方式吸引民众，"村中的男女把我们团团围住，利用这个机会，逐步实行我们的计划，精神讲话和秦腔大鼓配合起来，最后还演个喜

---

① 王镜铭：《国立西北师院城固社会教育实验区二年余工作介绍》，《甘肃民国日报》1943年11月8日。
② 《本院社会教育实验区及与市政府合办国民教育实验区举行成立典礼盛志向》，《国立西北师范学院校务汇报》1943年第80期。
③ 《举行农事科学国防及同盟国战争照片各项展览》，《国立西北师范学院校务汇报》1943年第80期。
④ 《晚间公演电影片 电话教育扩展农村》，《国立西北师范学院校务汇报》1943年第80期。

剧，这些小玩意儿，不过是一种手段而已，主要目的在增强民众的抗敌情绪，以激发其爱国心"①。最终，师院师生的努力得到了当地民众的理解和支持，十里店的一位妇女为感激师院师生，"把自己菜园里的辣椒茄子，赠给老师一篮，权作礼物，深情厚谊，着实令人感动"②。一位来自山西的妇女，每天上课风雨无阻，一手抱着婴儿，一手写字，补习结束时，她已会写通顺的书信，会记家庭的账簿。③

截至1944年，西北师范学院兰州社会教育活动，共招收儿童七班，共250余人，妇女二班，共50余人，成人班100余人。④

1943年8月18日兰州的报纸以"十里店社教工作成绩斐然"为题进行了报道，声称国立西北师范学院的社教工作，"四周以来，成绩斐然，已引起各界人士之注意，数日内前往参观者络绎不绝"。教育部两次来电嘉奖师院的社教工作，查该院发动师生做大规模之社教活动，举办农事、工艺、家事、科学等展览及粮政兵役宣传，慰劳抗属等工作，均称切实，殊堪嘉许，嗣后仍仰努力服务社会，化民成俗，以宏社教效能。

1944年1月19日，国立西北师范学院在十里店中心学校举行社会教育实验区三周年工作检讨会。到会人员有师院李蒸院长，高献瑞主任，郭闻远教授及热心社教工作公训系学生50余人。"首由该区总干事王镜铭报告该会意义，并今后之希望，次请李院长指示工作，李院长对战前社教运动有深刻的批评，对战时社教发展有精辟阐述，并指示今后实验工作，第一应与抗战建国策相配合，第二应转移社会风气云。"1月30日，国立西北师范学院社会教育实验区成立三周年庆祝会在孔家崖中心学校举行，并借机慰劳抗属，举行强迫教育及田赋征实征购宣传。庆祝大会贴有对联一副"本区盼望诸位要来参加活动，学习生活知能，管保对你有便宜，因为我们在城固已有二年经验；中央新定小娃同文盲要受强迫教育，才够普通标准，否则父兄被处罚，

---

① 纪海泉：《社教漫谈》，《甘肃民国日报》1943年8月29日。
② 纪海泉：《社教漫谈》，《甘肃民国日报》1943年8月29日。
③ 李德三：《西北地拓荒者 文化的播种人——记十里店社教工作队》，《甘肃民国日报》1943年8月30日。
④ 阎河详：《孔家崖队工作述要》，《甘肃民国日报》1944年8月25日。

欢迎大众快入校，做个健全国民。"对联内容简单诙谐，将庆祝大会及师院负责的社会教育之意义，包括无遗。王镜铭总干事在报告师院社会教育实施情况时表示师院全体师生本着"与农民作朋友精神，协助当地农友由贫困致富，由愚成智，由弱变强，由苦化乐"。之后，师院学生还表演了秦腔、河南坠子、抗战鼓词等节目。此次纪念会"收一术与宣传效果配合之效，于四时半散会，民众犹余兴未尽"①。

1944年12月教育部督学姜和视察西北师范学院社会教育服务区后，对师院的社教工作成绩高度赞扬，并感慨道："战后社会教育均都市化，表面化了，独你们仍能保持战前民众教育精神。"②

教育部也两次来文嘉奖国立西北师范学院社会教育所取得的丰硕成果，对邯留乡的社教工作奖文如下："该校师生领导各界，利用人时，举行邯留乡施教区成立典礼，扩大宣传，借使乡村民众，了解社教，欣然接受；并提高各界人士对社教认识，而乐于赞助，计划周详，切合实际，殊堪嘉许。仍益坚信念，继续努力为要。"③ 1942年5月又来电嘉奖："查该院发动师生作大规模之社教活动，举办农事工艺家事科学等展览及粮政兵役宣传，慰劳抗属等工作，均称切实，殊堪嘉许，嗣后仍需努力服务社会，化民成俗，以宏社教效能。"④

不难看出，西北师范学院的社教工作在抗战时期确实取得了非凡的效果，通过社教工作不仅加强了学校与社会的联系，也使学生获得了实际工作的经验，更使民众得到了一定的文化常识和爱国信念。⑤

2. 积极开展中等教育辅导工作

1941年，教育部颁布了《暑期中等学校各科教员讲习讨论会办

---

① 《社会教育实验区三周年纪念盛况》，《国立西北师范学院校务汇报》1944年第63期。
② 《师院社教实验区是怎样长成的》，《甘肃民国日报》1945年1月21日。
③ 《据报邯留乡施教区成立情形计划周详切合实际殊堪嘉许仍仰继续努力由》，《国立西北师范学院校务汇报》1941年第23期。
④ 《教育部嘉奖本院对于精神教育之实施》，《国立西北师范学院校务汇报》1942年第42期。
⑤ 尚季芳：《抗战时期内迁高校与西北地区现代化——以国立西北师范学院为中心的考察》，《西北师大学报》（社会科学版）2012年第5期。

法》，其中规定国立西北师范学院需负责河南、陕西、甘肃、青海、宁夏、绥远等省份的中等学校各科教员讲习讨论会的组织与教学。具体工作包括："（1）指定巡回辅导教授，巡回辅导该区内中等学校之实际教学。（2）发刊通讯一类刊物，指导并解答中等学校教学上之实际问题。（3）协助教育厅办理中等学校教员暑期讲习讨论会。（4）协助教育厅办理高初级中学教员进修班。"[1] 讨论会的起止日期是当年的7月18日至8月27日，实际期限须有六星期。讲习讨论会分为国文组、英语组、数理化组、生物组、教育组（注重国民教育及社会教育）。依据国民政府教育部的规定，各省立、公立及私立学校都至少要派三名教师参加（中等师范院校所派教师应有一人为教育学科教员），学员的召集由各省教育厅负责督办。另外，教育部还规定了讲习会学习活动安排：每门学科每天由所负责的师范学院安排专任教师讲演4小时，集体讨论一小时，以个别讨论、小组讨论与全体共同讨论为主。另每周安排6小时精神讲话与时事讲演，其余体育活动与专门教育问题讨论由各师范学院酌情安排。

表5-12　　　　1941年教育部规定师范学院辅导区与省市对照

师范学院	教育部规定辅导区省市
中央大学师范学院	四川省重庆市
西南联大师范学院	云南省
浙江大学师范学院	贵州省
国立师范学院	湖南省
女子师范学院	湖北省
中山大学师范学院	广东省
西北师范学院	河南省、陕西省、甘肃省、宁夏省、绥远省

资料来源：《部令办法四十年暑期中等学校各科教员讲习讨论会办法》，《国立西北师范学院校务汇报》1941年第29期。

---

[1] 《部令办法四十年暑期中等学校各科教员讲习讨论会办法》，《国立西北师范学院校务汇报》1941年第29期。

根据教育部关于办理中等教育辅导委员会的指示,国立西北师范学院于1941年8月1日在城固召开西北师范学院区中等教育辅导委员会第一次会议。出席会议的有陕西省国民政府省府委员傅鹤峰、卢政芳,甘肃省国民政府省府委员佟迪功、王耀辰,河南省国民政府省府委员赵质宸、关杰,西北师范学院李蒸、黎锦熙、李建勋、金澍荣等教授,以及教育部督学程宽正及西北师范学院附属中学方永蒸等。

黎锦熙教授报告了师院于民国二十八年(1939)组织的地方教育辅导委员会的开办情况,汪如川事务主任报告了民国二十九年(1940)西北师范学院与陕、甘两省合作办理地方教育委员会的办法:"(1)本院设地方教育辅导委员会,各省教育厅设教育设计委员会。(2)请教育厅设名誉督学,聘请本院教授担任。(3)举办暑期讲习讨论会。(4)设中等教育通讯处。(5)设中等学校教员进修班。"此次会议议定了1941年国立西北师范学院在其中等教育辅导区内的工作任务:"(1)培养师资。(2)指导现任教师进修。(3)辅导本区内各省中等教育之改进……希望各省教育行政当局、学校当局与本院切实合作,互相扶助,随时贡献教育实际经验,供给研究参考资料,以期推进地方教育。"并通过讨论形成决议(见表5-13)。

表5-13　1941年国立西北师范学院中等教育辅导委员会讨论及决议

讨论提案	决议案
拟订本区中等教育辅导计划及实施方案,以便呈送核定施行案	推定黎锦熙、李建勋、金澍荣三委员,根据各省教育厅所拟中等教育设施及改进计划暨各省中学教育实况,拟订中等教育辅导计划及实施方案,分送本区各省教育厅征求同意后,呈部核定,由黎委员负责召集
本区中等教育应有之设施及改进计划,应请区内各省教育厅分别拟订大纲或详细方案提案,并随时供给本会研讨资料案	函请本区各省教育厅开送计划及方案
调查本区各省中等学校各科师资供求实况案	函请本期各省教育厅办理并将材料送本会参考
协助西北师范学院四年级生于所在地中等学校实习及参观案	由西北师院拟订办法函请本区各省教育厅转饬各中等学校洽办

五 20世纪三四十年代西北高等教育面向地方社会服务活动的开展

续表

讨论提案	决议案
本区中等学校教员暑期讨论会应由区内各省教育厅分别制定奖励办法以谋改进而期普及案	由西北师范学院转呈教育部规定教员参加暑期讲习讨论会旅费及生活费,提早通知讲习讨论会日期并规定奖励办法
组设中等教育通讯研究处并编印发行刊物案(河南赵委员质宸关委员提案合并讨论)	由西北师范学院成立中等教育通讯研究处编造预算,所需经费由西北师院及本区各省教育厅分担
由西北师院推荐专门人员备本区各省教育厅聘为名誉督学或视导专员案	由西北师范学院推荐专门人员为本会辅导专员并由本区各省教育厅聘为督学
促进中央决议令行之注音识字运动,就本区各中等学校训练干部人员并定为中学学校兼办社教之中心工作案	通过呈部核定通令本区各省教育厅转饬施行
呈请教育部修正本会组织通则,第四条改为每年开常会一次,并由西北师院与本区各省教育厅轮流负责召集案	通过
规定本会下届会议日期案	本会第二届会议定于三十一年八月一日在西安举行,由陕西省教育厅负责召集
本会设秘书一人处理日常会务案	通过,人选由西北师院院长指定
请西北师范学院从宽录取西北各省学生案	通过,呈请教育部核定
限定西北师院毕业生服务西北各省中等学校案	俟三十二年本院有五年制毕业生时,再行呈请教育部分发西北各省籍回省服务,详细办法届时再行商定
师范学校毕业生投考师范学院请予免试英文案	呈部核准后实行

资料来源:《函送本师范学院区中等教育辅导委员会第一届会议记录》,《国立西北师范学院校务汇报》1941年第30期。

此次会议同时选举了西北师范学院区中等教育辅导委员会委员名单(见表5-14),负责区内中等教育辅导工作。

表5-14 西北师范学院区中等教育辅导委员会委员名单

省份/单位	委员名单
河南省	鲁荡平 关杰 赵质宸
陕西省	王捷三 侯佩苍 衙泰若 卢政芳
甘肃省	郑通和 孙云遐 仇连清 王维铺
青海省	王祝三 魏泰兴 邵鸿恩 李德渊 牟松年
宁夏省	骆美奂 席怀瑜 金岭峙 马汝麟
西北师院	李蒸 李建勋 黎锦熙 金澍荣

资料来源:《函送本师范学院区中等教育辅导委员会第一届会议记录》,《国立西北师范学院校务汇报》1941年第30期。

1941年，西北师范学院为其施教区内中等学校在职体育教师办理暑期体育讲习班。规定"凡曾在中等以上学校任体育教师两年以上者，由本师院学院区各省教育厅保送。豫陕甘各省至少十名，宁青绥每省至少二名"参加师院暑期体育讲习班，讲习班分两期，学员须通过第一期学习考试方能进行第二期学习。其中必修课有体育理论及问题、体育教材教法研究（甲）、体育测验、体育教材教法研究（乙）。选修课有教育概论、健康教育、童子军等，另有体育史、体育行政、矫正体育及按摩急救、中等教育等临时开设的课程。讲习班采用军事管理及导师制，毕业学员由师院转呈教育部核发相当于中学教员检定合格证明书之中等学校体育教员进修证明书。①

1944年，西北师范学院在总结其开办教员补习教育经验的基础上，遵照教育部令饬举办补习教育仰遵办具报由的指令②，开设国立西北师范学院附设中心学校及国民学校教员函授学校。学校开办以"函授方法辅导中心学校及国民学校教员进修，借谋求改进国民教育为宗旨"。为达到目标，西北师范学院设如下函授科目：数学、学校行政、测验统计、社会教育、小学训育实施法。规定"现任中心学校及国民学校教员经本校审查合格者，均得为本校学生"。入学学员须在所开设的函授科目中至少选修三门，修业期限为一年，期满后经考试成绩合格者，由师院发给证明书。③

西北师范学院对中心学校与国民学校教员函授工作非常重视，投入经费140600元，成立了以教育系主任为主席的指导委员会，用通讯方法，指导学生进修。共招生558人，其中完全没有受过师范教育的有106人，未填明者294人。从生源地来看，招收的函授学生分布于13个省份，包括西北、西南、东南等地区，其中陕西省224人，甘肃省83人，江西省56人，河南省50人，四川省49人，湖北省26人，浙江省24人，新疆省20人，安徽省11人，绥远省8人，西康

---

① 《三十年暑期体育讲习班简章》，《国立西北师范学院校务汇报》1941年第28期。
② 民国电子档案33号全宗21卷6件，1943-07-24。
③ 《国立西北师范学院附设中心学校国民学校教员函授学校招生简章》，《国立西北师范学院校务汇报》1944年第63期。

省3人，贵州省3人，福建省1人。①

1948年，教育部重新调整了各高等师范院校的社会教育与辅导教育负责区域，规定"师范院校应于每学期开始时，与省市教育行政机关会同拟定研究辅导计划，呈请教育部核定施行。师范学院每学期应将研究辅导工作报告教育部，并分函各省市教育行政机关备查，对于区内中等教育研究会应密切联系"②。

表5-15　　　1948年国民政府教育部规定师范学院辅导区与省市对照

学校名称	暂定辅导省市
国立中央大学	江苏省，南京市
国立中山大学	广东省，广州市
国立浙江大学	浙江省
国立四川大学	四川省
国立师范学院	湖南省
国立西北师范学院	甘肃省、宁夏省、青海省
国立北平师范学院	河北省，北平市
国立昆明师范学院	云南省
国立女子师范学院	重庆市
国立贵阳师范学院	贵州省
国立南宁师范学院	广西省
国立湖北师范学院	湖北省，汉口市

资料来源：民国电子档案33号全宗91卷11件，1948-10-15。

3. 小学教育通讯处的设立与工作

国立西北师范学院的前身国立西北联合大学师范学院早在1939年即成立了小学教育通讯研究处，以研究与解答当地小学教育的实际问题，辅导小学教员进修，以改进当地小学教育质量为目的。其工作也受到了教育部的嘉奖，"查该院举办小学教育通信研究颇著成绩，殊堪嘉许，仍仰继续努力"③。

1941年8月12日，国立西北师范学院召开小学教育通讯研究处小学教育研究委员会第七次会议，总结了举办小学教育通讯研究处以

---

① 《国立西北师范学院近况》，第9—10页，1944-12-17。
② 民国电子档案33号全宗191卷11件，1948-10-15。
③ 民国电子档案33全宗98卷13件，1941-09-11。

来的经验与教训,对今后的指导工作制定了更为详细的规范章程。

截至当时,国立西北师范学院小学教育通讯研究处共招收三期研究生,第一期共 66 人,经考核合格者 53 人(详细情况见表 5-16)。

表 5-16　　国立西北师范学院小学教育通讯研究处第一期学员概况

种类	特别研究生 51 名,普通研究生 2 名
性别	男 49 名,女 4 名
籍贯	甘肃 9 名;四川 8 名;河北 8 名;陕西 6 名;江苏 6 名;河南 5 名;山东 2 名;安徽 2 名;浙江 2 名;山西 1 名;青海 1 名;湖北 1 名;广东 1 名;广西 1 名
学历	师范毕业者 25 名;高中毕业者 12 名;初中毕业者 6 名;简易师范毕业者 3 名;私立大学毕业者 2 名;私立大学肄业者 2 名;国中师范部学生 2 名;训练团毕业者 1 名;巡警教练所毕业者 1 名
职务	小学教员 16 名;小学校长 9 名;教育部战区教师服务团团员 9 名;小学主任 7 名;师范学生 2 名;民校校长 1 名;名校教员 1 名;简易师范学校主任 1 名;职业学校教师 1 名;战时儿童保育院主任 1 名;银行职员 1 名;农会干事长 1 名;禁烟督察处组员 1 名;大学书记 2 名

资料来源:《小学教育通讯研究处成立经过概况》,《国立西北师范学院院务概况》1941 年。

第二期共招收学员 75 人,经考核合格者 54 名(详细情况见表 5-17)。

表 5-17　　国立西北师范学院小学教育通讯研究处第二期学员概况

种类	特别研究生 53 名,普通研究生 1 名
性别	男 47 名,女 4 名,待查者 3 名
籍贯	河北 9 名;河南 10 名;陕西 4 名;湖北 5 名;四川 6 名;浙江 1 名;辽宁 1 名;江苏 7 名;甘肃 1 名;安徽 1 名;湖南 1 名;山西 1 名;山东 2 名;贵州 1 名;广西 1 名;待查者 3 名
学历	师范学校毕业者 23 名;简易师范毕业者 5 名;高中毕业者 6 名;公立大学毕业者 3 名;公立大学肄业者 2 名;私立大学毕业者 3 名;私立大学肄业者 2 名;体育专科学校毕业者 1 名;初中毕业者 2 名;国中师范部学生 1 名;初中肄业者 1 名;重庆立信会计学校毕业者 1 名;待查者 4 名
职务	小学教员 17 名;小学校长 7 名;小学主任 5 名;教育部战区中小学教师服务团团员 5 名;县教育局督学 3 名;教育部中小学教科书编辑 3 名;民众教育馆主任 1 名;大学助教 1 名;公路编辑员 1 名;公路视察专员 1 名;军委会服务员 1 名;银行职员 1 名;经济部试验所书记 1 名;三行仓库信托部信托员 1 名;第三十三集团军总司令部上尉参谋 1 名;县政府教育科科长 1 名;赋闲者 1 名;待查者 3 名

资料来源:《小学教育通讯研究处成立经过概况》,《国立西北师范学院院务概况》1941 年。

第三期学员审查合格者114名（详细情况见表5-18）。

表5-18　　国立西北师范学院小学教育通讯处第三期学员概况

种类	特别研究生一百零一名，普通研究生十三名
性别	男七十九名，女十四名，待查者二十一名
籍贯	河南十七名；四川二十二名；江苏七名；湖北八名；浙江八名；陕西七名；河北五名；甘肃三名；湖南四名；山东一名；安徽二名；福建一名；吉林一名；山西二名；贵州一名；广东二名；云南一名；宁夏一名；江西一名；待查者二十一名
学历	师范学校毕业者二十三名；高中毕业者十八名；师范学校肄业者十六名；初中毕业者八名；私立大学毕业者四名；简易师范毕业者四名；国立大学肄业者四名；私立大学肄业者五名；职业学校毕业者一名；医学博士（日本留学）一名；职业教员养成所毕业者一名；公务人员训练班毕业者一名；童子军专科学校肄业者一名；高中肄业者三名；国立大学毕业者二名；待查者二十二名
职务	小学教员三十名；师范学校在校学生十三名；小学主任十一名；小学校长五名；赋闲者四名；大学教员二名；中华平民教育促进会干事二名；中国工业合作协会事务员二名；初中教员一名；中央训练团组员一名；中国蚕桑研究所职员一名；荣誉军人招待所职员一名；钢铁厂子弟学校教员一名；蒙藏委员会科员一名；天府矿业公司技术员一名；汉藏院翻译员一名；军政部收发员一名；大学在外兼职任教学生一名；教育部战区教师服务团成员一名；军务部统计员一名；行政院卫生署科长一名；家庭教师一名；荣誉军人教养院中尉一名；空军第一大队指导员一名；邮局服务员一名；县合作金库会计一名；无线电管理员一名；矿冶公司统计员一名；省党部干事一名；待查者二十四名

资料来源：《小学教育通讯研究处小学教育研究委员会第七次会议记录》，《国立西北师范学院校务汇报》1941年第30期。

其中，普通研究生培养是指提出问题由西北师范学院小学教育通讯研究处教师予以解答，其形式与函授相当。特别研究生培养是指除提出问题外还需选修师院开设的儿童心理、教育心理、普通教学法、小学各科教材及教学法与民众教育中任意两门，并通过函授考核。

（五）西北其他高校社会服务活动的开展

1937年，国立西北农林专科学校大力推行社会教育。

> 奉教育部五月二十四日汉教第三七七零号令，关于令发各级学校兼办社会教育办法一案，为增进本校附近农民知识起见，已

于二十五年十二月开办农民短期训练班一次,二十六年八月抗战军兴,本校抗敌后援会民众教育委员会,为增强附近民众抗战意识计,曾就附近庙宇,设立民众学校十五处,编辑教材,分别施教。二十七年一月,本校会同兴平、武功两县政府,在本校办理小学教师训练班,将民众教育列为专科,以使其回校后推行民教工作。本学期更以武功县第四区(即本校周围十里左右各村)为施行民教区域,于四月十三日开始工作,其方法为举办夜校,派本校附小辅导员指导,推行小先生制,派壮丁训练辅导员至各社训处工作,总计本学期受教民众达两千人,以钧部编辑之民众课本为主要教材,同加以算术及抗战歌曲。①

第一,国立西北农林专科学校开设并扩充夜校4处,教职员共14名,学生187名,课程为民校课本、初小算术、农业常识、抗战新闻、救亡歌曲等。② 第二,该校积极派遣乡村小学辅导员并推行小先生制。

武功县第四区计分十七保,区内共有乡村小学二十四处,本会在校内选聘热心同学四十一人,为乡村小学辅导员,于每星期日分往各该小学做下列工作:1. 赠送本校抗敌简报;2. 报告最新时事;3. 教授民众课本;4. 教授抗敌歌曲;5. 训练小先生推行民众教育。各辅导员俱觉义不容辞,按前往,每感时间不足,各小学员生得此项辅导,亦觉臂助甚大,异常欢迎。本校附设小学,学生之作小先生者,计一百五十八人,所教学生共计五百六十四人。其中教学推行最速者,已将民众学校课文第一册学毕,各乡村小学学生之报名作小先生者,计一百八十五人,所招学生

---

① 《国立青海初级职校、西北农林专校、西北技艺专校、西北技专、西康技专、西康职校等社教工作报告、计划、经费、社教推行委员会章则、调查表及有关文书》,中国第二历史档案馆,全卷宗号5,案卷号11514,第56—57页。

② 《国立青海初级职校、西北农林专校、西北技艺专校、西北技专、西康技专、西康职校等社教工作报告、计划、经费、社教推行委员会章则、调查表及有关文书》,中国第二历史档案馆,全卷宗号5,案卷号11514,第64页。

五　20世纪三四十年代西北高等教育面向地方社会服务活动的开展

计一千一百二十一人。①

第三，学校挑选热心学生，分往武功县第四区三处壮丁训练处从事壮丁训练工作。

> 选派之热心学生，于每周星期日前往各处做下列工作：1.政治讲演；2.报告时事；3.教授抗战歌曲；4.教游击战术。各辅导员，有时应各处请求，或隔日前往，或每日一次，每感时间不足。本校咸阳林场与咸阳南高联及城关联协商，每日清晨该两联训练壮丁时，由林场派员前往教授民众课本一小时。受训壮丁总计四百九十五人。②

第四，学校创建了民众图书馆，"本校购置各种民众读物及挂图，在本校附设小学内，设一民众图书馆，以期与民众接近，使之随时入内阅览，计现有读物一百余册，挂图二十余幅，惟民众读书习惯尚未养成，每日来馆者甚少，下期拟多方有道，成立巡回书库，期其推广"。第五，西北农林专科学校还筹建了民教剧团。"组织救亡剧团五队，于寒假内分往汉中、陇东等处表演，民教剧团为五队之一，于各种纪念日在本校或附近集会场所表演，以声为教，而籍广宣传，计本期公开表演五次，观众约万余人。"③

1945年6月至1947年2月，国立西北农林专科学校于暑期办理凿井训练班，以下是训练班办理经过：

---

① 《国立青海初级职校、西北农林专校、西北技艺专校、西北技专、西康技专、西康职校等社教工作报告、计划、经费、社教推行委员会章则、调查表及有关文书》，中国第二历史档案馆，全卷宗号5，案卷号11514，第65页。

② 《国立青海初级职校、西北农林专校、西北技艺专校、西北技专、西康技专、西康职校等社教工作报告、计划、经费、社教推行委员会章则、调查表及有关文书》，中国第二历史档案馆，全卷宗号5，案卷号11514，第68页。

③ 《国立青海初级职校、西北农林专校、西北技艺专校、西北技专、西康技专、西康职校等社教工作报告、计划、经费、社教推行委员会章则、调查表及有关文书》，中国第二历史档案馆，全卷宗号5，案卷号11514，第69页。

本年暑期毕业陕西省府保送学生八名外，现在新疆省政府于本年元月底保送学生二十七名，因该生等基本学科程度低，故将训练期限延长半年，同时因程度不齐又将数学、英文、物理三门分作两班讲授，所授课程计有凿井工程简易测量、地下水文、工程图画、数学、英文、物理、三民主义科目等，教职员共计十人专任教员五人兼任教员一人职员四人，讲授进度均可如期达成，唯凿井课程因缺设备毫无实习，极感困难。除编造预算，函咨新省府拨款充实设备外，复商借甘肃矿业公司钻探机一部，从事实习，为学生了解该项机械之构造及应用至简易测量亦无仪器，拟利用寒假借用校本部测量仪器，集中时间实习。[①]

国立西北技艺专科学校响应中央政府号召，大力推广民众教育，以下是该校1940年度兼办民众教育计划：

一、实施目标：

（一）民众补习教育应以培养民众抗战知能，增强民众抗战力量，激发民众之民族意识，提高文化水准为目标；

（二）利用本校附近工厂工人及农人并根据地方需要灌辅生产常识及充裕人民生计促进国防建设；

（三）沟通学校工厂施农会工学合一之教育以改良生产技术增进教育效能。

二、施教区域：

（一）农业经济科以学院西关西稍门外炭市解桥门街一带为施教区域；

（二）农学森林畜牧兽医四科以学院街曹家厂贡元巷东大街南大街一带为施议区域。

[①]《国立西北农林专科学校办理凿井训练班经过报告训练班经费预算报告及毕业生成绩单等相关文书》，中国第二历史档案馆，全卷宗号5，案卷号10110，第4—5页。

三、施教对象：

以三十五岁以下男女失学民众为限。

内容：甲、灌辅农工商业各种常识及生产技术：

（1）训导民众组织消费信用等合作社；

（2）训导民众使知社会上大多数的经济利益互相调和之重要；

（3）指示民众以平均地权及节制私人资本发达国家经济理论与办法；

（4）指示民众择业、专业、乐业，使社会上无失业游民；

（5）增进民众职业知识及技能以增加其生产力；

（6）培养民众使用日常通用度量衡，运用珠算笔、心算、编制表册、器具等，统计表册，用款预算及记账的能力与习惯；

乙、参照民众补习教育内容订定：

（1）民众教育注重民族意识之激发，抗战知能与战时服务精神之发挥；

（2）识字教育注重日常文字之练习及应用知识之灌输。[①]

西北技艺专科学校还成立了社会教育委员会，为扫除文盲，救济失学民众，附设民众补习学校，修业期限为两个月，推广事业："1. 举办通俗演讲；2. 置备通俗图书公开阅览；3. 编写壁报传播战事消息；4. 办理民众体育及卫生事宜；5. 办理礼俗改良提倡正当娱乐；6. 接受民众教育馆之指导办理生计教育；7. 协助民众教育馆巡回施教工作；8. 办理其他。"据统计，该校办理补习学校共有学生32人。[②]

1943年至1945年，西北技艺专科学校举办畜牧短训班，以下是该班1943年度第二学期开设情况（见表5-19）。

[①]《国立青海初级职校、西北农林专校、西北技艺专校、西北技专、西康技专、西康职校等社教工作报告、计划、经费、社教推行委员会章则、调查表及有关文书》，中国第二历史档案馆，全卷宗号5，案卷号11514，第83页。

[②]《国立青海初级职校、西北农林专校、西北技艺专校、西北技专、西康技专、西康职校等社教工作报告、计划、经费、社教推行委员会章则、调查表及有关文书》，中国第二历史档案馆，全卷宗号5，案卷号11514，第91—102页。

表 5-19　　国立西北技艺专科学校附设畜牧短训班
1943 年度第二学期开设情况

姓名	性别	年龄（岁）	籍贯	职务	所任课程	每周讲演时数	每周实习时数	备注
王开纪	男		安徽	副教授兼训育主任	1. 国文 2. 职业理论	4、2		
张夏若	男	32	四川忠县	讲师	1. 算术 2. 代数	2、2		
林祖德	男			讲师	家畜饲养	1	1	
胡步金	男	31	山西运城	讲师	养马法	2	1	
郭中央	男			讲师	养猪法	1	1	
汪海容	男	34	安徽霍邱	副教授	1. 家畜卫生 2. 羊毛鉴别及利用	2、1		1.1
王润身	男	43	河北定县	讲师	养蜂学	2	1	
谷润田	男			讲师	装饰学	2	1	
郑祖武	男		甘肃皋兰	讲师	1. 畜产制造 2. 家禽学	2、2	1	
黄居中	男			讲师	乳肉检查	1	1	
马绍周	男		河北天津	讲师	体育		1	
沙恒君	男	31	山东菏泽	讲师	兽医防治	2	1	
陆进贤	男		甘肃陇西	讲师	军训		1	
	除各科目实习外，还于训练期满前集中实习一月								

资料来源：《国立西北技艺专科学校举办畜牧短训班计划经费预算表各项会计报表畜训班毕业学生名册等相关文书》，中国第二历史档案馆，全卷宗号 5，案卷号 10111（2），第 113 页。

此外，1944 年，国立西北技艺专科学校设立林业、畜牧等训练班，通过专业讲解与训练，培养各方面专业人才，为西北边疆开发服务。

另一所西北高校，国立甘肃学院也积极开展社会服务工作，以下是 1944 年该校暑期学生作业实施概况。

第一，小学补习班及民众识字班创办经过。

7 月 15 日，本院期考结束，假期开始，即饬留校各系科学生常叔平等 12 人于同月 22 日张贴广告定即日开始报名。由该生等轮流值班照拂指导，24日，报名学生达177人，于25日举行编级考试，就各生程度高低分配等级。其中小学辅习部计分一至五年级五班，民众识字部计分初级与高级两班，名额及课程分配见表5-20所示。

表5-20　　萃英民众补习学校各级人数及课程统计

	一	二	三	四	五	总计	课程
小学补习班	42	38	36	29	13	156	国语、算术常识、自然、故事、劳作、图画、书法、音乐、体育、唱游、历史、地理、公民、民众课本
民众识字班	初级	高级	总计				课程
	11	8	19				国语、自然、民众课本

资料来源：《国立甘肃学院学生假期实习名册、实习概况及请核发补助费、材料费的有关文件》，中国第二历史档案馆，全卷宗号5，案卷号5796。

第二，儿童娱乐团创办经过。为养成儿童集体生活习惯并增进儿童身心健康，儿童娱乐团于7月24日成立。由兰州青年会干事徐蕴辉及本院训导处生活管理组主任文廷科担任指导工作，推派留院学生李同兰为该团团长。总计报名学生为93名，分甲、乙两班上课，甲班儿童为10岁至16岁，乙班儿童为6岁至9岁。每日除升降国旗及进行课外活动外，上课4小时，分上、下午各2小时，所授之课程为故事、手工、体操、唱歌、游戏及戏剧表演六项，于每礼拜六，全体教职员生外出远足旅行一次，第一周旅行于本市中山林，第二周旅行于白云观，第三周旅行于中正公园。办理时间为1月，7月30日上课至8月29日办理结束。[①]

这一时期的西北其他各高校也纷纷结合自身办学特点，发挥学科优势，积极投身社会服务，其中，新疆省立新疆学院也为社会教育开展承担教学任务。为了对各级机关一般人员普及法律知识，造就补充司法行政人员，设立法政夜校，每晚学习两课时，两年毕业。另办税

---

① 《国立甘肃学院学生假期实习名册、实习概况及请核发补助费、材料费的有关文件》，中国第二历史档案馆，全卷宗号5，案卷号5796，第26—31页。

务专门夜校，两次招生，共录取学员12人。① 国立西北工学院"曾参加市区建设计划委员会，并办有民众学校，于寒假举行兵役宣传，及募款慰劳伤兵、出征军人家属等"②。国立西北医学院"学生于寒假期间，曾赴乡间，作卫生宣传，并扩大检疫一次，作兵役宣传，组织社会服务宣传队约七十余人"③。

　　社会教育形式多样，且在不同时期变换不同的形式，20世纪三四十年代，西北各高校通过开展社会教育，为学生提供社会实践的机会，使学生有机会接触真实的西北社会环境，体验西北民众实实在在的生活状态。一方面，社会教育的开展，首先依靠师生对所传之道的坚定信仰，可以设想，如果师生自己尚未树立国家民族之观念，怎能以身为范化于民众？在社会教育活动过程中，西北高校师生也在不断完成自身世界观、价值观、人生观之塑造，不断强化民族意识、家国观念与公民责任，不断体验西北社会需求，树立开发西北、服务西北的义务与使命。另一方面，通过开展社会教育，西北各高校师生将高等教育先进文化的种子撒播在西北大地，高等教育的莘莘学子放下往日高高在上的知识分子的身段，深入民众，了解民众，体会落后但却淳朴的西北人文境况，并且设身处地为民众解决实际问题，教导民众，开发开化民众，鼓舞民众。西北各高校师生在民众眼中是文化正义的化身，社会教育的力量虽有限，但却如西北荒原上之星星火种，为民众带来无限的希望与力量。无论是社会教育还是专业实习，无论是调查研究还是实验探索，学生主动接触社会、研究社会的实践活动，有助于尽早培养专业本领与服务意识，在此过程中，尽力使学生提升自身之使命与责任，为毕业后建设西北、改造西北奠定良好的基础。

---

① 管守新、罗忆主编："新疆大学建校80周年丛书"《新疆大学校史（1924—2004）》，新疆大学出版社2004年版，第28页。
② 《教育部派员视察国立西北工学院、西北医学院、西北师范学院的有关文书》，中国第二历史档案馆，全卷宗号5，案卷号2003，第5页。
③ 《教育部派员视察国立西北工学院、西北医学院、西北师范学院的有关文书》，中国第二历史档案馆，全卷宗号5，案卷号2003，第71页。

六 西北高等教育在西北开发中的效果及其局限性分析

（一）西北高等教育对西北开发的贡献与价值

20世纪三四十年代，西北地区交通不便，信息闭塞，经济政治文化相对落后，抗日战争的硝烟弥漫全国，中国人民濒临生死存亡的边缘。1946—1949年战争使全国经济、政治、社会等的发展又一次遭受重创，西北社会发展更是严重滞后。就是在这样的大背景下，西北地区卓然挺立着一座座文化的堡垒，正是这些高等学府支撑着西北民族的文化与精神。西北开发、西北社会建设急需各类优秀专业人才，西北地区各类高等学校毅然走出精致的象牙塔，积极回应国家与西北社会的需求，通过师生艰苦卓绝的努力，极大地推动了西北地区乃至全国的建设与发展。

1. 为西北地区培养了大批社会急需的优秀专业人才

战乱频仍、政治动荡、风雨飘摇，西北社会贫瘠落后，在这般苦难的岁月里，西北地区各高等学校克服重重困难，扎根西北社会，人才培养成效显著，为西北开发、国家建设提供了大量优秀的人力资源，改变了西北社会的面貌，推动了西北社会现代化进程。

人才培养成效可从培养的人才数量和质量两方面加以考察，受史料限制，要准确、完整地统计这一时期西北地区高等学校培养的人才数量几乎不可能。本书在研究过程中，对有关史料进行分析整理，并采用交叉验证的方法，获得了部分高等学校培养的人才数量。

在1938年、1939年两年里，国立西北联合大学共毕业学生447人。自1937年10月西安临时大学筹设伊始至1938年7月教育部电令国立西北联大第一次分解、1939年9月第二次分解，至此西北联大不复存在，取而代之的是国立西北大学、国立西北农学院、国立西北工学院、国立西北医学院与国立西北师范学院西北五所高等学校。西安临大及其更名后的国立西北联大实际上存续时间很短，表6－1统计之毕业学生多为组建西安临大、西北联大原校学生，1938年7月，西北联大原有之北平大学工学院、北洋工学院从母体分出，与东北大学工学院、私立焦作工学院合并改组为国立西北工学院。同时，西北联大农学院也与国立西北农林专科学校合并，独立为国立西北农学院，所以表6－1中1939年西北联大工学院与农学院毕业生无统计结果。

表6－1　　　1938—1939年国立西北联合大学毕业学生人数统计

校院 时间	北平大学					北平师范大学			北洋工学院	河北省立女子师范学院	总计
	女子文理学院	法商学院	农学院	医学院	工学院	教育学院	文学院	理学院			
1938	44	37	28	—	33	24	42	41	39	2	290
1939	10	39	—	3	—	22	37	41	—	4	156
总计	54	76	28	3	33	46	79	82	39	6	446
备注	1939年以前西安临大、西北联大阶段毕业学生均发原校毕业证书										

资料来源：李永森、姚远主编《西北大学史稿上卷（1902—1949）》，西北大学出版社2002年版，第433页。

在1940年至1948年的九年时间里，国立西北联合大学共培养毕业生2411人，从表6－2中毕业生分布情况看，1940—1948年文学院、理学院、法商学院及医学院毕业学生总数分别为449人、510人、1153人、299人，各占毕业生总数的18.6%、21.2%、47.8%、12.4%。经分析比较，法商学院毕业学生最多，文学院、理学院次之，医学院毕业生数量相对较少，究其原因首先与学校学科建设、师资力量等资源配置有关，其次与当时社会需求关系密切，例如法商学院经济学系

六 西北高等教育在西北开发中的效果及其局限性分析

表6-2　1940—1948年国立西北大学历届毕业生人数统计

<table>
<tr><th rowspan="3">院
系组
时间</th><th colspan="4">文学院</th><th colspan="5">理学院</th><th colspan="3">法商学院</th><th colspan="5" rowspan="2">法商学院</th><th rowspan="3">医学院</th><th rowspan="3">总计</th></tr>
<tr><th rowspan="2">中国
文学系</th><th colspan="2">外国语文系</th><th rowspan="2">历史学系</th><th rowspan="2">数学系</th><th rowspan="2">物理系</th><th rowspan="2">化学系</th><th rowspan="2">生物系</th><th colspan="2">地质地理学系</th><th colspan="2">法律学系</th><th rowspan="2">政治学系</th><th rowspan="2">经济学系</th><th rowspan="2">商学系</th><th rowspan="2">边政学系</th></tr>
<tr><th>英文组</th><th>俄文组</th><th>地理组（系）</th><th>地质组（系）</th><th>法理组</th><th>司法组</th></tr>
<tr><td>1940</td><td>25</td><td>17</td><td></td><td>22</td><td>10</td><td>12</td><td>20</td><td>4</td><td>8</td><td></td><td></td><td>25</td><td>20</td><td>18</td><td>5</td><td></td><td>14</td><td>200</td></tr>
<tr><td>1941</td><td>20</td><td>15</td><td></td><td>20</td><td>11</td><td>15</td><td>17</td><td>10</td><td>11</td><td></td><td></td><td>32</td><td>12</td><td>33</td><td>9</td><td></td><td>24</td><td>229</td></tr>
<tr><td>1942</td><td>14</td><td>15</td><td></td><td>27</td><td>7</td><td>11</td><td>13</td><td>3</td><td>9</td><td></td><td></td><td>15</td><td>30</td><td>39</td><td>33</td><td></td><td>30</td><td>246</td></tr>
<tr><td>1943</td><td>10</td><td>7</td><td>7</td><td>23</td><td>8</td><td>6</td><td>23</td><td>6</td><td>4</td><td>9</td><td></td><td>11</td><td>30</td><td>66</td><td>36</td><td></td><td>30</td><td>276</td></tr>
<tr><td>1944</td><td>19</td><td>11</td><td>6</td><td>14</td><td>5</td><td>11</td><td>27</td><td>4</td><td>5</td><td>10</td><td></td><td>36</td><td>29</td><td>81</td><td>40</td><td></td><td>35</td><td>333</td></tr>
<tr><td>1945</td><td>15</td><td>10</td><td>6</td><td>14</td><td>5</td><td>10</td><td>30</td><td>2</td><td>4</td><td>14</td><td></td><td>23</td><td>27</td><td>54</td><td>15</td><td></td><td>31</td><td>250</td></tr>
<tr><td>1946</td><td>8</td><td>16</td><td>4</td><td>15</td><td>8</td><td>4</td><td>24</td><td>6</td><td>4</td><td>2</td><td></td><td>39</td><td>30</td><td>57</td><td>46</td><td></td><td>34</td><td>297</td></tr>
<tr><td>1947</td><td>9</td><td>16</td><td>4</td><td>27</td><td>9</td><td>13</td><td>14</td><td>8</td><td>6</td><td>13</td><td>9</td><td></td><td>30</td><td>42</td><td>26</td><td>11</td><td>46</td><td>301</td></tr>
<tr><td>1948</td><td>10</td><td>6</td><td>3</td><td>14</td><td>7</td><td>11</td><td>20</td><td>7</td><td>12</td><td>8</td><td>10</td><td>37</td><td>16</td><td>33</td><td>19</td><td>11</td><td>55</td><td>279</td></tr>
<tr><td>合计</td><td>130</td><td>113</td><td>30</td><td>176</td><td>70</td><td>93</td><td>178</td><td>50</td><td>63</td><td>56</td><td>266</td><td></td><td>224</td><td>423</td><td>229</td><td>11</td><td>299</td><td>2411</td></tr>
</table>

资料来源：李永森、姚远主编《西北大学史稿上卷（1902—1949）》，西北大学出版社2002年版，第433页。

九年中毕业学生共423人，占该院毕业学生总数的36.7%，这与西北社会落后的经济环境及其对经济学科人才的急需有很大关系。法商学院毕业学生较多还与我国传统"学而优则仕"的就业观念有关。

1939年至1949年11年间，国立西北工学院共培养各类高等人才2222人，对西北地区工业发展、经济振兴贡献非常大。对比分析，11年间国立西北工学院土木、矿冶、机械、电机、化学、纺织、水利、航空、工管九个学系毕业生人数分别为：517人、336人、354人、291人、140人、243人、144人、161人、36人，各占毕业生总数的23.3%、15.1%、15.9%、13.1%、6.3%、10.9%、6.5%、7.3%、1.6%。总体上看，土木、矿冶、机械、电机、纺织五个学系毕业学生较多，化学、水利、航空、工管毕业学生较少，除工管系开设较迟外，其余三系毕业生数量少多半源于师资力量较为单薄、教学设备仪器限制较多等原因。

表6-3　　1939—1949年国立西北工学院毕业生人数统计　　（人）

年度	总计	土木	矿冶	采矿组	冶金组	机械	电机	电讯组	电力组	化学	纺织	水利	航空	工管
1939	144	65	15		6	13	7		13	6	7		12	
1940	143	50	14		5	15	18		12	10	5		14	
1941	194	67	13		8	39	10		12	13	6	12	14	
1942	227	61	27		17	37	8		17	11	9	19	21	
1943	168	39	19		9	34	5		11	6	18	13	14	
1944	177	35	19		13	37	13		9	8	22	13	8	
1945	171	32	12		14	34	6		13	9	21	22	8	
1946	233	41	23		16	37	16		10	24	30	16	13	7
1947	267	47	22		16	45	16		24	19	33	16	24	5
1948	255	49	25		18	26	11		26	13	43	20	13	11
1949	243	31	5	16	4	37	5	10	19	21	49	13	20	13
合计	2222	517	5	205	126	354	5	120	166	140	243	144	161	36

资料来源：陶秉礼主编《西北工业大学校史》，西北工业大学出版社1995年版，第40—41页。

六 西北高等教育在西北开发中的效果及其局限性分析

西北工学院教学严谨,严格执行"严进、严管、严出"的管理制度,学生淘汰率在10%以上,甚至达15%,如1941年,一年级淘汰率为12.4%;1947年一年级留级生50人,淘汰率高达15.2%。西北工学院毕业学生供不应求,主要服务于铁路沿线的工厂、铁路局、煤矿、油矿、水利等部门。如1939年,川滇东路工务局致函西北工学院:"贵院载驰盛誉,本局为广集人才,提高效能,如有成绩优良之本届土木工程系毕业生,拟请惠予介绍6名来局试用,月薪80至120元,其外复支各费照章支给,学生来局乘车旅费由局支付。"[①] 抗战期间,国立西北工学院矿冶、纺织两个学系为全国高校仅有,毕业学生更是不敷分配、炙手可热。

表6-4　　1938—1947年国立西北农学院历届毕业生人数统计　　（人）

学系	第一届	第二届	第三届	第四届	第五届	第六届	第七届	第八届	总计
农艺学	11	20	25	34	14	14	23	29	170
植物病虫害学	2	2	1	4	3	1	6	5	24
农业经济学	3	11	15	37	36	33	26	40	201
森林学	7	18	21	23	9	5	6	9	98
园艺学	6	12	8	16	9	4	3	12	70
畜牧兽医学	6	14							20
畜牧兽医学畜牧组			12	19	20	14	6	10	81
畜牧兽医学兽医组			7	13	15	6	3	4	48
农业化学	12	6	7	17	11	12	18	22	105
农业水利	28	17	11	7	15	21	14	39	152
农业经济专修科	45	52	45	16	29	29	18		234
合计	120	152	152	186	161	139	123	170	1203

资料来源:《历届毕业学生人数统计表》,《国立西北农学院院刊》,1947年,第7页。

国立西北农学院自西北联大分出独立发展到1947年,共培养毕业生八届,总计1203人,其中农艺学170人、植物病虫害学24人、农业经济学201人、森林学98人、园艺学70人、畜牧兽医学（包括

---

① 《西北工业大学校史》,西北工业大学出版社1995年版,第41页。

后设的畜牧兽医学两组）149 人、农业化学 105 人、农业水利 152 人、农业经济专修科 234 人。农学院毕业学生服务西北农业发展、服务西北农村改造、服务西北水利建设、服务西北林业规划、服务西北畜牧发展……为西北地区农业经济现代化转型做出了极大的贡献。

1943—1947 年，国立西北师范学院共培养各类毕业生 897 人（若将 1944 年、1945 年初级部培养的 90 名学生计算在内，共培养毕业生 987 人），其中，国文系 84 人、英语系 58 人、史地系 93 人、数学系 23 人、理化系 44 人、教育系 207 人、家政系 25 人、博物系 28 人、体育系 64 人、劳作专修科 62 人、国文专修科 39 人、史地专修科 45 人、理化专修科 26 人、体育专修科 25 人、国语专修科 52 人、公民训育（练）系 22 人，分别占毕业生总数的 9.4%、6.5%、10.4%、2.5%、4.9%、23.1%、2.7%、3.1%、7.1%、6.9%、4.4%、5.0%、2.9%、2.8%、5.8%、2.5%。教育系、国文系、史地系毕业学生人数较多，与师范学院性质、学科建设、师资力量、学生就业等原因有关。经纵向考察，1943—1947 年毕业生人数分别为 115 人、163 人、164 人、187 人、268 人，呈现出逐年增长的趋势。西北师范学院以培养中等学校教师为己任，充实西北中等教育师资，推动了西北地区教育事业的整体进步。

表 6-5　　1943—1947 年国立西北师范学院毕业生人数统计　　（人）

年度	国文系	英语系	史地系	数学系	理化系	教育系	家政系	博物系	体育系	劳作专修科	国文专修科	史地专修科	理化专修科	体育专修科	国语专修科	公民训育（练）系	总计
1943	9	9	17	5	8	25	6		12	24							115
1944	16	10	21	5	9	43	6	4	26	16						7	163
1945	19	13	22	3	6	49	7	11	11	8						15	164
1946	8	5	9	3	7	40	1	6	8	10	23	24	13	12	18		187
1947	32	21	24	7	14	50	5	7	7	4	16	21	13	13	34		268
合计	84	58	93	23	44	207	25	28	64	62	39	45	26	25	52	22	897

资料来源：《国立西北师范学院毕业纪念册》，1947 年，第 9—20、41—66 页。

六 西北高等教育在西北开发中的效果及其局限性分析

国立西北技艺专科学校自1939年设立以来，1942年6月，农业经济科第一班学生37人毕业；1943年7月，农业经济科第二班学生24人毕业；1944年7月，该校共毕业学生107人，其中，二年制农业科6人、森林科5人、畜牧科5人、兽医科2人、农业经济科24人、农田水利科9人，五年制农艺科16人、森林科11人、畜牧科12人、林科17人，1939—1944年5年间，国立西北技艺专科学校共毕业学生171人。[①] 1945年8月，该校更名为国立西北农业专科学校。

1946年8月，国立甘肃学院与国立西北医学院之兰州部分合并成立了国立兰州大学，表6-6是该校1946年度各考区录取新生统计。

表6-6　　　1946年度国立兰州大学各考区招生统计　　　（人）

系别	兰州区	西安区	武汉区	南京区	合计
中文	6	11	1	1	19
历史	7	13	1	2	23
数学	14	8	1		23
物理	7	13	1		21
化学	13	10	2		25
动物	5	7			12
植物	5	2	2	1	10
地理	17	7	2	1	27
法律	17	12	10	5	44
司法组	16	14			30
医学院	5	9	4	2	20
兽医学院	19	7		2	28
先修班	134	51		11	196
总计	265	164	24	25	478
报考人数	843	1424	184	178	2629
录取率（%）	31.44	11.52	13.04	14.04	18.18

资料来源：张克非主编《兰州大学校史》（上编），兰州大学出版社2009年版，第142页。

[①]《本校成立五年来之概况》，《国立西北技艺专科学校校刊》1944年第31—33期。

国立兰州大学成立较迟，无法统计这一时期毕业生人数，只能从招生情况入手，考察人才培养情况。根据表6-6统计数据分析，1946年，兰州大学录取本科新生282名，先修班新生196名，总计478名。在表6-6中，4个考区以第一志愿报考兰州大学的学生多达2629人，其中西安、武汉、南京3区报考人数1786人，占报考总数的67.9%，可见当时的国立兰州大学地位和社会声誉比较甘肃学院时期有了较大幅度的提升。就表6-6的录取率看，18.18%的新生录取率有利于保障兰州大学学生培养的质量，兰州、西安、武汉、南京4个区新生录取率分别为31.44%、11.52%、13.04%、14.04，说明兰州大学始终坚守为甘肃和整个西北地区培养人才的理念，新生录取上也适当向甘肃、西北考生倾斜。从1946年起，国立兰州大学通过扩大招生规模、扩充师资力量、大力发展校园建设等途径，全面提升学校办学水平，人才培养的数量与质量均有显著提升。

国立西北农林专科学校存续时间较短，1936年8月设立，1938年7月与西北联大农学院合并，独立为国立西北农学院，无法完全统计该校毕业学生情况，因所搜集的资料有限，仅知1937年该校水利组毕业学生24人，大部分服务于陕西南郑、蓝田、绥德等水务部门。[①]

1939年8月，西北联大医学院独立，更名为国立西北医学院，1946年5月，教育部令国立西北医学院汉中部分并入国立西北大学，1946年8月，国立西北医学院兰州部分并入甘肃学院，成立国立兰州大学。因该校资料现存数量较少，且不完整，本书只能根据现有资料做简要分析：1941年5月，国立西北医学院决定定期招生，每期招收新生40名。[②] 1941年8月，学院奉教育部令本年度招生名额增至60名。[③] 1941年10月，1930年度新生录取名单揭晓，学院于兰州、西安、南郑分设考区，报考学生总数为260余名，录取新生50

[①]《本校本届水利组毕业生服务地点》，《西北农专周刊》1937年第1卷第9期。
[②]《本院定期招生》，《国立西北医学院院刊》1941年第6期。
[③]《本院新生名额增为60名》，《国立西北医学院院刊》1941年第9、10期合刊。

名，备取学生 20 名，录取率为 26.9%。① 从 1941 年医学院招生情况看，招生数量相比以往增长明显，报考学生数量较多，录取率相对较低，可见该校投考生源充足，从侧面反映出该校毕业生就业情况良好，尤其在战争年代医学人才更是供不应求。

新疆省立新疆学院发展艰难，自 1935 年 1 月 1 日正式成立起，先后遭遇多重变故，从整体上看，虽然新疆学院曾在俞秀松、林基路、杜重远等人的带领下，凭借师生孜孜不懈的努力与探索，学院建设逐渐步入正轨，师资规模渐次扩大，教学质量不断提高。但新疆学院始终处在政治的风口浪尖上，新疆统治者盛世才一次又一次炮制阴谋暴动案，残害学院师生，学院也在政治斗争的血雨腥风中几经沉浮，摇摇欲坠。俞秀松、林基路、杜重远、李一欧、李树祥、万昌言、许莲溪、包尔汉……1935—1949 年的 25 年间，新疆学院领导人频频更迭，更加印证了新疆学院的坎坷经历。考据现有史料，25 年间，新疆省立新疆学院共毕业 26 个班，毕业学生总计 451 人，其中女生 11 人。② 客观地说，新疆省立新疆学院培养了一批高等人才，为西北民族地区的发展做出了一定贡献。但新疆学院纯粹是政治的产物，也是新疆混乱政治斗争的牺牲品，这种环境下培养出来的学生不论数量还是质量都无法与西北其他高等学校相提并论。

20 世纪三四十年代，在当时西北地区恶劣的自然环境、社会环境、政治环境、经济环境下，西北地区高等教育事业顽强地扎根、成长。在各高校领导与教职员工的执着与坚守、孜孜不倦的追求与奉献下，西北地区各高等学校培养了一批批各类高素质专业人才，为开发西北、建设西北、改造西北创造了宝贵的人力资源，推动了西北教育、经济、政治、文化乃至整个社会系统的全面进步。

2. 为维护西北地区安全与稳定做出了重大贡献

南京国民政府发展西北高等教育的首要目的就是维护西北边疆安

---

① 《本院三十年度招考新生揭晓》，《国立西北医学院院刊》1941 年第 11、12 期合刊。
② 管守新、罗忆主编："新疆大学建校 80 周年丛书"《新疆大学校史（1924—2004）》，新疆大学出版社 2004 年版，第 131 页。

全与稳定。西北边疆的安全包括军事的安全与文化的安全，其中，军事安全只能凭借外部强制的力量，是一种短暂的、外在的安全，若要长期保持则需要耗费大量的人力物力。抗战全面爆发，经济萎缩、政局混乱，西北边疆军事力量维持艰难，这就凸显了建设西北文化安全的战略意义。建设西北文化安全从表面上看是一种"软安全"，没有强大的武器装备，也没有正规的军队驻扎，但实质上，文化安全是一种真正意义上的安全，侧重的是区域内人民的国家意识、民族意识的养成与坚守，侧重的是面向全社会的公民教育质量。大力发展西北地区高等教育，培养大批优秀人才，发挥高等学校的文化辐射功能，在这一时期西北地区文化安全的建立与巩固过程中至关重要。

西北地区各高等学校参与构筑与维护西北区域文化安全，维护西北边疆稳定主要通过两种实现途径：

第一，注重公民教育，训育理想人格。

这一时期南京国民政府西北高等教育人才培养目标设定中，对比全国高等教育人才培养理念，更加突出培育学生对中华民国、中华民族之双重认同，以及为西北地区建设之服务观念。

西安临时大学的"吾辈最高学府中人当泣血锥心，锻炼磨砺，与暴敌周旋"；西北联大的"刻苦砥砺，做一个俯仰无愧的中华国民"；西北大学的"遵从三民主义，树立国民的精神"；甘肃学院的"挥起铁拳还我河山"；西北工学院的"成为优秀健全有为有守之国民"；西北农学院的"以实现科学救国为目的，忠诚服务国家"；西北医学院的"应抱保卫民族健康之宏愿，担负救国救民之职责"；西北师范学院的"陶冶国民人格，奠定复兴民族之基础"……在西北各高校人才培养目标形成与建立过程中，学生爱国主义、民族主义观念的培育与养成，一直是这一时期西北各高校关注的重点与核心。知识与技能的培养固然重要，但道德、情感、价值观的培育却从根本上决定了学生生活、行动的取向和方式。高等专业人才的培养，首先应着力学生思想道德建设，在最低限度上应将学生培养成合格的公民，热爱国家、保卫民族独立，是每位公民基本的责任。如果培养之学生，拥有丰富的知识和精湛的技术，却在道德品质方面缺失严重，将给国家、社会造成危害。人才培养首先为人,而后为才,这一时期西北各高校人才培养过程中同时注重学生道德品格与知识技能的双重养成,培养德才兼备的理想人才。

西北各高校开辟各种渠道,通过尽可能丰富的方式、方法帮助学生实现公民身份之认同,提升学生品德修养。西北各高校"国父纪念周"演讲活动的开展,通过邀请校内外知名学者、官员为学生讲演,以集体参与之肃穆方式,用庄严的氛围、强烈的情感、煽动的话语感染学生,教育学生,激发学生捍卫国家、民族独立与复兴的愿望。西北各高校训育活动的开展,以军事训练、导师谈话、师生讨论、课外活动、社会服务等方式,从学生生活、学习的方方面面展开立体性的影响,在真实的情境中让学生体验与感受,从深层次上理解与认同公民教育的本质。

美国著名社会学家塔尔科特·帕森斯(Talcott Parsons)认为,塑造公共的价值观念与行为规范是高等教育的重要功能,高等学校通过建立系统的人才培养机制,帮助学生完成社会化,将社会基本价值观念内化,实现由自然人向社会人之蜕变,借助学生参与社会实践,以主体的行动方式,地位、声望的影响全面作用于社会空间,从而完成维持社会稳定、改良社会文化、促进社会发展的目的。这一时期的西北高等学校具体措施与帕森斯 AGIL 理论以及社会化理论的路径不谋而合,培养优秀公民、高等专业人才来作用社会,构筑西北文化、精神安全,稳定西北社会秩序,服务西北发展建设。但是,由于南京国民政府在教育政策实施过程中片面强调工作倾向,手段过于强硬,钳制了学生思想自由,甚至人生自由,造成反面过激的不良后果。

第二,设立专门学系,培养边疆人才。

1944 年秋,国立西北大学成立边政学系,下属文学院,设维文组和藏文组。1946 年秋增设蒙文组。边政学系成立的初衷与使命在于造就一些专门人才,服务边疆、巩固边疆、繁荣边疆。黄文弼曾说:"边政学系牵涉甚广,学科方面,以考古学、民族学、人类学、社会学为主,以法律学、政治学、地质学、边疆史地、边疆语文等为辅，技术方面，本系同学要学会游泳、马术、绘画、摄影……可以说是包罗万象。"① 西北大学边政学系开设必修课程不仅包括普通的社会科学、自然科学类科目，还包括边政学概论、边疆语文、中国边疆地理、中国边疆历史、边疆社会调查等特色科目，同时注重知识体系的完备性，以及边疆人才培养的特点。

国立西北大学边政系特别注重学生民族语文的学习，"边政系学生终日孜孜不倦，辛苦学习，他们非但不以为苦，尚嫌自修之时间不够用，除了预备正课，随时随地练习各语文会话外，还要天天跑到图书馆里去找英文、康藏史。蒙文组必修蒙文、蒙古史、俄文。俄文、蒙文的学习，同学们感觉困难，最吃力，在语文是硬性的，非多联系会话，是决不会有成就的，尤其蒙文、维文两组，以从未读过的几种语文同时并进，真要尽大力，好在同学们都有刻苦硬干的精神"②。

西北大学边政系为学生提供学以致用的机会，利用暑假组织蒙文、藏文、维文三组学生分别赴蒙藏维三族聚居区，开展实际的调查研究。此外，该系还成立了"边政学会""同学们深知彼此不但应在学识上相互砥砺，在感情上应取得密切联系，而且在事业上更应该携手，更应该同甘共苦，更应该步伐一致，同向一个目标迈进，不容许任何人畏缩，不允许任何人变节……"③

除国立西北大学外，国立兰州大学于1947年9月，在文学院内设立边疆语文系，包括蒙文、藏文、维文三个组，负有"研究边疆、沟通文化"的重任，旨在造就"通语言""娴风俗"，能够适应西北民族地区工作、研究的专业人才。

民族语文学习是了解民族历史、文化、传统、习俗等的前提条件，从事边疆民族工作首先需要掌握娴熟的民族语言。此外，了解民族历史发展变迁、谙习民族地理环境特征等也为更好地开展边疆民族工作奠定了基础。从事边政工作、维护民族团结与边疆稳定，必须赢

---

① 习之：《西北大学的边政系》，《西北通讯》1947年第6期。
② 习之：《西北大学的边政系》，《西北通讯》1947年第6期。
③ 陈克：《西北大学边政系素描》，《西北文化月刊》1947年第1卷第3期。

得民族地区群众的认可与支持，高等学校毕业生代表着先进文化，是知识与文化的化身，理应获得民族地区群众的支持和爱戴，但如果高校毕业学生不能深入理解民族文化，不尊重民族群众的风俗礼仪，不了解宗教的仪式与规范，民族地区群众就不会认同与接纳他们甚至还可能引起民族矛盾，无法胜任边政工作。这一时期，西北各高校设立的边政学系、边疆语文系等，坚持理论与实践相结合，培养学生宽广的知识基础，同时突出边疆人才培养的特殊训练，给予学生实际社会调研的机会，让学生接触边疆社会，亲身体验民族生活，了解宗教文化，形成对边疆、民族、宗教的正确认识，这些学生信念坚定、刻苦勤奋，毕业后为西北边疆建设、民族团结、巩固边防付出了自己的才智和力量。

3. 促进了西北地区社会经济的发展

西北地区地域广阔，铁矿、铜矿、锡矿、锰矿、金银等储量充盈，煤炭、石油蕴藏丰富，畜牧业较为发达，祁连山脉、天山南北林木茂盛，但西北地区交通不便、信息闭塞、文化落后，反致农业不兴、工业不振、经济整体落后，人民生活困苦。究其根本原因，乃是各类专门人才的缺乏，人才缺乏导致矿藏无法勘探、棉毛无法纺织、水利无法兴修、林木无法培植、农业无法改良……西北社会建设严重滞后，经济发展水平低下。

针对上述情况，西北各类高等学校积极回应西北社会需求，通过培养大批各类高水平专业人才，服务西北社会各个行业，有力地推动了西北地区社会经济的发展。特别是国立西北农林专科学校、国立西北工学院、国立西北农学院、国立西北技艺专科学校等工科、农科类高校的相继设立，明确为西北边疆建设服务之人才培养目标，通过合理的院系架构、开设各类相关课程，农业类诸如植物学、土壤学、园艺学、化肥学、农具学、麦作学、棉作学、农田水利学等；畜牧兽医类诸如家畜饲养学、养马学、饲料作物学、养牛学、养羊学、动物生理学、传染病学、家畜育种学、家畜病理学、内科学、外科学、乳肉检查学等；工业类诸如力学、工程材料、电工、铁道测量、钢筋混凝土、道路工程、结构学、水力学、航空材料、机动学、应用地质学、物理冶金学、探矿采矿学、纺织学、漂染学、水文测量、灌溉工学等;安排学生实验实习,如各类育种实验、种植实验、土壤实验、收获实验、病虫害标本采集、林木抗旱实验、松土实验、畜牧养殖实验等,或利用暑期开展专门实习,赴相关农场、林场、园艺场,水利专业学生赴各渠道工程处、测量队服务等,全面培养学生理论知识与动手实践的能力。这些手脑兼备的专业人才毕业后服务西北地方社会,运用相关知识技能,传授民众,改变西北农村落后的生产方式,提高西北工业的制造水平,帮助西北畜牧业科学发展,整体推动了这一时期西北社会经济的发展。

据国立西北农学院校刊1947年4月统计,在毕业校友113人中,赵培果等5人就职于宝鸡国立高级职业学校;袁博文等2人就职于西安中央训练团;刘人纪等2人就业于西安空军第二军区司令部;武宝善等3人就职于陕西省地政局;段登洲等2人就职于西安后源银号;吴含曼就职于西安中央银行;陈承亮等5人就职于西安金城银行;王与民就职于陇海路局审计处;崔浚灌等2人就职于黄委会咸阳水文站,崔浚灌任主任;张显莫任南郑青职班农科主任;杜金城任南郑陕农所陕南农场主任;刘学伊任南郑陕南水力公司主任;王幼汉任褒城县中教务主任;郭心宽等4人就职于南郑交通银行、南郑金城银行、南郑直接税局、南郑第六农业推广辅导区;卫怀璋任南郑青年班农科主任;赵维新等9人分别就职于南郑中国银行、南郑地方法院、南郑农业职业学校、南郑第六农业推广辅导区、南郑青年中学、南郑区团部;白德修等12人就职于陕西农业改进所、乾县农职筹备处、扶风中学、郿县农校、郿县梅惠渠公务科、郿县林场、兰大兽医系等,在113名毕业生中服务西北建设者总计52人,占总数的46%。[①]

根据国立西北工学院1942年毕业学生就业统计,以土木系为例。1942年,国立西北工学院土木系共毕业61人,就业人数统计共48人(另有13人未统计),38人服务于西北工业发展,占当年该系就业人

[①] 《校友近讯》,《国立西北农学院院刊》1947年第7期。

数的79.2%,另有10人就业于广西、河南等省。

表6-7　　1942年国立西北工学院土木系毕业生服务西北资料统计

序号	姓名	就业单位
1	吴敏	兰州黄委会上游工程处
2	洪文治	兰州黄委会上游工程处
3	刘炳煊	兰州黄委会第五测量队
4	□致海	兰州黄委会第二测量队
5	兰继春	兰州马坊街二十四号水利林牧公司
6	徐海	兰州马坊街二十四号水利林牧公司
7	赵政和	兰州市政府
8	李树荫	天水宝鸡铁路工程局
9	王作□	天水宝天铁路工程局
10	徐守贞	天水宝天铁路工程局
11	王大华	天水宝天铁路工程局
12	马□杰	天水宝天铁路工程局
13	韩好富	天水宝天铁路工程局
14	王肇燅	天水宝天铁路工程局
15	沈启印	天水宝天铁路第四总段
16	张邦理	西安陇海铁路工程处
17	傅瑶	西安陇海铁路工程处
18	杨士敏	西安陇海铁路工程处
19	叶大明	西安陇海铁路工程处
20	王宝臣	西安黄委会
21	林夏	西安黄委会
22	刘文坤	宝鸡拓石宝天铁路工务第三总段
23	李海□	宝鸡拓石宝天铁路工务第三总段
24	张尚□	宝鸡拓石宝天铁路工务第三总段
25	王树岩	宝鸡宝天铁路第一总段
26	骆凤岐	宝鸡宝天铁路第一总段
27	张德盛	宝鸡宝天铁路第一总段
28	张聪生	宝鸡宝天铁路第一总段
29	米钦堂	宝鸡石门宝天铁路第二总段
30	白□琦	黄堡镇陇海铁路咸同工务段
31	张汝刚	黄堡镇陇海铁路咸同工务段
32	和鸣谦	南郑航空总站

续表

序号	姓名	就业单位
33	董振钟	南郑航空总站
34	张向贤	三原咸同支路工务段
35	南尚义	国立西北工学院
36	梁尚武	国立西北工学院
37	孔繁智	国立西北工学院
38	朱熙	国立西北工学院

资料来源：《本届毕业校友就业统计》，《西工友声》1943年第2卷第4期。

1942年6月，国立西北技艺专科学校第一届学生毕业，此届毕业生系农业经济科三年制学生，总计37名，除两名毕业生就业单位不详外，其余毕业生基本留驻西北，服务于西北社会农业及其他行业建设，为西北经济发展贡献了力量，表6-8为该校第一届毕业生就业统计。

表6-8　1942年国立西北技艺专科学校毕业生就业统计

序号	姓名	就业单位
1	李争□	甘肃省政府秘书处编辑
2	宋合洁	甘肃省政府秘书处编辑
3	朱允谦	甘肃省政府秘书处编辑
4	李有缘	甘肃省政府统计处
5	祁礼安	甘肃省农业改进所
6	孙世新	甘肃省农业改进所
7	崔庆禄	甘肃省农业改进所
8	沈彦蔚	甘肃省合作事业管理处
9	卫护国	甘肃省合作事业管理处
10	张殿阁	甘肃省合作事业管理处
11	朱品彦	合作辅导团
12	沈广松	合作辅导团
13	花润泽	合作辅导团
14	马仲康	合作辅导团
15	王嘉悌	合作辅导团
16	程启云	合作辅导团

续表

序号	姓名	就业单位
17	王世□	甘肃省银行
18	薛国瑾	甘肃省银行
19	王俊	兴隆工业股份有限公司
20	王世昌	甘肃省贸易公司
21	常永清	甘肃省贸易公司
22	焦之琪	甘肃省贸易公司
23	吴挣	国立西北技艺专科学校
24	张希颜	国立西北技艺专科学校
25	许昌	国立西北技艺专科学校
26	□仁	国立西北技艺专科学校
27	乔作标	甘肃省农业学校
28	包宇	甘肃省驿迁管理处
29	张永堂	甘肃省驿迁管理处
30	方笃祯	农林部河西垦区
31	张绥疆	农林部河西垦区
32	沈克敬	黄惠渠土地整理事务所
33	安国藩	岷县农业学校
34	张景汕	未详
35	谢云端	未详
36	李□鲁	国立绥宁师范

资料来源：《毕业生服务阵容》，《国立西北技艺专科学校校刊》1942年第6期。

另外，这一时期西北地区各高校着力特色学科建设，如抗战时期国立西北工学院的矿冶系、纺织系当时为全国仅有；工学院的航空工程系、国立西北农学院的农艺学、森林学、农业水利系；国立西北技艺专科学校的农艺科、畜牧科等当时在全国享有盛誉，不仅培养了大批优秀人才，这些特色学科继续发展壮大，为新中国成立后人才培养的贡献非常巨大。

从总体上看，这一时期西北地区各高校为西北社会培养了农林、畜牧、兽医、水利、土木、机械、矿冶、化工、纺织、电机、航空等专门人才，在一定程度上满足了西北社会建设的需求。此外，西北地区各高校通过开展科学研究，积极从事社会服务活动，有力地推动了西北地区工业、农业、交通业、畜牧业、林业等的发展。

4. 带动了西北地区科、教、文、卫事业的进步

20世纪三四十年代，西北地区各高等学校大力培育各类人才，师生积极投身科研，主动参与社会服务，通过高校自身的文化影响，以及毕业学生的社会贡献，有力地带动了西北地区科、教、文、卫事业的进步。

第一，推动了西北地区科学知识普及和科学技术应用。

1919年五四运动之后，科学与民主就已成为民国时期知识分子救亡图存的新理念，新文化运动孕育而生。以传承与创新文化为使命的高等教育，运用自身强大的智力资源，发展科学技术、推动科学技术的创新与应用，满足旧中国向现代社会转型的各类需求，推动经济、社会的全面进步。

这一时期，西北地区各高等学校人才培养目标中涉及"科学救国、科学兴国"理念，通过设置自然科学、社会科学等相关课程，开展学术演讲与交流，组织学生实地考察与调研，成立各类学术研究会，辅导学生撰写相关学术论文等多种形式，培养学生科研兴趣，提升学生科研能力，并运用高等学校自身的影响，以组织学生社会考察、辅导西北区域实践等形式，联合西北地区各建设部门共同开发西北资源、治理西北环境、发展西北经济。此外，西北地区各高等学校借助毕业学生就业实践，将科学知识、科学技术全面应用与推广于西北社会，助力西北兴修水利、开发矿产、修筑公路、兴建铁路、发展畜牧业、加工皮毛、提高棉纺质量、植树造林、防御植物病虫害、提升农作物产量……由此提升西北社会农业、工业、林业、畜牧业等发展的科技水平，带动西北地区建设与进步。

第二，打下西北地区高等教育的基础，全面提升基础教育质量。

这一时期，特别是抗日战争全面爆发后，随着高校西迁，原北平大学、北平师范大学、北洋工学院等校合并成立了西安临时大学，1938年更名为国立西北联合大学，迁驻陕西城固。1938年7月、1939年9月国立西北联合大学两次分解，形成国立西北大学、国立

西北工学院、国立西北农学院、国立西北医学院、国立西北师范学院五所各具特色的高等院校。在西安临时大学发展到国立西北联大，再分立为五所西北高等学校的过程中体现了南京国民政府平衡全国高等教育布局的意图，更为重要的是通过这一演变，国立西北大学等西北五所学校分属综合类、工科类、农科类、医科类、师范类等高校基本类型，奠定了西北高等教育发展的格局与基础，不论从学科建设，还是在专业发展方面都为西北高等教育的起步与振兴打下了坚实的基础。

另外，这一时期西北地区各高校，尤其是国立西北师范学院、国立西北大学等培养了大批基础教育教师，整体提高了西北地区基础教育的水平与质量，为西北地区基础教育事业发展贡献了很大的力量。《国立西北大学校刊》登载了西北大学 1944 年度毕业生调查结果：就业学生共 77 人，其中 16 人就职于西北地区各中学，占就业总人数的 20.8%。[①] 表 6-9 是国立西北大学第一至第七届毕业生服务社会情形的统计。

表 6-9　　国立西北大学第一至第七届毕业生服务社会情形统计

工作性质	服务人数（人）	百分比（%）
工程部门	152	8.30
医务部门	198	10.81
行政部门	285	15.57
教育部门	432	23.60
经济部门	493	27.00

资料来源：《历届毕业生服务情形比较表》，《国立西北大学校刊》1947 年复刊第 31 期。

国立西北大学作为一所综合性质的大学，下设文学院、理学院、法商学院、医学院，培养治人治事之通才。根据表 6-9 对西北大学七届毕业生就业走向的统计分析，就职于教育部门的学生共 432 人，

[①] 《三十三年度毕业生就业调查》，《国立西北大学校刊》1945 年复刊第 16 期。

占总人数的23.60%。就职于教育部门的学生除少数服务于本校、本省教育厅、各类职业学校、专科学校以外，大部分服务于西北各省、各县中学，为西北基础教育发展做出了很大的贡献。

此外，以专门培养中等学校教师为首要任务的国立西北师范学院从建校开始，秉承原北平师范大学的传统与精神，秉持"公诚勤朴"之校训，为西北社会培养了大批优秀教师，有力地推动了西北地区基础教育发展。国立西北师范学院《师声》刊载了李蒸院长之"本校成立四十周年纪念日感言"：1942年"为本院成立四十周年（自原北平师范大学成立算起），四十年中，本校始终保持专业训练之任务，为国家负培养中等学校师资之重任，截至现在已有毕业生五千余人，其中服务教育界者估百分之八十以上，对于国家之教育建设实际已有相当之贡献。"[1] 虽然大部分毕业生由原北平师范大学培养，但国立西北师范学院始终坚守北平师大之精神，迁驻西北、建校兰州，肩负"在校内为训练未来的中等学校健全师资与研究高深教育学术，在校外为协助西北各省教育当局发展西北文化与普及西北教育"[2] 之重任，努力为西北社会培育教师，发展西北地区基础教育，改变西北文化面貌，为西北社会整体转型服务。

第三，革除陋习，作育西北地区文化建设。

20世纪三四十年代的西北社会交通不便、信息闭塞、文化落后，以陕西褒城为例，普通民众对当时执政之南京国民政府鲜有了解，以为中国尚有皇帝，首都设在陕西南郑。国立西北联大所在的陕西城固，"很多人染上鸦片烟瘾，鸦片大烟往往供不应求。至于文化食粮的供应，仅有小型的城固日报，西京日报等"[3]。"城固的同胞们，一个个面黄肌瘦，无精打采的神情，证明鸦片流毒在陕南仍然是异常严重。在抗战最紧张的阶段中，我们想到了那些终日躺在床上喷云吐雾的瘾君子，同时也想到了那些艰苦浴血杀敌的前方将士，对比之下，

---

[1] 《本校成立四十周年纪念日感言》，《师生》1942年创刊号，第1页。
[2] 《本校成立四十周年纪念日感言》，《师生》1942年创刊号，第2页。
[3] 尹赞钧：《城固印象记》，《南开校友》1939年第4卷第5期。

真令人有说不出的感慨。"① 当时的西北社会，文化凋敝，普通民众心中既没有中华民国的概念，也全然漠视中华民族所遭受的苦难；民风颓废，民众思想陈旧保守，妇女裹脚、地位低下，男子吸食鸦片、精神不振……

面对西北地区这种文化境况，这一时期西北各高校积极应对，一方面大力推行社会教育，组织学生下乡宣传，倡导抗日救国；开展扫盲活动，推广国语教育；普及科学知识，组织各种训练……另一方面，通过培养大量优秀人才，服务西北社会，以实践形式逐步渗透，化育民风，革除陋习，变革西北落后文化。西北地区各高等学校是先进文化的代表，通过人才培养的具体过程与结果，综合高校与培养之人才的双重优势，着力作用西北社会，从一定程度上改变了普通民众的观念意识，唤醒了民众爱国救国的民族情感，在新旧文化多层次的碰撞与融合下，推动了这一时期西北文化的现代转型。

此外，西北社会民族众多，蒙、藏、回、维等少数民族既有强烈的民族观念，又有强烈的宗教意识。文化构成极为复杂，一方面存在民族、宗教文化之间的隔阂，另一方面存在传统文化与现代文化的差异，高等学校作为文化传承与创新的主体，本身也是各种文化相互碰撞、相互博弈、相互理解、相互融合的焦点，此中不仅包含各宗教文化、各民族文化、各区域文化等域内文化之间的交流，也暗含着中西文化等域外文化之间的沟通，在相互的平衡与融合中，西北高等学校首先代表着现代文化，代表着社会主流文化，这种文化选择基于国家与民族的考虑；其次，西北高等学校必然吸纳西北区域文化、民族文化、宗教文化等养分，取其精华，去其糟粕，逐渐使西北地区本土特色的文化踏上现代化道路，帮助西北文化实现转型。在这一过程中，高等教育通过培养人才作用于社会实践，完成自身的功能与使命，使得主流、优秀文化得以延续与传承，并在社会范围内最大限度地被扩散与接纳，从而维持社会稳定，推动社会发展。

---

① 《禁烟在城固》，《西北联大校刊》1939 年第 18 期。

第四，建立健全医疗卫生机构，着力改善民众健康状况。

国立西北医学院的设立以及其他高校分设医学院、附设医院，为西北社会培养了一批专业医疗卫生人才，并借助这批人才建立健全西北医疗卫生机构，充实医疗卫生队伍，大力改善西北地区民众健康状况。

1937年，西安临时大学成立，学校下设文、理、法商、教育、农、工、医七个学院。1939年8月，西北联大医学院独立，成立了国立西北医学院，下设解剖、生理、化学、病理等科，附设医院及医科公共卫生教学区办事处研究所。国立西北大学1946年迁回西安，除原有的文学院、理学院、法商学院外，又并入原国立西北医学院之汉中部分，设为医学院，并积极筹建公共卫生教学区及高级护士学校和附属医事职业学校等。同年，国立西北医学院之兰州部分与原甘肃学院合并组建国立兰州大学，下设文、理、法学、医学四个学院，并设立附属医院。

《国立西北医学院院刊》刊载："我院每逢暑期即派学生赴各城乡宣传或施诊，以陕南文化较低人民多不讲卫生，因之地方病之种类甚多"，故设立地方病研究所，"一面积极调查，一面从事研究"，以便当地人民常见病之诊疗，改善民众健康状况。[①] 此外，西北医学院还成立了中药研究所，就地取材，治病救人。

西北各高校医学院的办学目标在于造就医学专业及医学从业人员，并以提高学术研究水平，促进西北医药卫生事业的发展为宗旨，在人才培养方面质量并重，通过医疗专业课程设置、医院诊疗实习操作，竭力创造条件为教学与科研服务，兼顾学生理论与实践能力的提升。在教育教学过程中，注重学生思想品德、道德观念之养成，培养学生立坚忍不拔之志、求日臻完善之术、怀济世救人之情、恪尽职守、吃苦耐劳、救死扶伤、服务大众。如此育人理念配合课程设置、教学活动的有效开展，营造积极向上的校园氛围，以显性与隐性的多重渠道共同作用于人才培养，借助优秀医疗人才服

---

① 《成立地方病研究所》，《国立西北医学院院刊》1941年第4期。

六 西北高等教育在西北开发中的效果及其局限性分析

务西北社会，改变西北地区医疗环境，提高西北民众卫生意识，改善广大民众健康状况。

5. 为国家发展储备了宝贵的人力资源

纵观20世纪三四十年代西北地区高等教育，着重陶铸学生品格，培育具有国家意识、民族担当之优秀国民；树立学生学为西北、服务西北、建设西北的责任意识，同时关注学生知识与技能的双重积累与提升，并立足高校类型，严格培养机制，不仅为西北社会建设培养了各类优秀人才，也因人才发挥社会效应的连续性，而延伸至新中国成立时期，为这一时期西北地区乃至全国社会政治、经济、文化发展储备了宝贵的人力资源。

1949年10月1日新中国成立，百废待兴，全国经济、社会、政治、文化事业发展踏上了崭新的征程，国家建设既充满了希望与机遇，也遭遇着困难与阻碍，高等专业人才的缺乏成为问题的症结。西北高等学校培养的各类优秀人才成为新中国成立时期西北地区建设的主力，同时也为全国各行业发展贡献了力量。

国立西北工学院在这一时期培养的人才中，11人在新中国成立后荣获中国科学院院士、中国工程院院士，为西北地区乃至全国工程、物理、材料、矿冶、电机等行业发展做出了杰出的贡献，表6-10是由史料整理得出的这11位"两院院士"的研究领域及其主要贡献。

表6-10 毕业于国立西北工学院的"两院院士"资料

姓名	研究领域	成就与贡献
师昌绪	金属学家、材料科学家	1945年毕业于国立西北工学院矿冶系。1980年当选为中国科学院学部委员（院士），1994年当选为中国工程院院士，1995年当选为第三世界科学院院士。中国高温合金开拓者之一，发明了中国第一个铁基高温合金，领导研发我国第一代空心气冷铸造镍基高温合金涡轮叶片，可用作低温、耐热材料和无磁铁锰铝系奥氏体钢等，具有开创性。曾获国家级奖10项、光华工程科技成就奖、国际实用材料创新奖等。2010年，荣获国家最高科学技术奖

续表

姓名	研究领域	成就与贡献
吴自良	物理冶金学家	"两弹一星"功勋奖获得者。1939年国立西北工学院航空工程系毕业,1980年当选为中国科学院学部委员(院士)。50年代率先完成苏联低合金钢40X代用品的研制,对建立中国自己的合金钢系统起了推动作用;60年代自力更生研制成分离铀同位素的核心部件甲种分离膜,打破了核垄断,为中国成功爆炸原子弹做出了重大贡献;70年代提出和指导了大规模合成电路用硅材料品质因素研究,取得多项成果;1984年荣获国家发明奖一等奖和国家科技进步奖
叶培大	微波与光纤通信专家	1938年国立西北工学院电机系毕业并留校任教。1980年当选为中国科学院学部委员(院士)。曾任北京邮电学院院长、北京邮电大学名誉校长。中国微波通信与光纤通信的开拓者之一
史绍熙	工程热物理学家	1939年国立西北工学院机械工程系毕业并留校任教。1980年当选为中国科学院学部委员(院士)。曾任天津大学校长、中国内燃机学会理事长、国际燃烧学会中国分会主席,发明的柴油机复合式燃烧系统曾获国家发明二等奖
张沛霖	物理冶金学家	1940年毕业于国立西北工学院。1981年当选为中国科学院学部委员(院士)。曾获国家发明二等奖、国防科技成果特等奖及国家科技进步特等奖。中国科学院金属研究所创始人之一,我国核燃料事业的主要奠基者之一
李恒德	核材料和金属物理学家	1942年国立西北工学院矿冶系毕业。1994年当选为中国工程院院士,是中国最早开拓离子束材料改性领域的专家之一。主持并参与了中国第一台离子束辅助沉积设备的研制
陈秉聪	农业机械设计制造专家	1943年国立西北工学院机械系毕业。1995年当选为中国工程院院士。曾任吉林工业大学教授、副校长,开创了我国"仿生软地面行走机械"新领域,为水田机械化和农业机械化做出了重大贡献
高景德	电机工程学家	1945年国立西北工学院电机系毕业。1980年当选为中国科学院学部委员(院士)。清华大学原校长。曾获国际电气与电子工程师学会一百周年奖、国家自然科学二等奖、国家教委科技进步一等奖
刘广志	探矿工程专家	1947年国立西北工学院矿冶工程系采矿专业毕业。1995年当选为中国工程院院士。曾任地质矿产部探矿工程装备工业公司总工程师,中国地质大学、长春地质学院兼职教授

六　西北高等教育在西北开发中的效果及其局限性分析

续表

姓名	研究领域	成就与贡献
高为炳	自动控制学家	1948年国立西北工学院航空工程系毕业。1991年当选为中国科学院院士。在变结构控制理论、机器人控制领域及航天科技方面取得多项具有世界先进水平的研究成果，获部委级奖多项，是我国自动化领域学术带头人之一
雷廷权	金属材料与热处理专家	1949年国立西北工学院机械系毕业。1997年当选为中国工程院院士。曾任哈尔滨工业大学教授，中国金属学会理事、材料科学学会理事等。开创了我国变热处理基础研究和双相钢及双相组织热处理研究，提出新的强度理论，多次获得国家及省部级奖励

资料来源：根据西北工业大学校史介绍材料整理而成。

表6-11是20世纪三四十年代国立西北大学部分优秀毕业生资料的整理汇集。

表6-11　　　　国立西北大学部分优秀毕业生资料汇总

姓名	研究领域	成就与贡献
阎隆飞	植物生物化学家	1945年西北大学生物系毕业，1949年获清华大学研究院植物生理学理学硕士学位。1950年于北京农业大学任教，教授，植物生理生化开放实验室主任，博士生导师，中国科学院生物学部委员，国务院学位委员会委员，清华大学生物科学与技术系兼职教授，中国生物化学学会常务理事，中国生化学会农业生化专业委员会主任。在生物化学、植物生理学、分子生物学方面造诣很深，取得重大科研成果，其中不少属于首次发现，达到国际先进水平，曾获国家自然科学奖二等奖及各省部级奖项
于美文	光学专家	1944年至1948年就读于西北大学物理系，后为北京理工大学教授、博士生导师。我国光学全息方面的学科带头人，先后受聘为国家科委发明评选委员会委员、国家自然科学基金委员会评审
李耀增	地质学家	1945年毕业于西北大学地质系，任新疆工学院地质学教授。被评为自治区"教书育人、为人师表"优秀教师，有突出贡献的优秀专家，全国少数民族地区先进科技工作者，"国家级普通高校优秀教学成果特等奖"和"国家级科技工作40年成绩显著荣誉证书"获得者。不仅是开创新疆地质教育的先驱，而且是研究新疆矿产分布规律，指导新疆矿产资源勘探的专家

续表

姓名	研究领域	成就与贡献
田在艺	石油地质学家	1939年考入西北大学理学院地质地理系,曾任原石油工业部北京石油勘探开发科学研究院副院长、教授级高级工程师,曾四次获得石油工业部科技进步奖,"大庆油田发现过程中的地球科学工作"自然科学一等奖、"中国油气资源评价"科技进步一等奖
王如芝	试验爆炸学专家	1941年毕业于西北大学化学系,1959年,国家搞"751试验",她负责放炮、测试,计算数据精确;1962年,国家成立工程兵科研三所,她被任命为副所长,搞核试验,为攻关小组成员,研制的"三向加载地质力学模型"和"1485抗爆激波管"荣获国家科技进步奖一等奖,达到和接近世界先进水平。她和我国著名核物理学家朱光亚、程开甲等一起参加了首次核试验的当量测试,是新中国第一代女实验爆炸力学专家,为我国核试验的测量、防护做出了突出的贡献
赵玉珉	会计学家、教育家	1941年毕业于西北大学法商学院经济系,是中国人民大学会计专业创始人之一,为会计教学和理论研究做出了重大贡献。他治学严谨,著述甚多,多次获奖,培养了一批高层次财经管理和教学科研人才。1992年被国家教委评为有突出贡献的专家
康永孚	乌矿地质学家	1942年毕业于西北大学地质地理系,曾任中国地球化学学会副理事长、中国地质学会常务理事、中国地质学会名誉理事、中国矿床地质专业委员会副主任等职。他为发展我国有色金属工业,勘查和研究矿产资源做出了重要贡献
张庆余	火箭技术专家	1945年毕业于西北大学化学系。任中国科学院长春应用化学研究所研究员、博士生导师。1958年以来,一直从事火箭推剂研制,在他领导下研制出多种火箭固体助推剂品种,性能上达到了世界先进水平,在我国固体火箭技术的发展中作用巨大。此外,他在国内较早开辟了低聚物研究的学科领域,指导培养了大批科研人员,为我国火箭技术的发展做出了重大贡献。荣获国家科学技术进步奖一等奖一项、国防科委授予重大科技成果奖二等奖三项、三等发明奖一项、"献身国防科技事业"荣誉证章等
陈怀孝	优秀教育工作者	1947年毕业于西北大学数学系,1949年受任西安中学教育主任、副校长。1952—1978年任西安市第六中学、西安市第一中学、西安中学副校长。1980年任西安大学校长。1983年任西安市副市长。服务于西安中等、高等教育事业,致力于西安教育事业发展

续表

姓名	研究领域	成就与贡献
孙颖州	农业经济学教授	1947年毕业于西北大学经济系，后于河北农业学院从事教学工作。他治学研究，造诣较深，为国家培养了大量高层次农业经济人才。著作甚丰，出版专著6部，发表学术论文近40篇，编写了22个县的农业发展总体规划和9份农业技术报告书，多次被授予省部级科技进步一、二等奖
张克勤	钻井、泥浆专家	1949年毕业于西北大学化学系，后任中国石油天然气总公司石油科学研究院钻井液质量监督检测站教授、高级工程师。1950年开始从事石油钻井液研究，领导并参与了有关重大钻井液技术的实践与科研项目，获得多项技术成果，为新中国石油开发、泥浆技术创新做出了卓越贡献
段玉琏	优秀教育工作者	毕业于西北大学中文系，1949年服从国家需要，到新疆从事教育工作。先后荣获全国优秀教师、全国和自治区关心下一代先进个人、全国家庭教育先进个人等称号。为普及家庭教育知识，她走遍天山南北，行程逾万里，调查访问6000多个家庭、10000多名家长和青少年。她的事迹多次被新疆广播电台、《新疆日报》《新疆教育》等报道

资料来源：梁克荫、王周昆主编：《西北大学英才谱》，西北大学出版社1992年版。

表6-10和表6-11所列仅仅是20世纪三四十年代国立西北工学院及国立西北大学部分优秀毕业生，他们都是各行业中的精英与模范。此外，这一时期西北各高校更多的毕业生则是在平凡岗位上默默地辛勤工作，奉献着自己的聪明才智，这些西北各高校培养的优秀人才，为西北地区社会发展、祖国的繁荣昌盛做出了自己的贡献。

基于功能主义理论观点，社会中每一个不同的系统，包括教育系统，都具有与更大的元系统以及其他部分相联系的重要功能，只有正确认识与发挥教育系统的功能，才能处理好与社会系统中的其他系统，诸如经济系统、政治系统、文化系统等的关系，才能带动、推动社会系统的整体进步与发展。帕森斯在其《经济与社会》一书中提出了著名的AGIL模式，认为A、G、I、L（适应、目标获取、整合、模式维护）反映和表现了社会行动的四个不同的子系统，并具有不同的功能。帕森斯将高等教育划归为"模式维护"系统，提出高等教育的功能正是通过文化传播和传递知识等来维系整个社会的运行，高等教育的基本功能就是传承与创新社会的文化，包括知识、信念、价值观等。社会系统内高等教育功能的发挥正是通过培养人才，帮助学生积累知识、习得技能，帮助学生提升科学研究的兴趣与能力，帮助学生完成社会化过程，使学生接受并认同社会的主流文化规范，并自愿服从与遵守，进而通过学生改造社会。

西北高等教育通过培养大量优秀人才，师生从事科学研究以及积极开展社会服务三种主要途径，参与西北经济建设，改造西北政治文化环境，改善西北医疗卫生条件，化育民众，改良风气，从各个方面以参与实践的方式，以积极的引导和隐性的影响共同介入并作用于社会系统中的其他子系统，多维度多渠道维护这一时期西北地区的安全与稳定，全面推动西北社会的发展与进步。

（二）西北高等教育对西北开发作用的局限性

不可否认，这一时期，西北高等教育的发展为西北地区开发注入了强大的活力，通过培养边疆开发人才、推动边疆学术科研，以及积极面向西北边疆社会开展服务三种主要途径反哺西北地方社会，为西北边疆经济、政治、文化等的全面发展贡献了巨大的力量。但由于内忧外患，战乱频仍，西北高等教育本就刚刚起步，存在诸多缺陷，比如区域分布不均衡，陕西、西安最为集中，甘肃一般，新疆高校更是寥寥无几，青海、宁夏几乎没有高等学校。另外，由于时局动荡，经济处于几近崩溃的边缘，西北高校经费严重不足，师生生存尚且没有保障，学校发展更是无从谈起。在这种特殊的环境下，西北高等教育对西北边疆开发的助力十分有限。

1. 西北开发人才培养不足

上文中提及西北高等教育为西北开发培育了大批急需的优秀人才，也列举了几所主要国立高校的人才培养数量，但是如果与同时期高等教育发达省份比对，或者按照西北社会人口比例计算，这一时期西北高等教育培养的人才数量仍严重不足。沈灌群曾详细列举、分析了1942年西北高校学生情况："全国五七、八三二个科以上学校学生中，就学于西北六省者仅四、二七一人，这占百分之七．三八。假定此四千余学生均属西北六省省籍，则在西北每七八五．八方公里内，始得专科以上学校学生一人，以与全国平均每二一九．五方公里中即有专科以上学校学生一人之情形相较，商差三倍；如与河北江浙诸省比较，所差更大。此系历来地广人稀教育落后所致，初不足怪，但如诉诸西北之客观需要，殊有难以供应之感。"① 的确，西北地域辽阔，但经济、社会、文化等却全面落后，要想促进西北边疆快速发展与繁荣，就需要大批各行各业专业人才，这种需求与西北高校人才培养数量相比仍然差距悬殊。

要开发西北边疆，西北高等教育培养的人才总体数量明显不足，各类专业人才也相应不足。沈灌群认为：

> 就专攻科别论，则西北各校之四、二七一人中，工科学生最多，计八九七人，仅当全国工科学生总数百分之七；农科学生次之，计八七七人，当全国农科学生百分之十九；法科师范科学生又次之，各约六百三十余人，前者当全国总数百分之五．四七，后者当全国总数百分之一八．七一；医药科又次之，计为四九七人，当全国医药科学生总数百分之一零．九八；文理二科学生过少，实有酌量增加其比额之必要。良以建国之大业之完成，专家固系必要，通人尤不可少。又如工农诸科学生数，就西北六省内各科学生数比较，似远较其他科为多，然实科人才最为建设事业所迫切需要，而应配合西北建设干部所需之实际数量以谋作育之计；又如师范医药及法科人才，亦莫不如此。计对实况以为辅偏救弊之计，盍为当务之急。②

从上述论述的方面可以看出，这一时期西北高校培养人才的专业配比，实科法科学生较多，文理二科不受重视，这与当时全国人才需

---

① 沈灌群：《论我国西北高等教育之建设》，《高等教育季刊》1942年第2期。
② 沈灌群：《论我国西北高等教育之建设》，《高等教育季刊》1942年第2期。

求的大趋势相符，也正好体现了西北边疆开发中对实科人才的急需。西北地区资源丰富，但工业、农业发展落后，经济要起步，就必须依靠专业人才的指导与贡献。另一方面，资料显示，文理二科学生数量偏少，文理二科培养的是综合性理论型人才，西北社会要发展，通才是不可或缺的。这种通才既可以解决专业问题，有很高的专业理论素养，有很好的实践动手能力，又善于协调各种关系，可以有效减少民族、宗教以及各地区群众之间的矛盾，为西北边疆的开发减少阻力。所以，这类人才应该加大培养比例与数量。

与此相关的还有，这一时期的西北高校为西北边疆开发设置的专业与课程太少。前文中提及的国立西北大学的边政学系、国立兰州大学的边疆语文系等是仅有的针对西北边疆实际需要，为巩固开发西北边疆，能适应边疆特殊工作而设置的专业。西北开发需要大量人才，仅仅靠少数高校设置个别专业是无法满足需求的。国立西北大学边政学系开设课程中除去所属学院的公共必修课程外，专业必修课程中的边政学概论、中国边疆历史、边疆语文、边疆社会、民族学、语言学、边疆社会调查、边疆实习研究、中国边疆地理。选修科目中的中国边疆教育、民俗学、蒙古史、康藏史、突厥史、印度史、中亚诸国史、比较宗教学、回教史、喇嘛教史、土耳其文、阿拉伯文、印度文、俄文、日文、英文、边疆国防地理、边疆经济地理、边疆经济制度、边疆政治制度、边疆司法制度、近代中国边疆沿革变迁史、边疆地理调查、测绘及制图等，都与所属学院其他专业课程区别明显，专门指向边疆社会生活的方方面面，培养的是学生如何适应、应对边疆生活的能力，边疆语言、边疆宗教、边疆民族、边疆史地等知识的掌握有助于学生毕业后快速融入西北边疆开发建设中。甚至所开设的游泳、马术、绘图、摄影等课程也是为学生以后的边疆生活考虑的。综合而言，西北高校为西北边疆开发与建设开设的专业与课程是非常独特的，专业性质很强，也就是说，其他专业的学生如果不经过这种课程的学习与训练，很难融入西北边疆生活。那么，这一时期西北高校为西北边疆开发开设的专业与课程太少，就直接制约了学生为西北边疆开发服务的能力养成与提升。

2. 针对西北地区开发的学术研究成果不足，产学结合乏力

再说西北高校的科学研究，由于这一时期国内局势动荡，西北高校也是反复迁移，例如西北联大从西安迁往城固，在城固又分成好几个校区，后联大分立，五所子校各自迁移，其中的西北师范学院从陕西城固迁往甘肃兰州，西北大学又迁回西安，西北农学院迁往陕西武功，1946年西北工学院迁往咸阳，西北医学院一部分并入国立兰州大学，另一部分并入西北大学。在这样反复的迁移、改组、合并、分立过程中，科学研究受到严重的影响。一方面，科学研究需要长时间的关注与深入的探索，延续性很强，一旦中断，再想继续就要付出很大的代价。另一方面，科学研究需要持续的经费支持与设备保障，但是这一时期战乱频仍，国民政府承诺的高校拨款始终不能按时按量到位，不是挪用作为军需，就是用作他途，加上通货膨胀极为严重，货币贬值，购买力极低，西北各高校的科研经费根本得不到保障，图书购买添置也非常困难。例如城固时期的西北联大，图书非常紧缺，师生人手一本书都无法保障，大家总为借一本书争得面红耳赤。更麻烦的是，在不断的迁移过程中，虽然师生小心呵护，但还是免不了丢失、损坏仪器设备。科研设备的严重不足，在很大程度上制约了这一时期西北高校师生科学研究工作的开展。

如前文所述，西北各高校开展的学术调研活动包括考察历史遗迹，了解西北边疆风土人情、西北地区地形地貌、土壤气候、植被动物、矿产实业等。这些工作都是基础性的初步勘察，当然是十分必要的，但是也显示出这一时期西北高等学校学术调研不够深入，无法直面西北社会发展的急需，对西北开发的贡献不够。

从这一时期西北各高校科研成果的统计来看，以前文中所提及的国立西北师范学院为例，仅有金澍荣的《西北中等学校师资之改进》；鲁世英的《乡村教育》等极少数著作直接或间接涉及西北建设中的实际问题，其余绝大多数著作仍散发着浓厚的学术气息，研究内容与西北开发的关系并不密切。造成这种问题的原因当然是多方面的，其中教师从事科研的延续性与一贯性是一个重要因素，每一位高

校教师都会有自己的专业背景与研究兴趣，一旦确立了研究的领域与方向，是不容易改变的。所以上文中提及的西北高校教师的科研转向，也只是因为西北高校教师面对新的教学科研环境、面对西北社会及人民的强烈需求与期待，而做出的科研方面的微调。这种微调是西北高校教师联系自身原本已经确立的研究领域与方向，尽量与西北边疆社会开发与建设需求结合的产物，依然保持了自身学术研究的旨趣。还有西北高校教师对西北社会不够了解，加上科研经费实在有限，无法展开新的研究。

此外，这一时期西北高校的科研成果在西北边疆开发实践中的转化与应用不够。一方面，许多研究仅仅滞留在理论层面，并没有在现实中应用；另一方面，研究对现实问题的关注度不够，阻碍了科研成果的产业转化。

3. 地方社会服务辐射面窄，服务方式略显单一

不论是西安临时大学，还是国立西北联大组织的抗日宣传、兵役宣传、社会教育范围都在学校周边，或邻近县区，辐射面较窄。由于师生力量有限，宣传或培训等社会服务群众参与数量也相对较少。国立西北农学院成立了农业推广处，内分农村合作、生产指导、农村教育和编辑宣传四组，但农业技术推广范围仍十分有限，仅仅惠及学校所在地武功县及其附近区域。1941年，教育部划定了全国七所师范院校的社会教育"辅导区"，其中，国立西北师范学院的辅导区包括豫、陕、甘、宁、青、绥六省。事实上，无论是从抗战局势还是从西北师范学院自身力量而言，它的社会教育与服务都很难辐射六省范围。客观地讲，西北师范学院竭尽全力也只能在城固与兰州地区开展社会教育。再以新疆省立新疆学院为例。该校为了对各级机关一般人员普及法律知识，造就补充司法行政人员，设立法政夜校，学生每晚学习两课时，两年毕业。另办税务专门夜校，两次招生，共录取学员12人。[①] 12 人的数量与规模

---

① 管守新、罗忆主编："新疆大学建校 80 周年丛书"《新疆大学校史（1924—2004）》，新疆大学出版社 2004 年版，第 28 页。

实在无法满足新疆开发与建设中对司法行政人员的需求。

在西安临大与西北联大时期，抗日战争开展得如火如荼，社会服务都是围绕支持抗战展开的，除了西北联大后期开展的社会教育活动外，服务的形式都比较单一，多半采用演讲、授课、谈话会等方式。这一时期的西北高校都是依托学校特色与优势开展社会服务的，如国立西北农林专科学校开设凿井训练班，国立西北技艺专科学校举办畜牧短训班，国立甘肃学院设立小学补习班及民众识字班等。面对西北社会全面开发与建设的需求，西北各高校开展的社会服务活动方式着实不够。

另外，这一时期西北各高校的社会服务主要为大学师生的自发参与，教育行政部门特别是大学在服务活动的组织与服务计划实施中的作用并未得到很好体现。

七　结语

史学家克罗齐说过："一切真历史都是当代史。"原因是历史与现实之间存在着一种紧密的联系。对现实问题的兴趣与关注，必然要借助历史进行考察和研究；对历史的回顾和梳理，也必然会落脚在对现实问题的借鉴和帮助上。

回溯20世纪三四十年代西北开发中高等教育发展历程，30年代，西北地区高等学校数量稀少，甘肃一所，新疆一所，陕西仅有两所。发展到1948年，西北地区拥有两所大学、五所独立学院，以及七所专科学校。不仅有国立高校，还包括省立、私立高校。不仅有综合性质的高校，还包括工科类、农科类、医科类、师范类、药学类以及商业各类高校。一方面实现了著名教育学家姜琦所说的我国高等教育布局由点到面的跨越；另一方面也形成了西北高等教育的基本格局。这种格局，既包括高等院校分布地域的格局，还包括高等院校类型、外部与内部结构，以及专业分布等方面的格局。在西北高等学校建制不断扩大的同时，高等学校质量也不断提升，各高校校舍建设、系科设置、师资队伍、招生规模、图书设备等各个方面都不断向前发展。

通过考察这一时期西北高校与西北地方社会开发之间的关系发现，西北高校主要通过人才培养、发展科学研究与开展社会服务三个主要方面作用于西北地方社会，当然，这种作用本来就是双向的，即不论是人才培养目标、课程体系、教学设计，还是科学研究的方向与旨趣，抑或是社会服务的内容与途径，都受到西北边疆开发需求的影响与作用。从总体上看，这一时期西北高等教育与西北边疆开发的互动是良好的，战乱频仍，在西北如此贫瘠的大地上，高等教育能够由小而大，茁壮成长，并且能够尽己所能反哺西北社会建设，已经是一个奇迹。但是，在总体良性互动之下，仍然存在着不足与局限。时局动荡与变换、物质条件极度匮乏、图书仪器设备缺少、师资引进困难等都极大地限制了西北高等教育的发展。带来的直接后果是西北高等教育对西北边疆开发建设贡献的乏力。

重新审视20世纪三四十年代西北高等教育的发展历程，在历史与现实的关联阐释和分析中，重新考察西北边疆社会建设背景下高等教育发展中的问题，借此建立历史与现实之间的紧密联系。历史是一面镜子，通过历史的映射，使现实问题变得更加清晰，历史的贡献与局限也为现实问题的解决提供了参考与借鉴。正如英国历史学家波普尔所说："我们要知道我们的困难同过去有怎样的关系，并且我们还要知道沿着怎样一条路线前进，去解决我们所感觉到的和所选取的主要任务。"[①] 那么当下西北边疆社会发展中高等教育的意义与价值究竟是什么？主要体现在哪几个方面？西北高等教育突出的现实问题有哪些？借鉴20世纪三四十年代西北开发中高等教育的哪些经验可以较好地解决这些问题？这些将是我们需要思考的重点。

首先，西北边疆的稳定发展具有重要的战略意义。

保障西北边疆长治久安，维护全国民族团结和社会稳定需要稳定发展西北边疆；打破以美国为首的西方国家对我国的海洋方向和西北方向的围堵，从容解决南海问题和东海问题，保障国家地缘政治安全需要稳定发展西北边疆；顺利实施"新丝绸之路"计划，从根本上推进西部大开发需要稳定发展西北边疆；破解马六甲困局，保障我国石油地缘战略安全需要稳定发展西北边疆；担负大国责任，开展反恐合作，维护全球秩序与地区稳定需要稳定发展西北边疆。

我党历来高度重视西北边疆的稳定发展，特别强调要重视解决西北地区文化认同、民族团结、经济发展、就业、教育与民生问题。习近平总书记在参加全国政协十二届二次会议少数民族界委员联组讨论

---

① ［英］波普尔：《历史主义的贫困》，何林等译，社会科学文献出版社1987年版，第167页。

时提出了"四个认同",指出:"要全面贯彻落实党的民族政策,坚持和完善民族区域自治制度,不断增强各族人民对伟大祖国的认同、对中华民族的认同、对中华文化的认同、对中国特色社会主义道路的认同,更好维护民族团结、社会稳定、国家统一。"习近平总书记在第二次中央新疆工作座谈会上提出了"三个意识":新疆的问题最长远的还是民族团结问题。……民族团结是各族人民的生命线。要高举各民族大团结的旗帜,在各民族中牢固树立国家意识、公民意识、中华民族共同体意识。"李克强总理在第二次中央新疆工作座谈会上则特别论述了教育的重要地位,指出:"把教育搞上去,是实现新疆经济发展、社会进步和长治久安的治本之策,也是扩大就业、改善民生的基础。"

稳定发展西北边疆面临的主要矛盾是稳定发展西北边疆的大目标、高要求、高标准与西北边疆地区明显滞后的经济社会与文化教育水平之间的矛盾。其问题的本质不仅仅是经济问题,更重要的是精神问题,是民族团结问题,是要与"三股势力"争夺青年一代;其问题的本质不仅仅是新疆问题,更重要的是整个西北边疆问题,是要全面综合稳定发展西北边疆。其问题的本质是人才问题,是要把教育等基本公共服务搞上去,实现西北边疆经济发展、社会进步和长治久安。所以,解决西北边疆稳定发展的矛盾和难题的核心在文化认同,根本在教育发展,关键在人才培养。教育尤其是高等教育作为经济社会文化发展的引擎,在解决西北边疆的文化认同、民族团结、经济发展、就业、教育与民生问题方面具有不可替代的作用。稳定发展西北边疆,教育尤其是高等教育必须先行。

其次,需要探讨高等教育在西北边疆地区究竟发挥怎样的作用。

高等教育是西北地区推行公民教育和国家认同教育的主要阵地,是维护国家与地区社会和谐稳定的重要保障;是提高西北地区基础教育和民族教育发展水平的有效推力,是提升地区劳动力整体文化素质和职业技能的重要途径;是培养地区稳定与发展所急需的大量高层次人才的关键力量,是推进地区社会经济发展和产业结构转型的重要平台,在西北边疆社会稳定与发展上具有不可替代的作用。

七 结语

加快发展高等教育，通过强化公民教育和国家认同教育促进西北地区社会稳定与民族团结。

由于历史上和现实中各种复杂因素的影响，西北地区政治不稳定的因素长期存在，特别是近些年来恐怖主义、民族分裂主义、宗教极端主义成为威胁国家安全和西北边疆社会稳定的首要因素。我们要认识到社会稳定的根源在于文化认同问题的恰当解决，需要教育特别是高等教育的大力介入；加快发展西北地区高等教育，一方面要发挥好高等教育在文化传承、创新和交流中的主导作用，维持地区文化的多样性及其活力；另一方面要大力加强对青年一代的公民教育和国家认同教育，培养各民族青年牢固树立国家意识、公民意识、中华民族共同体意识，促进各民族之间团结，增强各民族之间的凝聚力，以维护国家安全及地区社会稳定。

加快发展高等教育，通过高层次人才的培养促进西北地区经济发展和社会转型。

西北地区要促进经济发展与社会转型，必须依靠西北地区高等教育自身培养大量政治素质过硬的留得住、用得上的高层次人才。西部大开发战略的持续推进及"新丝绸之路"经济带计划的实施需要通过高等教育来培养大批高层次人才，西北地区社会产业结构的优化调整需要通过高等教育人才培养结构的优化加以推进。要加快发展西北地区高等教育，充分发挥西北地区高等教育在本地区高层次人才培养上的"造血"功能，加快培养地区经济发展和社会转型所急需的文化教育、农业、工程、金融、医学等各类高层次专业技术人才。

加快发展高等教育，通过加强科学研究破解影响西北地区社会稳定与发展的社会难题与技术瓶颈。

西北地区的高等教育在其特殊的历史发展过程中产生了一批特色鲜明的优势学科，并形成了一批立足西北、面向边疆的相对稳定的研究方向，成为促进西北地区社会发展重要的科研支撑力量。同时我们也清醒地认识到，虽然西北地区社会发展取得了很大成就，但社会整体发展水平与发展目标之间的落差依然很大，社会稳定与发展的矛盾与问题仍然十分突出，西北地区社会在政治稳定、民族团结、民生改善、教育普及、资源开发、环境保护等诸多领域存在的一些重大社会难题和技术瓶颈迫切需要借助高等教育的科学研究加以解决。

加快发展高等教育，通过深化社会服务功能促进西北地区民生的改善与社会的进步。

越是发展水平落后的地区越需要社会服务力量的介入，对来自于区域性高等教育社会服务的需求也更加强烈。西北地区整体文化教育发展水平不高，思想观念相对陈旧，整体文化技能素质相对落后，医疗卫生事业起步较晚，农业、畜牧业等领域科学技术应用程度较低，民生的改善与社会的进步迫切需要来自高等教育更多的优质社会服务，这也对西北地区高等教育的服务能力和水平提出了新的更高的要求。

第三，探讨当下西北地区高等教育发展中所面临的主要问题。

西北地区高等教育的现有发展水平与本地区重要的战略地位严重不对称，极大地制约了高等教育在促进地区稳定与发展中重要作用的发挥。

西北地区高层次大学严重匮乏，大学整体发展水平在全国高校中的排名也相对落后，高等教育的布局结构极不合理，没有形成在全国及西北地区有影响力的高等教育高地，没有形成与国家生产力布局和社会发展需要相衔接的高等学校布局结构，对地区稳定与发展的辐射力较为有限，也严重影响了国家对本地区高等教育的政策支持与经费投入，直接制约了高等教育在本地区社会稳定和发展中作用的有效发挥。

西北地区经济发展水平较低，地方支持高等教育发展的财力极其有限，直接影响到高等教育服务于地区社会稳定与发展的办学效果。

西北地区地方财政对高等教育的经费支持极其有限，部分高校背负着沉重的债务负担，导致地区内大多数高校生存艰难，使本地区高等教育与中东部地区高等教育发展的差距快速拉大，造成了东西部高等教育发展极不均衡的局面，严重制约了地区内高等教育在人才培养、科学研究及社会服务方面的开展，直接影响到高等教育服务于地区社会稳定与发展的办学效果。

七 结语

西北地区高等院校人才流失现象非常严重。

人才是高等学校办学的基础，西北地区由于自然环境恶劣，办学条件较差，科研环境不好，教师待遇较低，使得许多有才华的教师"东南飞"。近20年来，西北地区高校拔尖创新人才、科研骨干流失非常严重，如兰州大学作为甘肃省唯一的"985"高校在近20年来流失的人才足以再办一所和现在同等水平的兰州大学，其他高校的人才流失问题也不容乐观。

最后，需要探究的是针对当下西北社会对高等教育的期待，以及西北高等教育所面临的实际困难与问题，20世纪三四十年代西北开发中的高等教育有哪些可供汲取的宝贵经验。

20世纪三四十年代，特别是抗战全面爆发之后，国民政府与社会各界均对发展高等教育促进西北开发有深刻体认。

北伐之后，国民政府形式上统一了全国。为了巩固其政治统治地位、加强边疆国防建设，先后制定了一系列针对西北开发的政策、措施，力图全面推动西北地区社会发展，由此开启了我国西北地区的现代化进程。随着抗日战争的全面爆发，一方面，国民政府明确感受到了开发西北，使之成为抗日战略基地的紧迫性；另一方面，国民政府亦清醒地认识到西北地区的复杂情况——少数民族众多、宗教信仰复杂，加之交通闭塞、社会经济发展严重滞后，文化、政治观念陈腐等。面对这种情况，国民政府认为，解决西北边疆稳定发展矛盾和难题的核心在文化认同，根本在教育发展，关键在人才培养。教育尤其是高等教育作为经济社会文化发展的引擎，在解决西北地区的文化认同、民族团结、经济发展、就业、教育与民生问题方面具有不可替代的作用。

此外，20世纪三四十年代，尤其是抗日战争全面爆发以后，社会各界爱国人士皆努力搜寻救国良策，其中，开发西北、建设西北为抗战后方的言论比比皆是，学界也由此展开了西北开发重要性、如何开发西北等问题的大讨论，一时间，各大报纸杂志刊载此类文章众多。随着讨论的不断深入，高等教育的发展在西北开发中的意义与作用逐渐凸显。西北地区高等教育的发展，确有维护西北边疆安全稳定与推动西北开发建设的双重使命。

引申至当下,不论是"西部大开发"战略的提出,还是"丝绸之路经济带"建设,国家都应高度重视西北高等教育的发展,优化西北高等教育布局,加大高等教育投入,以教育促发展,真正发挥好高等教育"文化堡垒"的作用。

开展训育,陶铸学生品格,建构与巩固学生对国家与民族的双重认同。

国民政府教育部高等教育训育制度涉及面广,以德育为核心,同时涵盖智育、体育、群育、美育中的精神陶冶,运用显性教育方式,主要包括党义、军训、课外活动等;隐性教育方式,包括师生关系、校园文化等,多维立体加强学生思想、行为的控制与引导。

这一时期西北地区各高校组建学校训导机构、设立训导处,依据部颁《训育纲要》,制定了各校训导实施纲要。如《国立西北师范学院训导实施纲要》《国立西北医学院训导实施要则》《国立西北大学训导办法》《国立西北技艺专科学校训导工作安排》《国立兰州大学训导纲领》等。各高校定期召开训导会议,检查、反思训导实施情况,完善训导制度,改进训导方法,等等。

例如《国立兰州大学训导纲领》规定:"本大学训导要旨为:1. 以智仁勇为目标陶冶健全之品格;2. 以继往开来为任务树立高尚之志愿;3. 以三民主义为实现坚定正确之信仰;4. 以革新创造为生活养成自治之精神。"学校训导处下设三个组,即生活管理组、课外活动组、体育卫生组,具体实施包括生活管理、课外活动、体育卫生、操行考查、奖惩办法五个方面,如"生活管理是以指导学生思想行为以及日常生活均能合乎规律,并利用机会启发智能发展学生优良个性为目的的主要任务"。具体落实为:"1. 起居作息之规定与训管;2. 膳堂操场宿舍之指导;3. 考勤与请假之核计;4. 礼节之规定与训管;5. 警卫组织之指导;6. 思想行为言论性情之考查与纠正。"[①] 多渠道、多层面介入学生生活,指导学生思想、品格之养成。

[①] 《兰州大学训导纲要》,《兰州大学校训》1947 年第 1 卷第 1 期。

七 结语

从总体上看，西北各高校训育制度通过党义、课外活动、学生生活指导、新生训练、导师制、科研调查、社会服务等方式，多管齐下，以尽可能丰富的途径，从学生校园生活、学习的方方面面影响、渗透，旨在培养学生德、智、体具备之健全人格。当然，国民政府推行的训育制度也遭到多种质疑与批评，当时就有许多学者讨论训育制度存在的价值，认为尤其是抗日战争结束后，国民党将训育制度转变为思想专制的工具，极端的意识形态的检查与清理，严重钳制了学生的自由发展，禁锢了学生的精神自由。[1] 但是，若从原北平大学探索与推广训育制度本意考察，关心学生思想道德成长，指导学生学习技能，培养学生健康生活方式，帮助学生建立良好的世界观、人生观、价值观，采用显性与隐性教育教学方式化育学生，将国家观念、民族大义、服务精神、学校传统等传输给每位学生，并助其理解、承认与接纳。教师与学生间亲切的交谈、切磋，同学间热烈的辩论与研讨，彼此的关心与了解，加快并加深了化育学生的进度与程度，在这种反复的接触与教导下，学生产生了对导师的信任，教师对学生潜移默化的身教开始发挥效用。训育制度的实施是一种具体的、微观的、多维的、立体的、真实情境下的实施，是一种包含了背景、人物的主体间的教育方式，这种教育制度的推行，对学生品德与精神的形成尤有裨益，虽然国民政府在其后期实施过程中夹杂了许多意识形态的禁锢，但训育制度本身应是南京国民政府在教育制度方面的有益探索。

西北高等教育训育制度的实施，有效地作用于学生，帮助学生构建对中华民国与中华民族的双重认同。这种做法不限于单一课堂，而是将学生生活作为一个整体，通过多层次、多维度教育活动的开展不断铸牢学生家国意识。这在当下西北开发过程中，在宗教民族问题复杂的情境下确有重要的现实意义。

在艰苦环境下坚持科学研究，了解西北边疆、改造西北边疆。

20世纪三四十年代，西北高等学校在极其艰苦的环境与条件下，坚持科学研究，努力与西北边疆建设需求相结合，了解西北、开发西

---

[1] 肖雪：《训育与反训育》，《民族教师》1941年第1卷第3期。

北。通过创办各类期刊、开展边疆科学考察、鼓励师生发表科研成果、成立各类科研机构、开展边疆学术讲座等多种形式，有力地推动了西北高校科学研究的开展。虽然由于物质条件的限制，这一时期西北高校科学研究也存在困难与问题，但是高校师生勇于担负边疆开发的责任与热情是非常珍贵难得的。

联系当下来看，西北高等学校通过发展科学研究反哺西北边疆社会的职能依旧发挥得不好，西北社会建设中亟待解决的问题依然需要高校的大力支持与帮助。一方面，由于地方财力有限，需要国家投入更多的人力物力建设西北高校，做大做强西北高校，层次鲜明地发展好西北各类高校。另一方面，西北各高校师生也应积极投身西北边疆建设，努力促进自身科研成果转化，为西北社会发展做出贡献。

开展卓有特色的社会服务活动，移风易俗，以先进文化辐射西北边疆社会。

20世纪三四十年代，西北各高校社会服务活动形式繁多，内容丰富，针对西北边疆社会文化落后的实际情况，不论是否师范类高校，基本上每所高校都开设了诸如民众学校、夜校、扫盲班、补习班等，帮助西北边疆民众提升文化水平。在这一过程中，难得的是，所学内容均以热爱国家、复兴民族为基础，在提升民众知识水平的同时，帮助民众建构与巩固了对中华民国与中华民族的认同。

特别是农林、工科、医科等实科类高校，更是运用自身优势，努力探索各种途径，积极开展社会服务，手把手教导农民如何解决农业技术难题，研发试验多产耐旱小麦新品种，帮助民众凿井取水，治理林业病虫害……

此外，国立西北师范学院专门设立社会教育试验区，扫除文盲，组织与训练民众，指导农村公共卫生工作，动员民众参军入伍，为民众代笔，解答民众生产生活疑惑，促进社会体育事业发展，开展中等教育辅导工作，设立小学教育通讯研究处等，为当时西北边疆教育及社会文化全面进步贡献了力量。

在那个战火纷飞的年代里，西北各高校社会服务开展得如此热烈而有力，在现当下，西北各高校更应该积极主动地参与西北社会生活，以文化中心、社会中心的姿态，为西北边疆建设事业服务。

不断完善各类规章制度，保障人才培养质量。

困难与阻力并没有击垮那个特殊时代西北各高校培养高等卓越人才的信念，各高校围绕人才培养目标，制定详细的规章制度，严格教学管理，规范师生行为，以制度保障人才培养目标之实现。

通过制定严格细致的学分制度、学籍制度、试验考试制度、学生毕业规定、转学生旁听生规定等，强化课堂管理，加大教学管理力度，有助于提高学生培养的质量与水平。在教师管理方面，规定教员任课时数、薪资计算、请假手续、辅导学生之义务等，规范教师教学环节，约束教师日常行为。通过严格的学生社团管理，整顿学生宿舍秩序，限制学生违法违章行为，规约学生生活习惯。

制定与颁行严格的规章制度有利于建立平稳的校园秩序，推动学校良性运行；有利于规范师生言行举止，保障人才培养质量。但当制度演变成捆绑师生的锁链，又不免有钳制自由、阻碍进步之嫌，尤其是对于师生言论、行为的严格控制，更有意识形态化的笼络与束缚。

诚意延聘教师，以精神力量感化留住宝贵人才。

西北各高校校长、院长深知优秀师资队伍建设对于高校发展、人才培养之重要意义，即便百般艰难，也要想尽方法延揽人才。校长、院长、教授各出其力，运用各种关系资源、凭借自身学界声望与荣誉，辗转全国各地真诚相邀挚友共谋西北高校发展。此外，西北各高校更是着力营造、建设尊师重道之优良校园氛围，积极创设教师提升发展途径，广泛吸引人才、挽留人才、为优秀教师提供施展才华、不断提升修炼自己的机会。由于经费缺乏，西北各高校不可能与国内京津沪等地高校一较长短，重金延聘人才，西北高等学校凭借的是广大师生对西北地区的情怀、建设西北地区的决心；凭借的是真诚相待、尊师重教的情义；凭借的是其乐融融、虽苦犹甜的和谐氛围；凭借的是节衣缩食、奋力拼搏的学子之勇气与毅力。正是这些撼动了许许多多优秀教师的心，正是这些留住了许许多多著名学者的心，从此扎根西北，热爱西北，教导西北高校之学子，推动西北社会现代化的进程。

20世纪三四十年代西北开发中的高等教育问题

面对当下西北各高校人才流失严重的状况,各高校领导应该好好回顾与思索20世纪三四十年代西北高校教师队伍建设经验。相对于当下西北高校的物质待遇,那个时代的条件更加艰苦,生存问题有时都无法保障。但是为什么那个时代西北荒凉贫瘠的土地,能留住人才?这值得每一位新时代西北高等学校领导的反思。

保持优良校风,延续卓越精神。

20世纪三四十年代,西北高等学校经费拮据、办学条件艰苦,但西北各高校学生怀揣兴学强国、共纾国难的抱负,坚定信念、刻苦求学。

据我国著名金属学及材料科学家、两院院士师昌绪回忆:"他是国立西北工学院1941年入校的学生,当时与八十年代曾任清华大学校长的高景德院士同住一间宿舍,竟然几个星期见不到一面,原因是师昌绪每天吃了晚饭就去教室看书学习,一直到深夜两三点钟才回到宿舍;回宿舍时,高景德又出去学习了。山区没有电灯,都是蜡烛和煤油灯,由于'开夜车'的学生都衔接起来了,教室灯光彻夜通明,夜里从远处看,点点灯光错落有致,甚是好看。"由此,便传出了"坝上长夜,七星灯火"的佳话。师昌绪院士讲,那时的学生有着一股近似于古代"头悬梁、锥刺股"的用功劲头,教师严谨治学、学生刻苦求学,正是如此,方才成就了这所飞机炸不倒、艰苦难不倒的抗战大学。[①]

西北各高校教师生活困难,抗战期间仅以"米贴"与微薄薪资维持生计,学生们缺衣少粮、没有宿舍,就在教室席地而眠。然而,艰苦卓绝的环境并没有消磨师生的意志,相反却成就了西北高校师生奋斗拼搏、迎难而上的勇气与决心,坚定了师生求民族独立与自由之信念,形成了西北高校公诚勤朴的校风校训。精神与信仰的力量似一盏盏明灯,指引着西北高等学校在艰难困苦中前行。这种精神力量,吸引并凝聚了西北高校师生在这片偏僻荒凉的土地上薪火相传,沿承中

[①] 何宁主编:《西北联大与中国高等教育——纪念西北联大汉中办学》,世界图书出版西安有限公司2014年版,第342—343页。

华文脉，培养优秀人才，建设西北社会。

  近年来，随着学界对国立西北联合大学研究的不断深入，越来越多的人开始关注西北联大的精神。在战火硝烟中，西北联大师生秉持"公诚勤朴"的校训，天下为公、不诚无物、勤奋敬业、质朴务实，这一理念经历了血与火的洗礼与淬炼，充分表达了西北联大师生救国图强、奋力进取的赤子情怀，这种精神不仅深深根植于西北联大分立后的五所高校中，而且影响了一代又一代西北学人。今天，我们应继承与发扬西北联大以及在艰苦岁月中依然挺立着的座座西北高校的精神，融合新时代现代大学的办学理念，凝练出能深刻影响师生行为规范、精神风貌与文化修养的校风、校训，指引师生为西北边疆建设、为祖国繁荣昌盛、为中华民族的伟大复兴贡献力量。

参考文献

《国立西北农林专科学校一览》，1936年。
《甘肃学院月刊》1940年第47期。
《国立西北大学概况》，1947年。
《国立西北大学校刊》（1942年7月—1942年12月）（1944年10月—1948年12月）
《国立西北工学院概要》，1929年。
《国立西北技艺专科学校校刊》（第1—12期）（1942年3月—1942年12月）。
《国立西北联大校刊》（第1—18期）（1938年8月—1939年6月）。
《国立西北农学院院刊》（第1—7期）（1946年4月—1947年4月）。
《国立西北师范学院校务汇报》（第13、14两期合刊至第87期）（1940年6月—1947年10月）。
《国立西北师范学院院务概况》，1940年。
《国立西北医学院院刊》（第4—23期）（1941年3月—1942年9月）。
教育部编：《教育法令》，中华书局1948年版。
教育部训育研究委员会编：《训育法令汇编》，教育部训育研究委员会，1935年。
军事委员会政治部：《二十八年度修正高中以上学校军事训练实施方案草案》，1939年。
《兰州大学校讯》（第1卷第1—3期）（1947年1月—1948年1月）。
李自发、安汉编：《西北农业考察》，国立西北农林专科学校，

1936年。

马鸿逵：《西北两大问题——回汉纠纷与禁烟问题》，秦孝仪主编：《革命文献》第88辑《抗战前国家建设史料》，文海出版社1981年版。

秦孝仪主编：《革命文献》第89辑，台北：文物供应社1981年版。

沈云龙主编：《第二次中国教育年鉴》（第5编），文海出版社1995年版。

——：《近代中国史料丛刊》3编第11辑《国际联盟教育考察团报告书》，文海出版社1986年版。

宋恩荣、章咸编：《中华民国教育法规选编》，江苏教育出版社2005年版。

《西安临大校刊》（第1—2期）（1937年12月—1938年7月）。

西北大学西北联大研究所编：《西北联大史料汇编》，西北大学出版社2012年版。

《西北农专周刊》（第1卷第5—11期）（1937年4月—1937年7月）。

《西北农专周刊》（第2卷第1—8期）（1937年7月—1937年11月）。

西北师范大学校史资料编研组：《国立西北师范学院史料摘编》（上、下），中国文史出版社2014年版。

中国第二历史档案馆编：《中华民国档案资料汇编》（第5辑第1编教育1），凤凰出版社1994年版。

中国第二历史档案馆编：《中华民国档案资料汇编》（第5辑第1编政治1），凤凰出版社1994年版。

中国第二历史档案馆编：《中华民国档案资料汇编》（第5辑第2编教育1），凤凰出版社1994年版。

中国第二历史档案馆编：《中华民国档案资料汇编》（第5辑第3编教育1），凤凰出版社1994年版。

车如山：《甘肃高等教育近代化研究》，科学出版社2014年版。

陈学恂：《中国教育史研究·近代分卷》，华东师范大学出版社2001

年版。

冯开文：《中国民国教育史》，人民出版社1994年版。

高平叔编：《蔡元培教育论著选》，人民教育出版社1991年版。

顾明远：《中国教育大百科全书》，上海教育出版社2012年版。

顾明远主编：《教育大辞典》，上海教育出版社1988年版。

管守新、罗忆主编："新疆大学建校80周年丛书"《新疆大学校史（1924—2004）》，新疆大学出版社2004年版。

韩立云：《创立与传承——民国时期北京大学人才培养模式的形成》，南京大学出版社2015年版。

何国华：《民国时期的教育》，广东人民出版社1996年版。

侯德础：《抗日战争时期中国高校内迁史略》，四川教育出版社2001年版。

胡德海：《教育学原理》，甘肃教育出版社2006年版。

胡建华、陈列、周川、龚放：《高等教育学新论》，江苏教育出版社2006年版。

黄志成主编：《西方教育思想的轨迹——国际教育思潮纵览》，华东师范大学出版社2008年版。

季啸风主编：《中国高等学校变迁》，华东师范大学出版社1992年版。

李国钧等：《中国教育制度通史》，山东教育出版社2000年版。

李浩泉：《躁动的青春——民国时期北京大学的学生社团活动（1912—1949）》，华中科技大学出版社2014年版。

李均：《中国高等教育研究史》，广东高等教育出版社2005年版。

李溪桥主编：《李蒸纪念文集》，中国社会科学出版社1996年版。

李永森、姚远主编：《西北大学史稿上卷（1902—1949）》，西北大学出版社2002年版。

廖哲勋、田慧生：《课程新论》，教育科学出版社2003年版。

刘宝存：《大学理念的传统与变革》，教育科学出版社2004年版。

刘海峰、史静寰：《高等教育史》，高等教育出版社2010年版。

刘海峰、庄明水：《福建教育史》，福建教育出版社1996年版。

刘基、王嘉毅、丁虎生主编：《西北师范大学校史》，教育科学出版社2012年版。

刘述礼、黄延复编：《梅贻琦教育论著选》，人民教育出版社1993年版。

刘英杰主编：《中国教育大事典（1840—1949）》，浙江教育出版社2001年版。

吕型伟主编：《上海普通教育史》，上海教育出版社1994年版。

马鸿亮：《国防线上之西北》，上海经纬书局1936年版。

马振犊主编：《抗战时期西北开发档案史料选编》，中国社会科学出版社2009年版。

梅贻琦：《大学一解》，杨东平主编：《大学精神》，文汇出版社2003年版。

潘懋元：《潘懋元论高等教育》，福建教育出版社2000年版。

——：《中国高等教育百年》，广东高等教育出版社2003年版。

潘懋元、王伟廉主编：《高等教育学》，福建教育出版社2013年版。

潘懋元主编：《应用型人才培养的理论与实践》，厦门大学出版社2011年版。

齐红深：《东北地方教育史》，辽宁大学出版社1991年版。

曲士培：《中国大学教育发展史》，北京大学出版社2006年版。

曲士培编：《蒋梦麟教育论著选》，人民教育出版社1995年版。

曲铁华：《中国教育史》，武汉大学出版社2011年版。

宋恩荣、章咸选编：《中华民国教育法规选编》，江苏教育出版社2005年版。

孙培青：《中国教育史》，华东师范大学出版社2000年版。

陶秉礼主编：《西北工业大学校史》，西北工业大学出版社1995年版。

陶英惠：《蔡元培与北京大学（1917—1923）》，台北：商务印书馆1986年版。

陶愚川：《中国教育史比较研究（近代部分）》，山东教育出版社1985年版。

田正平：《中国教育思想通史》，湖南教育出版社1994年版。

汪洪亮：《民国时期的边政与边政学（1931—1948）》，人民出版社2014年版。

王炳照、李国钧、闫国华：《中国教育通史》，北京师范大学出版社2013年版。

王文田：《张伯苓与南开》，山西教育出版社1995年版。

吴东方：《复杂性理论关照下的教育之思》，教育科学出版社2014年版。

吴俊生：《教育哲学大纲》，商务印书馆1943年版。

吴相湘：《三生有幸》，中华书局2007年版。

肖海涛：《中国高等教育学制改革》，广东高等教育出版社2011年版。

熊明安：《中华民国教育史》，重庆出版社1997年版。

熊明安、徐仲林、李定开主编：《四川教育史稿》，四川教育出版社1993年版。

熊贤君：《湖北教育史》，湖北教育出版社1999年版。

徐浩、侯建新：《当代西方史学流派》，中国人民大学出版社2009年版。

许美德：《中国大学1895—1995：一个文化冲突的世纪》，教育科学出版社1999年版。

于述胜：《中国教育通史中华民国卷》（下），北京师范大学出版社2013年版。

闫丽娟：《中国西北少数民族通史（民国卷）》，民族出版社2009年版。

杨立德：《西南联大教育史》，成都出版社1995年版。

姚远、董丁诚、熊晓芬等编：《图说西北大学110年历史》，西北大学出版社2012年版。

余子侠、冉春：《中国近代西部教育开发史——以抗日战争时期为中心》，人民教育出版社2007年版。

张楚廷：《高等教育学导论》，人民教育出版社2010年版。

张传遂:《中国教育史》,高等教育出版社 2010 年版。

张大民:《天津近代教育史》,天津人民出版社 1993 年版。

张慧明:《中外高等教育史研究》,湖南大学出版社 1998 年版。

张克非主编:《兰州大学校史》(上编),兰州大学出版社 2009 年版。

张宪文、张玉法主编:《教育的变革与发展(中华民国专题史)》,南京大学出版社 2015 年版。

赵清明:《山西大学与山西近代教育》,高等教育出版社 2011 年版。

赵卫平编:《走向一流的历史轨迹——中外著名大学校长治校理念与办学制度文献选编:外国卷之一》,浙江大学出版社 2015 年版。

郑登云:《中国高等教育史》,华东师范大学出版社 1994 年版。

周谷平、赵师红编:《走向一流的历史轨迹(中国卷之一)——中外著名大学校长治校理念与办学制度文献选编》,浙江大学出版社 2015 年版。

[德]卡尔·西奥多·雅斯贝尔斯:《什么是教育》,邹进译,生活·读书·新知三联书店 1991 年版。

[法]埃德加·莫兰:《方法:思想观念——生境、生命、习性与组织》,秦海鹰译,北京大学出版社 2002 年版。

——:《复杂思想:自觉的科学》,陈一壮译,北京大学出版社 2001 年版。

——:《复杂性理论与教育问题》,陈一壮译,北京大学出版社 2004 年版。

——:《复杂性思想导论》,陈一壮译,华东师范大学出版社 2008 年版。

[法]勒高夫:《新史学》,姚蒙编译,上海译文出版社 1989 年版。

[法]卢梭:《爱弥儿》,李平沤译,商务印书馆 1978 年版。

[美]德里克·博克:《走出象牙塔——现代大学的社会责任》,徐小洲、陈军译,浙江教育出版社 2001 年版。

[美]克拉克·科尔:《大学的功用》,陈学飞译,江西教育出版社 1993 年版。

[美]罗伯特·M.赫钦斯:《美国高等教育》,汪利兵译,浙江教育

出版社 2001 年版。

［美］莫顿·凯乐、菲利斯·凯勒：《哈佛走向现代：美国大学的崛起》，史静寰等译，清华大学出版社 2007 年版。

［美］亚伯拉罕·弗莱克斯纳：《现代大学论——美英德大学研究》，徐辉、陈晓菲译，浙江教育出版社 2001 年版。

［美］约翰·S. 布鲁贝克：《高等教育哲学》，王承绪等译，浙江教育出版社 2001 年版。

［瑞典］胡森等：《国际教育百科全书·课程》，江山野编译，教育科学出版社 1991 年版。

［英］埃里克·阿什比：《科技发达时代的大学教育》，滕大春、滕大生译，人民教育出版社 1983 年版。

［英］波普尔：《历史主义的贫困》，何林等译，社会科学文献出版社 1987 年版。

［英］纽曼：《大学的理想》，徐辉等译，浙江教育出版社 2001 年版。

附　录

附表1　　　　南京国民政府成立至抗战全面爆发前
　　　　　　　　（1927—1937年）西北高校一览

高校名称	学校类型	成立时间	学校校址	备注
兰州中山大学	省立大学	1928年2月	甘肃兰州	1929年初更名为甘肃大学，1932年3月又更名为省立甘肃学院
新疆省立俄文法政专门学校	省立独立学院	1924年	新疆迪化	1931年更名为新疆省立俄文法政学院，1935年1月新疆俄文法政学院更名为新疆学院
国立西北大学	国立大学	1924年3月	陕西西安	1927年改建为西安中山学院，1928年又改称西安中山大学，1931年宣告解体
国立西北农林专科学校	国立专科学校	1936年	陕西武功	1938年7月与西北联大农学院合并组建国立西北农学院

附表2　　　　　全面抗战时期（1937—1945年）
　　　　　　　　迁入西北的高校一览（共8所）

高校名称	原址	新址	迁变情况
国立北平师范大学	北平	陕西南郑	1937年8月迁至陕西西安，9月组成西安临时大学，1938年4月迁往陕西汉中后更名为西北联合大学，后分解为国立西北工学院、国立西北农学院、国立西北大学、国立西北医学院以及国立西北师范学院
国立北平大学	北平		
国立北洋工学院	天津		

续表

高校名称	原址	新址	迁变情况
省立河北女子师范学院	天津	陕西西安	1937年8月迁入西安,并入西安临时大学
私立川至医学专科学校	山西太原	陕西宜川	曾迁入陕西宜川,最后并入国立山西大学
省立山西大学	山西太原	陕西宜川	1939年12月迁入陕西三原,1941年迁往宜川,1943年2月返迁山西,4月改为国立,7月再次迁入宜川
私立焦作工学院	河南焦作	陕西天水	1937年10月迁入西安,后迁往天水,1938年7月与西北联大工学院、东北大学工学院合并组建国立西北工学院
省立河南大学	河南开封	陕西宝鸡	1942年改为国立,1945年春迁入陕西宝鸡

附表3　全面抗战时期(1937—1945年)西北地区新增高校一览(共13所)

高校名称	学校类型	成立时间	学校校址	备注
国立西北工学院	国立独立学院	1938年7月	陕西城固	1946年6月迁往陕西西安
国立西北农学院	国立独立学院	1938年7月	陕西武功	
国立西北大学	国立大学	1939年8月	陕西城固	1940年4月迁往陕西西安
国立西北师范学院	国立高等师范学院	1939年8月	陕西城固	1941年5月于甘肃兰州设立分部,1944年全校迁往兰州。1946年部分师生复员北平建立国立北平师范学院
国立西北医学院	国立独立学院	1939年8月	陕西南郑	
陕西省立医学专科学校	省立专科学校	1938年9月	陕西西安	1938年迁往陕西南郑,1939年回迁西安
陕西省立商业专科学校	省立专科学校	1941年8月	陕西西安	
陕西省立师范专科学校	省立专科学校	1944年7月	陕西西安	
私立知行农业专科学校	私立专科学校	1945年8月	陕西鄠都	

续表

高校名称	学校类型	成立时间	学校校址	备注
私立西北药学专科学校	私立专科学校	1940年	陕西西安	
国立西北技艺专科学校	国立专科学校	1939年7月	甘肃兰州	1945年8月改称国立西北农业专科学校
新疆省立女子学院	省立独立学院	1943年3月	新疆迪化	1946年2月并入省立新疆学院
绥远省立绥蒙法政专科学校	省立专科学校			1941年《全国专科以上学校内迁及其分布统计表》后说明中注："省立专科以上学校未据将办理情形呈报者一校：绥远省立绥蒙法政专科学校。"1939年10月《教育部为国民党六中全会撰写的教育报告书》中也提及绥远省设立绥远省立绥蒙法政专科学校。说明绥远省立绥蒙法政专科学校也是抗战时期西北地区新建学校之一

附表4　　全面抗战时期（1937—1945年）西北地区原有高校一览（共2所）

高校名称	学校类型	说明
甘肃省立甘肃学院	省立独立学院	1944年7月改为国立甘肃学院
新疆省立新疆学院	省立独立学院	

附表5　　抗日战争结束至新中国成立前（1945—1949年）西北高校一览（共13所）

高校名称	学校类型	成立时间	学校校址	备注
国立西北工学院	国立独立学院	1938年7月	陕西西安	
国立西北农学院	国立独立学院	1938年7月	陕西武功	
国立西北大学	国立大学	1939年8月	陕西西安	
陕西省立医学专科学校	省立专科学校	1938年9月	陕西西安	

续表

高校名称	学校类型	成立时间	学校校址	备注
陕西省立商业专科学校	省立专科学校	1941年8月	陕西西安	
陕西省立师范专科学校	省立专科学校	1944年7月	陕西西安	
私立知行农业专科学校	私立专科学校	1945年8月	陕西鄠都	
私立西北药学专科学校	私立专科学校	1940年	陕西西安	
国立甘肃学院	国立独立学院	1944年7月	甘肃兰州	1946年8月，国立西北医学院之兰州部分与国立甘肃学院合并，原国立甘肃学院升级为国立兰州大学
国立西北师范学院	国立高等师范学院	1939年8月	甘肃兰州	1946年部分师生复员北平建立国立北平师范学院
国立西北农业专科学校	国立专科学校	1945年8月	甘肃兰州	1947年国立兽医学院成立后，西北农业专科学校兽医科奉命合于该院，另改设牧草一科
国立兽医学院	国立独立学院	1947年2月	甘肃兰州	该院前身为国立兰州大学兽医学院
新疆省立新疆学院	省立独立学院	1935年1月	新疆迪化	

附表6　**西北地区国立高等学校学生、教职员、工人数统计（1943年10月）**

校名	所在地	学生人数 本校	学生人数 附属学校	学生人数 合计	教职员人数 教员	教职员人数 职员	教职员人数 其他人员	教职员人数 合计	工人数
西北大学	城固	1219		1219	151	91	9	251	105
西北医学院	南郑	266		266	36	39	27	102	93
西北师范学院	兰州	1042	585	1627	171	148	11	330	129
西北工学院	城固	1110		1110	134	106	18	258	211
西北农学院	武功	579	322	901	136	72	34	242	228
甘肃学院	兰州	235		235	48	40	2	90	47
西北技艺专科学校	兰州	328		328	57	39	12	108	61
西北医学专科学校	兰州	175		175	33	24	2	59	13

附表7　西北地区专科以上学校教员人数统计（1945年4月）

校名	教授数	副教授数	讲师数	助教数
国立西北大学	81	26	26	32
国立西北工学院	39	3	4	35
国立西北农学院	61	15	27	40
国立西北医学院	14	6	8	14
国立西北师范大学	54	26	43	36
国立甘肃学院	20	6	15	7
国立西北技艺专科学校	15	10	18	12
国立西北医学专科学校	5	12	15	2

附表8　西北地区国立专科以上学校院系设置概况（1943年10月）

校名	学院、学部	系、科
西北大学	文学院	中国文、外国文、历史学系
	理学院	数学、物理、化学、生物、地质地理学系
	法商学院	法律、政治、经济、商学系
	先修班	
西北医学院	医学院	
西北师范学院	师范学院	国文、英语、史地、数学、理化、教育、体育、家政、公民训育、博物学系
	师范研究所教育学部	
	初级部	于兰州设国文科，城固设史地、理化两科。劳作专修科
西北工学院	工学院	土木、机械、电机、化学、纺织、矿冶、水利、航空工程学系、工业管理学系
	工科研究所矿冶学部	
	工程学术推广部	
西北农学院	农学院	农艺、植物病虫害、农业经济、森林、畜牧兽医、园艺、农业水利、农业化学学系
	农科研究所	
	农田水利学部	
	农业经济专修科	
西北技艺专科学校	农业经济、森林、畜牧兽医、农田水利科	
西北医学专科学校	医学专科	

附表9　　　1939—1946年度国立西北大学经常费预算决算比较

年度	预算数	决算数	超支	结余
1939	11505472	11483902		21570
1940	46916400	46120268		796132
1941	65792000	65791921		79
1942	143109600	143109596		4
1943	245339500	241980938		3358562
1944	440542800	719020728	278477928	
1945	1746490000	1746490000		0
1946	8043791500	8043594498		197002

附表10　　　国立西北大学城固时期文学院科目

院系名称		专业必修科目	选修科目	共同必修科目
文学院	中国文学系	读书指导、文字学、声韵学、训诂学、中国文学史、专书选读、文选（及习作）、诗选（及习作）、曲选（及习作）、词选（及习作）、小说戏剧选、世界文学史、外国文学、毕业论文等	文学专书选读、中国文学批评、唐诗研究等（主要依据本系、本院师资情况决定，时有变化）	1. 国文、中国通史、西洋通史、外国文、伦理学、科学概论、哲学概论（后两门任选一门） 2. 物理、数学、化学、生物学、生理学、地质学（以上六门任选一门） 3. 政治学、社会学、经济学（三门任选两门）
	外国语文学系 英文组	英文散文选读及习作、英语语音学、英国文学史、英诗选读、小说选读、戏剧选读、欧美文学名著选读、文学批评、翻译、毕业论文等	根据教师变化的情况时有变化和增减	
	外国语文学系 俄文组	基本俄文、俄文文法、俄文短篇文背诵、俄文散文选读及作文、俄文会话、分期俄国文学研究、俄国小说、俄国文学史、欧洲名著选读、俄国文学名家全集选读、俄文翻译、毕业论文等	第二外国语、维吾尔语、法国文学、应用俄文等	

续表

院系名称		专业必修科目	选修科目	共同必修科目
文学院	历史学系	中国近世史、中国断代史、西洋近世史、亚洲诸国史、西洋国别史、专门史、中国地理总论、中国沿革地理、中国史学史、世界地理、西洋史学史、史学方法、史学通论（后四门选修两门）、毕业论文等	中国史部目录学、史前史、中国美术史、西北边疆史、史籍名著等	
	边政学系	维文组 藏文组	1. 社会科学类：社会科学概论、政治学、社会学、经济学、法学概论、心理学、理则学（以上七门任选两门） 2. 自然科学类：科学概论、普通物理学、普通数学、普通化学、普通生物学、普通地理学、普通地质学、地学通论（以上八门任选一门） 3. 专业类：边政学概论、中国边疆历史、边疆语文（蒙、藏、回任选一种）、中国边疆地理、民族学、人类学、语言学、考古学、边疆社会调查、边疆实习研究、毕业论文	选修科目主要根据教师特长开出
	教育学系		教育概论、西洋教育史、中国教育史、普通心理学、统计应用数学、教育心理学、教育统计学、心理及教育测验、发展心理学、中等教育、比较教育、普通教学法、教育哲学、教育研究法、教育行政、初等教育学科心理、社会教育、教学实习、毕业论文等	教育原理、社会心理学、近代教育思潮、变态心理学、心理卫生

附表11　　　　国立西北大学城固时期理学院科目

院系名称		专业必修科目	选修科目	共同必修科目
理学院	数学系	方程式论、微分方程、高等分析或高等微积分、高等解析几何、近世代数学、射影几何学、复变数函数论、普通物理学、微分几何学、普通化学、理论力学、毕业论文等	函数各论、级数论、数论、群论、初级数学研究、数理统计、概算等，根据教师情况，时有增减	党义（后改为三民主义）、军训、体育为当然必修科目，其余共同必修科目为： 1. 国文、外国文、中国通史、微积分、高等算学（后两门课任选一门） 2. 社会学、政治学、经济学（三门课任选一门） 3. 物理、生物学、化学、地质学（四门课任选两门）
	物理学系	普通物理学、理论力学、电磁学、光学、热力学、无线电学原理、物理教学法、电工原理、无线电实验、近世物理、理论物理、物性及声学、物理实验、电磁学实验、电磁学、光学实验及毕业论文等	根据教师特长开出，时有变化	
	化学系	普通化学、化学教学法、普通化学实验、理论化学实验、工学化学、定性分析化学、有机分析化学、毒气化学、工业分析化学、专题研究及毕业论文等	高等无机化学、有机分析化学实验、热力学、原子构造等	
	生物学系	组织学、生物学、植物生理学、动物生理学、无脊椎动物学、无脊椎动物学实验、种子植物分类学、脊椎动物比较解剖学、脊椎动物比较解剖学实验、脊椎动物胚胎学、脊椎动物胚胎学实验、植物解剖学、植物解剖学实验、植物形态学、植物形态学实验、生物教学法及毕业论文等	细菌学等	

续表

院系名称		专业必修科目	选修科目	共同必修科目
理学院	地质地理学系	地理通论、地理学、地质学实习、测量学、矿物学、测量实习、地形学、气象学、非澳地志、北美地理、中国区域地理、澳洲地理、政治地理学原理、地理教授法与教材研究、毕业论文等	西北地理等	

附表12　　　　国立西北大学城固时期法商学院科目

院系名称		专业必修科目	选修科目	共同必修科目
法商学院	法律学系	根据1942年教育部对法律学系科目表修订结果，开设宪法、法学绪论、民法总则、刑法总则、民法债编、国际公法、民法物权、中国司法组织、外国文（二）、刑法分则、民法亲属继承、行政法、中国法制史、刑事诉讼法、商业法概论（或修公司法、票据法、海商法或劳工法四课）、民事诉讼法、法理学、国际私法、劳工法、毕业论文或专题研究等	第二外国语、罗马法、刑事特别法、中国旧律研究、比较民法、比较法学绪论、比较刑法、比较司法制度、中国司法问题、英美法、近代欧洲大陆立法学、土地法、破产法、证据法、强制执行法、犯罪学、监狱学、刑事政策、中国政治史、中国经济史、中国法律思想史、西洋政策外交史、法学专题研究等。上述选修课程经常根据教师个人情况变更，其中英美法、罗马法、中国法律思想史、中国旧律研究有时也规定为必修科目	除商学系没有共同标准外，法律、政治、经济各学系公共必修科目包括： 1. 国文、外国文、中国通史、论理学、西洋通史、哲学概论、科学概论（后两门任选一门） 2. 社会学、经济学、政治学、民法概要（以上四门任选两门） 3. 数学、化学、物理、生物学、生理学、地质学（以上六门任选一门）

续表

院系名称		专业必修科目	选修科目	共同必修科目
法商学院	政治学系	国际政治、中国政治史、国际政治问题讨论、中国外交史、中国地方政府、西洋政治外交史、新闻学研究、日本政治经济研究、中国政治思想史、各国政府及政治、行政学、市政学、欧洲政治思想史、战时地方政治及毕业论文等	根据教师专长开设	4. 党义（后改为三民主义）、体育及军训，为当然必修科目商学系的共同必修科目，增加了商业史、经济地理、会计学、财政学等课程，免去了政治、经济、社会学等
	经济学系	货币银行学、会计学、战时财政、中国经济史、国际贸易与金融、农业经济、经济思想史、银行会计、地方财政、高级会计学、银行学、经济政策、官厅会计及审计、财政法规及毕业论文等	根据教师专长开设	
	商学系	统计学、市场学、会计学、成本会计、商业史、俄文会话、统计实习、俄文讲读、俄文作文、俄文翻译、俄文报章选读、俄文文法及毕业论文等	根据教师专长开设	

附表13　国立西北农林专科学校畜牧兽医组一年级课程表

科目	上学期		下学期	
	讲授时数（周）	实验时数（周）	讲授时数（周）	实验时数（周）
动物学	1	2	1	3
普通植物学	2	3		
化学	2	6	3	6
物理学	2	2		
数学	3		2	
国文	2		2	
英语	2		2	

续表

科目	上学期 讲授时数（周）	上学期 实验时数（周）	下学期 讲授时数（周）	下学期 实验时数（周）
党义	1		1	
军训	1	2	1	2
体育（课外运动）		4		4
植物分类学				
解剖学				
养蜂学			1	3
土壤学			2	
林学大意			2	

附表14　国立西北农林专科学校畜牧兽医组二年级课程表

年级、学期	科目	讲授时数（周）	实验时数（周）
二年级、上学期	组织学	1	2
	家畜解剖学	1	2
	饲料作物学	1	3
	家畜鉴别学	2	2
	养马学	2	2
	家禽学	2	2
	化学（有机）	3	3
	农学大意	2	
	德文（选修）	2	
	体育（课外运动）		4
二年级、下学期	动物生理学	1	2
	寄生虫学	2	2
	家畜饲养学	2	2
	家畜管理学	2	3
	养牛学	2	2
	养羊学	2	2
	养狗学	2	2
	药物学	3	2
	德文（选修）	2	3
	体育（课外运动）		4

附表15　　国立西北农林专科学校畜牧兽医组三年级课程表

年级、学期	科目	讲授时数（周）	实验时数（周）
二年级、上学期	遗传学	2	2
	家畜病理学	2	3
	细菌学	2	3
	内科学	2	
	外科学	2	
	诊疗实习		6
	乳肉检查	1	3
	德文（选修）	2	
	马术	3	
	体育（课外运动）		4
二年级、下学期	家畜育种学	2	
	传染病学	2	3
	免疫学	1	3
	诊疗实习		6
	畜产制造	2	3
	农业经济学	2	
	荒政学（选修）	1	
	畜牧兽医讨论及研究		
	德文（选修）	3	
	体育（课外运动）		4

附表16　　国立西北师范学院共同必修科目

年级	科目	学分	学时（周）	课程目标	方法	教材要点
一年级	三民主义	4（不计入总学分）	2	树立青年革命的人生观，养成厉行进取之精神，完成总理之遗志	演讲、笔记、问题讨论、时事报告	三民主义原理，及伦理、心理、物质、社会、政治五种建设的内容

续表

年级	科目	学分	学时（周）	课程目标	方法	教材要点
一年级	国文	8	4	使能阅读古今新旧之书籍，并能作通顺而合文法之文字	各按院系性质，分组讲授（分六组，每组30—40人），诵读，并习作（每两周作文一次，用标记错误、发还自改、再交核证之法。每三周以修养日记代替作文一次）	1. 统一的，各组共用一种国文选本；2. 补充的，视各组所属院系性质，随宜选印
	外国文	8	4	训练阅读英文书籍能力，树立研究高深学术基础	按程度分组（同国文），学生先预习、试读、校正错误，然后范读范讲，整理补充，自由讨论。每两周习作一次	继续中等学校英语科之教材，加以补充与整理
二年级	政治学	6	3	使了解政治的真意义，养成行使选举、罢免、创制、复决之知能	演讲、笔记、问题讨论及批评	国民政府颁行之法令及运用之政策等
或二年级	经济学	6				
一、二年级（合班）	社会学	6	3	使对社会现象及原理有正确的认识，明了社会进化及其阶级性，不致盲从不正确之学说；并养成公正不偏之态度及批评精神，俾能指导社会活动	编印纲要、演讲、笔记、讨论问题	社会生活要素，及社会过程、组织、变迁、进化等

续表

年级	科目	学分	学时（周）	课程目标	方法	教材要点
二年级	法学通论（政治学、经济学、社会学、法学通论任选其二）	6	3	使获得法律常识，养成法治精神	编印讲义、演讲举例证、笔记	民法总则、债及物权、亲属及继承，并日常生活所必要的法律常识等
一或二年级	物理学	6				
	化学	6				
一年级	生物学	6	演讲3 实验2	使学生获得生物学之知识，明了教育学说在生物学上之根据	演讲、笔记、示范实验、指定阅读参考书	生物的形态、生理、发生、遗传及进化等
二年级	人类学（物理、化学、生物学、人类学任选其一）	6				
	哲学概论	4	2	使明了研究哲学之目的及方法，并认识哲学所支配之各种问题	编印讲义、演讲讨论采取启发式、笔记	唯物论、二元论、唯心论、多元论、知识与真理、道德的价值、审美与宗教价值等
一年级	本国文化史	6	3	使明了本国民族之伟大，文化之璀璨，民族同化及文化进展之各阶段	编印讲义、演讲、笔记	中国文化之黎明期、夏商周之演进、春秋时代之思潮、战国诸子、秦始皇对文化之影响、汉以后之经术、六朝唐之佛道及文艺、宋理学、明清政制学术，及新文化运动等

续表

年级	科目	学分	学时（周）	课程目标	方法	教材要点
二年级	西洋文化史	6	3	研究欧美文化之变迁及其特点，以为建设中国新文化之参考	编印讲义、演讲、笔记、介绍参考书	文化的起源、古文化的西界、拜占庭文化、现代文化与科学等
一至四年级	体育	8（不计入总学分）	2	锻炼体魄、发展体能，并培养公勇合作牺牲之精神及体育道德，养成以体育活动为调剂身心之生活习惯，兼使有争当的体育观念与提倡推进体育之志趣及能力	依照适当的体育设施，予以训练。采取渐进有系统之方法，高年级领导低年级之活动。技术训练与理论讲述并用。正课与课外活动取得联络。在训管方面采取感化、鼓励及辅导之方法等	一年级体格检查、垫上运动、篮球、器械运动、田径运动、垒球。二年级体格检查、垫上运动、大小足球、德国手球、器械运动、排球、田径运动。三年级体格检查、器械运动、篮球、大小足球、垫上运动、垒球、游泳。四年级体格检查、个人运动、篮球、大小足球、垒球、排球、游泳等
一、二、三年级	军训	8（不计入总学分）	3（一年级）2（二、三年级）	1. 造成体魄坚强、人格高尚、行动积极，能为民族国家牺牲奋斗的中国国民 2. 造成态度庄严、操作勤敏、负责任、守纪律、明礼仪、知廉耻的现代国民 3. 造成思想统一、精诚团结、爱国爱群、共同奋斗，以复兴民族完成革命自任的忠勇国民	1. 矫正思想行动及习惯 2. 学科讲述军事知识 3. 精神讲话 4. 内务检查 5. 共同生活 6. 集会点名 7. 女生实施军事看护训练 8. 二、三年级实施军事复习训练	

20 世纪三四十年代西北开发中的高等教育问题

续表

年级	科目	学分	学时（周）	课程目标	方法	教材要点
一年级	音乐	不计学分	1	使对音乐有概括认识，自修能力，及指导中学生课外活动音乐的知能	演讲、设计、范唱及听唱、自学	歌曲、音乐、常识及原理等
二年级	卫生概要（本院特设科目）	2	1	养成学生正当科学的健康态度，及解决各种健康问题之知能	编印纲目、笔记、演讲	个人卫生、疾病、公共卫生等
二年级	英文复习	不计学分	2	进一步训练阅读之能力，俾能阅读并了解其各该系科之参考书	指导阅读及解释阅读之材料，偏重学生活动	

附表 17　　国立西北师范学院教育学系专门科目

年级	科目	学分	学时（周）	课程目标	方法	教材要点
一年级	普通心理学	4	2	使明了人类行为，并熟悉心理学之基本知识与方法	讲授、表演、讨论、笔记、读书报告	1. 心理学范围与方法 2. 行为之生理基础 3. 感觉、直觉、反应、情绪、动机、学习、智慧等
二年级	社会学	6	3	见共同必修科目		
二年级	论理学	4	2	使明了各家论理学大要，以为求学进修之门	重笔记及课外阅读，并鼓励作读书笔记	1. 论理学简史 2. 思维论 3. 概念论、判断论 4. 演绎推理及归纳法等
二年级	教育统计	4	2	使了解统计原理及重要方法，并练习教育上所需之统计技术	笔记纲要并参考资料、演算习题、参观行政机关统计工作	1. 次数分配 2. 集中量数 3. 离中量数 4. 相关量数 5. 可靠度 6. 统计在教育测验及实验上之应用

续表

年级	科目	学分	学时（周）	课程目标	方法	教材要点
二年级	实验心理（一）	2	2	训练实验之规则与技能，使将来能担任实验工作	实验、报告、课外阅读、讨论	分别差异、学系、联想、注意、思想、知觉等
二年级	中国教育史	4	2	使知教育思想之演进，了解教育原理，教育制度及教学原则	讲述、笔记、就过去事实及思想令学生批判讨论	1. 初民生活及原始教育之形态 2. 封建制度之形成及民族教化之演进 3. 社会的改造及教育的转变
三年级	西洋教育史	4	2	使知西洋教育之事实、理想及演进的过程	演讲、笔记、讨论	上古教育史（希腊、罗马）、中世纪教育史、近代教育史等
三年级	中等教育（本属共同必修之教育基本科目，本院教育系安排三年级开设，减为4学分）	4	2	使熟悉现代中等教育之理论，并能运用理论以处理实际问题	演讲、讨论、读书报告	1. 中等教育之历史与各国中等教育之比较 2. 现代中等教育之社会背景 3. 中等学校学生之特征 4. 中等教育之目标与功能 5. 中等学校之组织、行政、课程、课外活动等
三年级	伦理学	3	3（第一学期） 2（第二学期）	使明了伦理学之意义，是非善恶之概念与发展，人生之目的，各家之学说，以培养其正确的人生观	演讲、笔记、讨论、注重实例、读参考书	1. 伦理学之意义 2. 伦理学说之发展 3. 动机论与结果论 4. 人生之目的 5. 幸福与人生 6. 个人幸福与社会幸福 7. 理性与道德 8. 本物、自我与道德的分类 9. 学校与德育 10. 结论

20世纪三四十年代西北开发中的高等教育问题

续表

年级	科目	学分	学时（周）	课程目标	方法	教材要点
三年级	心理及教育测验	4	2	使了解测验之原理及实施与编制，并培养其对于教育研究之科学态度	笔记纲要、阅读参考书目、从事实际测验并编制简单测验	1. 测验举例 2. 测验之要素 3. 测验之实施及结果之处理 4. 测验之编制
三年级	发展心理学	4	2	使了解人类心理之发展，及其衰颓现象与死后所遗留之影响	讲授、读书报告	1. 发展之特性 2. 生存之发展 3. 新生婴儿 4. 运动能力之发展 5. 语言能力之发展等13项
三年级	教育行政	4	2	使对于教育行政有明确之认识及处理之能力	预拟题目、指定参考书、演讲、讨论、批评、作研究报告	1. 总论，分绪论及中华民国宪法内之教育专章 2. 教育行政机关，分中央、省区、县市三部分及督学制度 3. 学校系统，分小学教育、中学教育、大学教育及社会教育
三年级	学科心理（教育系心理组增设）	3	2（第一学期）1（第二学期）	介绍心理学家对于各学科实验所得之事实，使能根据以选择教材，并施行适当之教法	讲授、读书报告、实验、讨论	组织、动机、练习、读书、算术、社会科学、自然科学等
三年级	社会心理	3	2（第一学期）1（第二学期）	使明了社会行为及社会心理学之实验资料与方法	演讲、笔记、讨论、调查、课外阅读、读书报告	社会之本能、人格、态度、意见、德行，及社会之行为等
三年级	学校管理	3	2（第一学期）1（第二学期）	灌输并培养处理学校行政之知能	讲授、笔记、印发参考资料、参观学校	总论、教务、训育、事务等

续表

年级	科目	学分	学时（周）	课程目标	方法	教材要点
三年级	公文程式	2	1	培养研究、选拟及整理保管公文之技能与兴趣	讲解、实习试做	1. 导言及参考书举要 2. 呈 3. 公函及咨 4. 训令 5. 指令及批等
四年级	教育哲学（以下四年级均为北平师大旧班）	4	2	使知教育与哲学之关系，研究并讨论教育基本问题及使用价值	笔记、讨论问题、批评新教学理论及教学原则	1. 教育哲学之形成及其特质与任务 2. 教育与哲学之关系 3. 教育与变动的文化与社会 4. 世界观与教育理论
四年级	论文研究	4	2	训练对于教育实际问题之研究能力与习惯	演讲研究方法要点，指导选择题目，推行研究	1. 题目之选择与形成 2. 材料之搜集与整理 3. 结论之获得 4. 报告之编辑
四年级	动物心理	4	2	使了解动物心理之实验方法，理论与问题	讲授、讨论	1. 动物心理学之问题与方法 2. 学系与成熟 3. 药物及内分泌于动物之影响 4. 受纳器官之反应 5. 学习的神经学 6. 白鼠的行为 7. 人猿行为等
四年级	实验心理（二）	6	3	使明了实验情况控制之重要，并获得实验心理之技能	实验、讨论、实验报告	感觉及知觉、反应时间、心理物理方法、情绪、记忆、注意、学习等
四年级	各国教育行政	6	3	使认识各国教育制度之特点，及近代教育行政之原则与趋势	讲演、讨论、读书报告	1. 各国教育制度之历史与社会背景 2. 各国教育行政机关之比较 3. 各国学校系统之比较

续表

年级	科目	学分	学时（周）	课程目标	方法	教材要点
四年级	学务调查	4	2			
三、四年级	教育与职业指导（选修）	4	2	使明了教育与职业指导之意义、目的、功用、步骤与方法，并知如何做导师	讲述要点、笔记、指定参考书、讨论、做报告	详述指导的任务，包括个性考查、职业之研究、选择、准备、加入、改进与改选，指导机关之组织
二、三年级	英文教育名著选读（本院特设）	4	2	训练读英文著作及汉译之能力，并知晓教育思想与实施中之主要观念与事实	阅读及解释、翻译、讨论问题	
三年级	统计应用数学（选修）	4	2	使了解统计上所需要之数位，并培养其研究兴趣	用启发法复习，用问题法研究高深学理，并使应用于数学	代数、解析几何、微分、最小二乘式在统计上之应用等
三年级	战时民众组训（本院特设）	4	2	使明了民众组训之重要及其内容，并培养办理民众组训之兴趣与技能	讲授、讨论、参观与实习	战时民众组训之意义、各省战时民众组训介绍、民众组训实施方案及干部训练等